쉽게 풀어쓴

기독교 신학

쉽게 풀어쓴

기독교 신학

II. 천사와 인간과 그리스도

박재호 지음

비전북출판사

예배와 삶의 일치

복음에는 하나님의 의가 나타나서 믿음으로 믿음에
이르게 하나니 기록된 바 오직 의인은 믿음으로
말미암아 살리라 함과 같으니라

로마서 1 : 17

비전북은 줄과추_{도서출판} 와 하늘사다리 가 연합하여 설립한 출판사로서
이 땅에 하나님 나라의 확장을 위하여 존재하며
오직 믿음으로 주님 오실 그날까지 주님을 외치며 꿈과 비전을 가지고
모든 삶의 영역 속에서 예배와 삶의 일치를 이루어 갈 것입니다.

쉽게 풀어쓴 기독교 신학
Ⅱ. 천사와 인간과 그리스도

1판 1쇄 인쇄 : 2000년 12월 20일
1판 1쇄 발행 : 2001년 1월 15일

저 자 : 박 재 호
발행인 : 이 원 우 / 발행처 : 비전북출판사
주 소 : (121-839)서울시 마포구 서교동 388-1 대강 B/D 201호
전 화 : (02)3141-9090(대) / 팩 스 : (02)3144-6620
E-mail : Vsbook@hitel.net
등록번호 : 제10-1452호

공급인 : 박 종 태 / 공급처 : 비전북
전 화 : (031)907-3927 / 팩 스 : (080)403-1004

ⓒ 2001 비전북출판사 Printed in Korea
값 9,000원
ISBN 89-87613-47-X 04230
ISBN 89-87613-45-3 (전5권)

「기독교 신학」을 **쉽게 풀어쓴** 것은

하나님께서 인간에게 제시하신 그분의 뜻과 진리를

체계적으로 파악하여 기술해 놓음으로써

누구든지 읽고 그 가르치심을 깊이 깨달아

하나님과의 인격적 · 윤리적 · 영적 관계를

바로 정립하여 참된 신앙생활을

가능케 하려는데 분명한 뜻이 있습니다.

하나님께만 모든 영광을 세세 무궁토록 돌려드립니다.

머 리 말

기독 신자가 신앙의 기준인 성경을 알지 못하면 신앙생활을 바로 할 수 없고, 또 성경을 안다고 하더라도 그 안에 담겨진 근본 교의(敎義)를 체계적으로 이해하지 못하고는 성경 진리에 부합되는 올바른 신앙생활이 불가능한 것입니다. 오늘날 교인들 중에는 성경이 가르치는 바른 교리와 기초적 신학 지식이 없어 건전한 신앙생활을 못하고 맹신(盲信)과 미신(迷信), 무속(巫俗) 또는 사이비 기독교 집단이나 이단(異端)의 유혹에 빠지는 경우가 많습니다. 이러한 폐단은 성경의 교의와 기독교 신학에 대한 가르침을 제대로 받지 못한 데 근본 원인이 있는 것입니다.

지난 날 한국에 와 있던 어떤 외국 선교사가 "한국 교회는 신앙은 있으나 신학은 없다."고 지적한 것은 참으로 심사숙고해야 할 교훈이라고 사료됩니다.

이런 취지에서 필자는 기독교 교의(敎義)와 신앙의 근본인 성경의 핵심 교리(敎理)를 누구나 쉽게 이해할 수 있도록 간결 평이한 문체로 기독교 신학 강해서를 기술하였습니다.

루터의 종교개혁 기본 이념과 취지가, 신앙의 근본이요 표준인 성경으로 돌아가자는 것이라면 개혁주의는 한마디로 성경주의라고 단언할 수 있습니다.

　본서는 이러한 개혁주의 정신과 취지에 입각하여 성경 안에 담겨져 있는 기독교 근본 교리와 신학을 조직적으로 체계화하여 엮어 놓은 것입니다.

　필자는 지난 수년 동안 목회 일선에서 성도들에게 성경의 교리와 신학을 강의하면서 준비했던 여러쪽의 교안(敎案)들을 한데 모아 조직 신학적인 논술 체계로 책을 편집하였습니다. 미흡한 점이 있을 듯하나 이 책이 한국 기독교계에 다소나마 보탬이 되기를 바라며 출판이 이루어지기까지 많은 격려와 물심 양면간의 협조에 인색하지 않은 새소망교회의 이중재 장로님을 위시하여 당회원 및 여러 성도님들과 새벽성서대학 학우들에게 감사를 드리는 바입니다.

　　　　　　　　　　　　　　　　　브라질 상파울루에서
　　　　　　　　　　　　　　　　　저자 **박 재 호**

추 천 사

한국 교회의 가장 심각한 문제가 무엇이냐고 한다면 목회와 신학의 균형 문제라고 생각합니다. 은혜 치중의 강단에 신학의 빈곤에서 야기되는 폐단으로 말미암아 한국 교회는 사회적인 빈축을 받아 온 것이 심각한 현실의 문제입니다. 이러한 시기에 참으로 적절하게 한국의 목회자와 성도들이 이목을 집중하여야 할 기독교 신학과 교리를 성경 중심으로 체계화한 저서가 발행되었음을 기뻐하는 바입니다.

본서는 저자가 그 동안에 목회현장에서 수년 간 강의한 "성경의 교리" 및 "기독교 신학"의 교안들을 체계적으로 정리하여 편집한 것으로써 이는 그의 목회의 빛나는 결실이 되리라 사료되는 바입니다.

저자는 과거에 한국에서 신학교 교수와 목회자로 활약했고, 현재 전 미주 영성목회협의회 총재직을 맡아 영성목회운동에 앞장서고 있는 미주 지역의 영적인 지도자로도 부각되어 지성과 영성을 겸비한 목회자로 정평이 나 있습니다.

저자는 예전에 국내 목회에도 두각을 나타냈을 뿐만 아니라 남미 브라질의 이민 목회에도 크게 성공한 목회자입니다. 저자는 신학자로서 한국과 브라질 및 미국의 신학교 강단에서 다년간 후학들을 가르쳤고, 국내외 교회에서 부흥회를 통

하여 은혜스러운 말씀으로 성도들에게 영적 양식을 제공해 준 부흥사이기도 합니다. 본서는 목회자요 신학자요 부흥사인 저자의 역작으로서, 주로 평소에 강단에서 일반 성도들에게 강의하기 위하여 내용을 아주 알기 쉽게 풀어쓴 기독교 신학 강해서입니다. 본서를 정독하는 이들은 기독교의 진리를 체계적으로 이해하는데 큰 도움이 되겠기에 적극 추천합니다.

한기총 증경회장
예장 증경총회장
동도교회 원로목사 **최　훈**

추 천 사

한국 기독교인들에게 크게 공헌하게 될 「쉽게 풀어쓴 기독교 신학」의 출판을 축하합니다. 본 저서의 저자이신 박재호 목사님은 이민 목회에 성공한 대표적인 목회자중의 한분입니다. 특히 복음 전파에 열악한 환경인 남미에서 신앙생활하기에 참으로 버거운 교포들에게 20여년간 꾸준히 사랑과 진실로 사역하여 한인 교회로써는 가장 두각을 나타내는 대형 교회로 새소망교회가 성장하게 된 원동력이 본 저서로 입증이 될 듯합니다.

저자는 영성과 지성을 겸비한 목회자로써 목회에 전심전력 할뿐만 아니라 오랜 기간 신학대학에서도 후진 양성에 심혈을 기울여 왔기에 금번에 강단과 교단에서 강해된 "성경에 기반을 둔 기독교의 진리"를 복음적인 입장에서 해박한 신학논리로 평이하게 강해한 신학서적입니다. 이는 누구든지 기독교를 쉽게 접근할 수 있도록 시도한 공을 높이 인정하게 됩니다.

그의 20여년간의 이민 목회는 단순한 목회에만 급급하지 않고 기회 있을 때마다 기독교의 진리를 이해하기 쉽게 강해한 노력의 흔적이 있었음을 인지하면서 그토록 새소망교회가 이민 성도들에게 신앙의 지주 역할을 감당한 저력이 바로 그의 확고부동한 건전한 신학을 바탕으로 한 영성목회에 있었음을 쉽게 이해하게

될 것입니다.

저자는 금번에 이민 목회의 결산서답게 평소 목회에 강조점을 두었던 기독교 신학의 강해를 5권의 방대한 저서로 발간하게 되었기에 신학의 부재로 인하여 야기되기 쉬운 한국 교회의 위기적인 상황이 치유되리라고 소망하면서 본서를 적극 추천하는 바입니다.

이러한 방대한 신학적인 저서가 목회자나 신학자만을 위함이 아니고 모든 한국 성도들을 위한 수고이기에 노작(勞作)을 널리 소개하고 싶습니다.

한기총 증경회장
기성 증경총회장
신촌교회 원로목사 **정 진 경**

차 례

제 10 장
천사와 사단

> 천사가 초자연적 하늘에 속한 존재이므로
> 인간보다 조금 높은 자 같지만
> 그들도 인간과 같이 하나님의 피조물이다.
> 그들은 하나님이 부리시는 영으로 인격적 존재이며
> 초인간적 지능을 소유하고 있다.
> 그러나 하나님처럼 전지 전능하지는 않다.

쉽게 풀어쓴
기독교 신학

천사에 대하여(Angelology)

천사(天使)가 초자연적 또는 영적 세계의 존재이기는 하나 이들 역시 하나님의 피조물이다. 본장에서는 하나님의 피조물로서 하나님의 부림을 받는 천사들의 존재와 속성, 종류 및 사역 등에 대하여 먼저 상고한 다음, 타락한 천사(사단)에 대하여 성경이 가르쳐 주고 있는 내용들을 살펴보고자 한다.

Ⅰ. 천사의 존재와 성질

성경은 구약과 신약이 다같이 천사가 존재하고 있음을 말해 주고 있다(단 6 : 22; 창 16 : 7-14,22 : 9-18; 출 3 : 1-4; 마 1 : 20,24,4 : 11; 행 5 : 17-20,12 : 5-11 참조). 구약에는 10번 이상, 그리고 신약에는 무려 160번 이상 천사에 대하여 언급되어 있다. 현대 자유주의 신학계에서는 대개가 영적 존재에 대한 신앙을 무시해 버리는 경향이 있으며, 천사의 존재에 대하여 의심을 하고 있는 사람들이 많다. 그러나 그것은 결코 새로운 사실은 아니다. 왜냐하면 기독교 초기 사도 시대에도 이미 천사의 존재를 부인하는 사람들이 있었기 때문이다. 누가가 말하기를 "이는 사두개인(당시 세속주의자들이었음)은 부활도 없고 천사도 없고 영도 없다 하고 바리새인은 다 있다 함이라"(행 23 : 8)고 하였다. 사두개인들은 부활과 영혼 불멸 및 영적 세계를 부인했다(막 12 : 18; 눅 20 : 27 참조).

1. 천사는 누구인가?

1) 천사는 하나님의 피조물임

성경에 천사란 말은 창세기 16장 7절에 처음 나타나는데, 천사는 하나님에 의해 지음을 받은 영적인 존재이다. 시편 기자는 "그의 모든 사자여 찬양하며 모든 군대여 찬양할지어다… 그것들이 여호와의 이름을 찬양할 것은 저가 명하시매 지음을 받았음이로다"(시 148 : 2,5; 느 9 : 6 참조)라고 하였고 또, 하나님은 "바람으로 자기 사자를 삼으시며 화염으로 자기 사역자를 삼으시며"(시 104 : 4)라고 하였다.

천사는 하나님을 찬양하고 섬기므로 하나님을 영화롭게 하고 하나님의 뜻을 이루기 위해 존재하는 하늘의 일꾼이며 하나님의 피조물이다(골 1 : 16; 느 9 : 6; 시 103 : 20-21; 창 19 : 1-3; 이하 참조 마 4 : 11; 눅 1 : 13). 그러므로 하나님의 피조물인 천사들은 비록 그들이 영적인 존재일지라도 예배의 대상이 될 수 없으며(계 19 : 10) 인간과 마찬가지로 하나님을 경배해야 하는 것이다(히 1 : 6; 느 9 : 6 참조). 성경은 인간이 천사 숭배함을 금하고 있다(골 2 : 18). 천사란 히브리어로 "마로아악(מַלְאָךְ)"이며 헬라어로는 "안젤로스(άγγελος)"이니 이는 다 "사자(使者)"라는 뜻이다. 천사는 초자연적 영적 존재로서 하나님의 대리자로 하나님의 뜻을 인간에게 전달하며 인간을 보호하고 형벌을 집행하는 일을 수행하는 하나님의 사자이다(창 19 : 1; 출 3 : 2 참조).

창 16 : 7 여호와의 사자가 광야의 샘 곁 곧 술 길 샘물 곁에서 그를 만나

골 1 : 16 만물이 그에게 창조되되 하늘과 땅에서 보이는 것들과 보이지 않는 것들과 혹은 보좌들이나 주관들이나 정사들이나 권세들이나 만물이 다 그로 말미암고 그를 위하여 창조되었고

느 9 : 6 오직 주는 여호와시라 하늘과 하늘들의 하늘과 일월 성신과 땅과 땅 위의 만물과 바다와 그 가운데 모든 것을 지으시고 다 보존하시오니 모든 천군이 주께 경배하나이다

시 103 : 20-21 능력이 있어 여호와의 말씀을 이루며 그 말씀의 소리를 듣는 너희 천사여 여호와를 송축하라 여호와를 봉사하여 그 뜻을 행하는 너희 모든 천군이여 여호와를 송축하라

창 19 : 1-3 날이 저물 때에 그 두 천사가 소돔에 이르니 마침 롯이 소돔 성문에 앉았다가 그들을 보고 일어나 영접하고 땅에 엎드리어 절하여 가로되 내 주여 돌이켜 종의 집으로 들어와 발을 씻어 주무시고 일찌기 일어나 갈 길을 가소서 그들이 가로되 아니라 우리가 거리에서 경야하리라 …

계 19 : 10 내가 그 발 앞에 엎드려 경배하려 하니 그가 나더러 말하기를 나는

너와 및 예수의 증거를 받은 네 형제들과 같이 된 종이니 삼가
그리하지 말고 오직 하나님께 경배하라 예수의 증거는 대언의
영이라 하더라

히 1 : 6   또 맏아들을 이끌어 세상에 다시 들어오게 하실 때에 하나님의
모든 천사가 저에게 경배할지어다 말씀하시며

골 2 : 18   누구든지 일부러 겸손함과 천사 숭배함을 인하여 너희 상을
빼앗지 못하게 하라 저가 그 본 것을 의지하여 그 육체의 마음을
좇아 헛되이 과장하고

2) 천사는 인격적 존재임

천사는 사람과 같이 이성적 피조물로서 인격적 존재이다. 천사는 인격적 속성
인 지(知)와 정(情)과 의(意)의 품성이 있어 인격적으로 활동하는 존재이다(마
4 : 11; 벧전 1 : 12).

마 4 : 11   이에 마귀는 예수를 떠나고 천사들이 나아와서 수종드니라
벧전 1 : 12 이 섬긴 바가 자기를 위한 것이 아니요 너희를 위한 것임이 계시로
알게 되었으니 이것은 하늘로부터 보내신 성령을 힘입어 복음을
전하는 자들로 이제 너희에게 고한 것이요 천사들도 살펴보기를
원하는 것이니라

(1) 천사의 지성(지식)

천사는 지성(지식) 있는 인격적 존재이다(삼하 14 : 20). 천사들은 우리 인간들
보다 훨씬 더 지혜롭고, 지능과 지식이 풍부하다.

천사의 지식이 인간보다 우월하다는 사실은 사무엘하 14장 20절에 "… 내 주
왕의 지혜는 하나님의 사자의 지혜와 같아서 땅에 있는 일을 다 아시니이다"라고 하
신 말씀과 또 인간의 지식보다 천사의 지식이 우월하다는 사실은 예수님께서 당
신이 다시 오시는 시일을 심지어 하늘의 천사들도 모른다는 표현으로 "그날과 그
때는 아무도 모르나니 하늘의 천사들도 아들도 모르고…"(마 24 : 36)라고 하신 말
씀을 보아서도 알 수 있다. 그러나 천사들도 피조물이기 때문에 그 지혜와 지식
은 한계가 있다.

삼하 14 : 20   이는 왕의 종 요압이 이 일의 형편을 변하려 하여 이렇게 함이니이다
                  내 주 왕의 지혜는 하나님의 사자의 지혜와 같아서 땅에 있는 일을
                  다 아시나이다 하니라

마 24 : 36   그러나 그날과 그때는 아무도 모르나니 하늘의 천사들도 아들도
                  모르고 오직 아버지만 아시느니라

(2) 천사의 도덕성

천사들에게도 도덕성이 있다. 성경은 도덕성을 위배하고 범죄한 천사들과 자기 지위를 지키지 아니하고 자기 처소를 떠난 천사들은 지옥 흑암의 구덩이에 가두었다가 하나님의 진노와 마지막 때에 심판을 받게 된다(유 1 : 6; 계 14 : 10; 벧후 2 : 4; 창 6 : 1-4 참조)고 하였다.

유 1 : 6   또 자기 지위를 지키지 아니하고 자기 처소를 떠난 천사들을 큰
             날의 심판까지 영원한 결박으로 흑암에 가두셨으며

계 14 : 10   그도 하나님의 진노의 포도주를 마시리니 그 진노의 잔에 섞인
             것이 없이 부은 포도주라 거룩한 천사들 앞과 어린양 앞에서 불과
             유황으로 고난을 받으리니

벧후 2 : 4   하나님이 범죄한 천사들을 용서치 아니하시고 지옥에 던져 어두운
             구덩이에 두어 심판 때까지 지키게 하셨으며

(3) 천사의 감정

❖ 사랑과 기쁨

성경은 하늘의 천사들도 사랑과 기쁨의 감정이 있어 영혼을 사랑하고, 죄인이 회개하고 구원을 얻는 것을 보고 기뻐한다고 묘사하고 있다. 예수님은 죄인 한 사람이 회개하고 돌아오는 것은(눅 15 : 7) 하나님의 기쁨에 한하지 않고, 하나님 나라 전체에 기쁨이 되어 천사들까지도 기뻐하게 된다고 하셨다(눅 15 : 10).

눅 15 : 7   내가 너희에게 이르노니 이와 같이 죄인 하나가 회개하면
             하늘에서는 회개할 것 없는 의인 아흔 아홉을 인하여 기뻐하는
             것보다 더하리라

눅 15 : 10   내가 너희에게 이르노니 이와 같이 죄인 하나가 회개하면 하나님의
              사자들 앞에 기쁨이 되느니라

❖ 욕망과 소원

천사들도 욕망과 소원이 있다. 성경에 그리스도의 고난과 영광에 관한 일은
"… 천사들도 살펴보기를 원하는 것이니라"(벧전 1 : 12)고 하였으니 이는 그리스도
의 대인 속죄와 인류 구속 사역에 관해서는 선지자뿐만 아니라 천사들도 자세히
지켜 보면서 알기를 원한다(눅 15 : 10; 고전 4 : 9)는 뜻이다. 천사들은 하나님의
가장 측근자이면서도 그리스도의 고난과 영광, 대인 속죄(代人 贖罪)에 관해서는
알지 못했던 것이다.

벧전 1 : 12   이 섬긴 바가 자기를 위한 것이 아니요 너희를 위한 것임이 계기로
              알게 되었으니 이것은 하늘로부터 보내신 성령을 힘입어 복음을
              전하는 자들로 이제 너희에게 고한 것이요 천사들도 살펴보기를
              원하는 것이니라
눅 15 : 10   내가 너희에게 이르노니 이와 같이 죄인 하나가 회개하면 하나님의
              사자들 앞에 기쁨이 되느니라
고전 4 : 9   내가 생각건대 하나님이 사도인 우리를 죽이기로 작정한 자같이
              미말에 두셨으매 우리는 세계 곧 천사와 사람에게 구경거리가
              되었노라

❖ 다툼(싸움, 전쟁)

모세가 죽어 그 영은 하늘에 오르고 하나님은 그 시체의 처리를 미가엘 천사장
에게 명하셨다(신 34 : 5-6; 유 1 : 9). 그러나 미가엘이 모세의 시체를 처리하고
자 할 때 마귀가 방해함으로써 미가엘 천사장은 모세의 시체에 대하여 마귀와 다
투었다(유 1 : 9; 계 12 : 7; 벧후 2 : 11). 외경(外經) 「모세의 승천기」에 의하면
모세가 죽어 그 영은 하늘에 오르고 하나님은 그 시체의 처리를 미가엘에게 명하
셨다(신 34 : 5-6). 미가엘이 무덤을 파고 있을 때 마귀가 나타나 자기는 물질계
를 맡아 있으므로 그 시체를 내어달라고 항의하였다. 미가엘은 "주께서 너를 꾸짖

으시리라 하나님의 영이 세상과 모든 인류를 창조하셨느니라"(유 1 : 9)고 하며 거부하였다. 그랬더니 마귀는 모세가 살인한 것을 들고 나왔다(이에 대한 직접적인 대답은 없다).

신 34 : 5-6   이에 여호와의 종 모세가 여호와의 말씀대로 모압 땅에서 죽어
                  벧브올 맞은편 모압 땅에 있는 골짜기에 장사되었고 오늘까지
                  그 묘를 아는 자 없으니라

유 1 : 9   천사장 미가엘이 모세의 시체에 대하여 마귀와 다투어 변론할 때에
                  감히 훼방하는 판결을 쓰지 못하고 다만 말하되 주께서 너를
                  꾸짖으시기를 원하노라 하였거늘

계 12 : 7   하늘에 전쟁이 있으니 미가엘과 그의 사자들이 용으로 더불어
                  싸울새 용과 그의 사자들도 싸우나

벧후 2 : 11   더 큰 힘과 능력을 가진 천사들이라도 주 앞에서 저희를 거스려
                  훼방하는 송사를 하지 아니하느니라

❖ 언어를 함

성경에 보면 천사가 언어를 사용하였다. 즉 "··· 내게 말하는 천사가 내게 이르되 이들이 무엇인지 내가 네게 보이리라"(슥 1 : 9)고 하였고, 또 "천사가 일러 가로되 사가랴여 무서워 말라 너의 간구함이 들린지라 네 아내 엘리사벳이 네게 아들을 낳아 주리니 그 이름을 요한이라 하라"(눅 1 : 13)고 한 것이다.

❖ 활동함

천사들은 하나님의 뜻을 행하는 사자(使者)로서(시 103 : 20-21 참조) 하나님의 뜻과 명령에 따라 활동을 하고 있다(창 19 : 1-3, 28 : 12, 31 : 11; 눅 1 : 13; 출 14 : 19; 민 22 : 23 이하 참조, 민 22 : 27; 삿 6 : 12, 13 : 3; 삼하 24 : 16; 단 10 : 12-13; 유 1 : 9; 계 12 : 7; 왕상 19 : 5-8). 천사는 영이기 때문에 인간의 법칙에 매이지 않는다. 그러므로 천사는 인간의 잠겨진 감옥에도 들어갈 수 있고 (행 12 : 7), 잠긴 옥문을 열 수도 있으며(행 5 : 19), 불꽃 가운데로 올라가기도 한다(삿 13 : 19-20). 그리고 천사는 수만 광년 떨어진 것같이 멀리 떨어진 하늘

에서 땅까지 굉장히 먼 거리를 아주 빨리 여행할 수도 있다(단 10 : 12-13 참조).

창 19 : 1-3   날이 저물 때에 그 두 천사가 소돔에 이르니 마침 롯이 소돔 성문에
               앉았다가 그들을 보고 일어나 영접하고 땅에 엎드리어 절하여
               가로되 내 주여 돌이켜 종의 집으로 들어와 발을 씻고 주무시고
               일찍이 일어나 갈 길을 가소서 그들이 가로되 아니라 우리가
               거리에서 경야하리라 롯이 간청하매 그제야 돌이켜서 그 집으로
               들어오는지라 롯이 그들을 위하여 식탁을 베풀고 무교병을 구우니
               그들이 먹으니라

창 28 : 12   꿈에 본즉 사닥다리가 땅 위에 섰는데 그 꼭대기가 하늘에 닿았고
               또 본즉 하나님의 사자가 그 위에서 오르락내리락하고

창 31 : 11   꿈에 하나님의 사자가 내게 말씀하시기를 야곱아 하기로 내가
               대답하기를 여기 있나이다 하매

눅 1 : 13   천사가 일러 가로되 사가랴여 무서워 말라 너의 간구함이 들린지라
               네 아내 엘리사벳이 네게 아들을 낳아 주리니 그 이름을 요한이라
               하라

출 14 : 19   이스라엘 진 앞에 행하던 하나님의 사자가 옮겨 그 뒤로 행하매
               구름 기둥도 앞에서 그 뒤로 옮겨

민 22 : 23   나귀가 여호와의 사자가 칼을 빼어 손에 들고 길에 선 것을 보고
               길에서 떠나 밭으로 들어간지라 발람이 나귀를 길로 돌이키려고
               채찍질하니

행 12 : 7   홀연히 주의 사자가 곁에 서매 옥중의 광채가 조요하며 또 베드로의
               옆구리를 쳐 깨워 가로되 급히 일어나라 하니 쇠사슬이 그 손에서
               벗어지더라

행 5 : 19   주의 사자가 밤에 옥문을 열고 끌어내어 가로되

삿 13 : 19-20   이에 마노아가 염소 새끼 하나와 소제물을 취하여 반석 위에서
               여호와께 드리매 사자가 이적을 행한지라 마노아와 그 아내가
               본즉 불꽃이 단에서부터 하늘로 올라가는 동시에 여호와의 사자가
               단 불꽃 가운데로 좇아 올라간지라 마노아와 그 아내가 이것을
               보고 얼굴을 땅에 대고 엎드리니라

3) 천사는 하나님이 부리시는 영임

천사는 하나님의 사자(使者)들로서 하나님이 부리시는 영이다(히 1 : 14; 시 104 : 4). 천사들은 하나님의 특별하신 목적이 있으실 때에 하나님의 뜻과 명령에 따라 시간과 공간의 제한을 받지 않고 아무 곳에나 아무 때나 나타나고, 떠나면서 사명을 수행하게 된다(시 103 : 20-21; 창 19 : 1-3 이하 참조; 왕상 19 : 5-8; 눅 1 : 13; 마 4 : 11; 단 10 : 12-13). 천사들은 지혜와 능력 면에서 인간들보다 더 큰 힘과 지혜를 가진 존재이다(벧후 2 : 11; 마 28 : 2; 살후 1 : 7; 계 7 : 1 참조).

히 1 : 14	모든 천사들은 부리는 영으로서 구원 얻을 후사들을 위하여 섬기라고 보내심이 아니뇨
시 104 : 4	바람으로 자기 사자를 삼으시며 화염으로 자기 사역자를 삼으시며
시 103 : 20-21	능력이 있어 여호와의 말씀을 이루며 그 말씀의 소리를 듣는 너희 천사여 여호와를 송축하라 여호와를 봉사하여 그 뜻을 행하는 너희 모든 천군이여 여호와를 송축하라
벧후 2 : 11	더 큰 힘과 능력을 가진 천사들이라도 주 앞에서 저희를 거스려 훼방하는 송사를 하지 아니하느니라
마 28 : 2	큰 지진이 나며 주의 천사가 하늘로서 내려와 돌을 굴려 내고 그 위에 앉았는데
살후 1 : 7	환난 받는 너희에게는 우리와 함께 안식으로 갚으시는 것이 하나님의 공의시니 주 예수께서 저의 능력의 천사들과 함께 하늘로부터 불꽃 중에 나타나실 때에

4) 천사의 수

성경을 통하여 천사의 수(數)가 셀 수 없이 많다는 것을 알 수 있다. 성경에 "··· 둘러 선 많은 천사의 음성이 있으니 그 수가 만만이요 천천이라"(계 5 : 11)고 하였고, 또 "살아 계신 하나님의 도성인 하늘의 예루살렘과 천만 천사와"(히 12 : 22) 그리고 "··· 허다한 천군이 그 천사와 함께 있어"(눅 2 : 13)라고 하였으니 천사들은 그 수효가 아주 많음을 알 수 있다. 예수님도 "내가 내 아버지께 구하여 지금 열두 영 더 되는 천사를 보내시게 할 수 없는 줄로 아느냐"(마 26 : 53 참조)라고 하셨다. 한 영(營)은 6,000명의 군사로 구성된다. 하나님은 어느 때이든지 필요하면 열 두 영(營)도 더 되는 천사를 보내실 수 있다(왕하 6 : 17; 계 5 : 11; 히 12 : 22).

> 왕하 6 : 17　　기도하여 가로되 여호와여 원컨대 저의 눈을 열어서 보게
> 　　　　　　　하옵소서 하니 여호와께서 그 사환의 눈을 여시매 저가 보니
> 　　　　　　　불말과 불병거가 산에 가득하여 엘리사를 둘렀더라
> 계 5 : 11　　　내가 또 보고 들으매 보좌와 생물들과 장로들을 둘러 선 많은
> 　　　　　　　천사의 음성이 있으니 그 수가 만만이요 천천이라
> 히 12 : 22　　그러나 너희가 이른 곳은 시온 산과 살아 계신 하나님의 도성인
> 　　　　　　　하늘의 예루살렘과 천만 천사와

5) 천사의 영광

거룩과 영광이 충만한 영계를 중심으로 활동하는 천사들은 그들의 영광을 지니고 있다. 성경은 영광의 하나님을 섬기고 경배하는 천사들이 영광스러운 존재라는 사실을 시사하고 있다. 성경에 보면 주님께서 부활하신 날의 이른 새벽 미명에 "… 막달라 마리아와 다른 마리아가 무덤을 보려고 왔더니 큰 지진이 나며 주의 천사가 하늘로서 내려와 돌을 굴려 내고 그 위에 앉았는데 그 형상이 번개 같고 그 옷은 눈같이 희거늘 수직하던 자들이 저를 무서워하여 떨며 죽은 사람과 같이 되었더라"고 하였다(마 28 : 1-4 참조).

2. 천사의 품성

1) 영

천사는 하나님께서 지으신 부리는 영이다. 성경은 "그의 모든 사자여 찬양하며 모든 군대여 찬양할지어다… 그것들이 여호와의 이름을 찬양할 것은 저가 명하시매 지음을 받았음이로다"(시 148 : 2,5 참조)라고 또 "바람으로 자기 사자를 삼으시며 화염으로 자기 사역자를 삼으시며"(시 104 : 4 참조)라고 하였다. 천사는 하나님께 지음을 받은 영으로서 인간과 같은 신체가 없으며(히 1 : 14; 눅 24 : 39) 결혼하지 않는다(마 22 : 30). 그리고 천사는 성장하거나 나이를 먹거나 늙거나 하지 아니하며 죽지도 않는 영원한 존재이다(눅 20 : 36).

히 1 : 14	모든 천사들은 부리는 영으로서 구원얻을 후사들을 위하여 섬기라고 보내심이 아니뇨
눅 24 : 39	내 손과 발을 보고 나인줄 알라 또 나를 만져 보라 영은 살과 뼈가 없으되 너희 보는 바와 같이 나는 있느니라
마 22 : 30	부활 때에는 장가도 아니가고 시집도 아니가고 하늘에 있는 천사들과 같으니라
눅 20 : 36	저희는 다시 죽을 수도 없나니 이는 천사와 동등이요 부활의 자녀로서 하나님의 자녀임이니라

2) 순종함

천사들은 하나님의 뜻에 거역하지 않고 절대 순종한다. 그러므로 자기들에게 맡겨진 사명은 지체하거나 불평함 없이 즉시 수행한다(단 10 : 12-13; 계 12 : 7).

| 단 10 : 12-13 | 그가 내게 이르되 다니엘아 두려워하지 말라 네가 깨달으려 하여 네 하나님 앞에 스스로 겸비케 하기로 결심하던 첫날부터 네 말이 들으신 바 되었으므로 내가 네 말로 인하여 왔느니라 그런데 바사국 군이 이십 일 일 동안 나를 막았으므로 내가 거기 바사국 왕들과 함께 머물러 있더니 군장 중 하나 미가엘이 와서 나를 도와주므로 |
| 계 12 : 7 | 하늘에 전쟁이 있으니 미가엘과 그의 사자들이 용으로 더불어 싸울새 용과 그의 사자들도 싸우나 |

3) 예배함

천사들은 경건함으로 항상 하나님을 찬양하고 예배하며(느 9 : 6; 시 148 : 2; 계 7 : 11-12) 또한 하나님의 아들인 예수 그리스도에게 경배한다(히 1 : 6; 계 5 : 11-12 참조).

| 느 9 : 6 | 오직 주는 여호와시라 하늘과 하늘들의 하늘과 일월 성신과 땅과 땅 위의 만물과 바다와 그 가운데 모든 것을 지으시고 다 보존하시오니 모든 천군이 주께 경배하나이다 |

시 148 : 2   그의 모든 사자여 찬양하며 모든 군대여 찬양할지어다

계 7 : 11-12   모든 천사가 보좌와 장로들과 네 생물의 주위에 섰다가 보좌 앞에
              엎드려 얼굴을 대고 하나님께 경배하여 가로되 아멘 찬송과 영광과
              지혜와 감사와 존귀와 능력과 힘이 우리 하나님께 세세토록
              있을지로다 아멘 하더라

히 1 : 6   또 맏아들을 이끌어 세상에 다시 들어오게 하실 때에 하나님의
              모든 천사가 저에게 경배할지어다 말씀하시며

4) 온유함

천사들은 온유한 성품의 소유자들로서 원한을 품지 않으며, 비록 자기들의 원수일지라도 조롱하지 않는다. 성경에 보면 마귀는 하나님 앞에서 죄 없는 욥을 훼방하고 송사하였으나, 천사는 "… 주 앞에서 저희를 거스려 훼방하는 송사를 하지 아니하느니라"(벧후 2 : 11; 유 1 : 9 참조)고 하였다.

5) 거룩함

예수님은 천사들을 죄 없이 순수하고 거룩한 존재로 표현하셨다(막 8 : 38). 지극히 거룩하시고, 존귀하시고, 영화로우신 하나님을 가장 가까이서 섬기는 천사는 거룩함이 생명이다(계 14 : 10). 그러므로 거룩하신 하나님을 항상 모시고 섬기는 천사들은 거룩하지 않을 수가 없는 것이다.

막 8 : 38   누구든지 이 음란하고 죄 많은 세대에서 나와 내 말을 부끄러워하면
             인자도 아버지의 영광으로 거룩한 천사들과 함께 올 때에 그 사람을
             부끄러워하리라

계 14 : 10   그도 하나님의 진노의 포도주를 마시리니 그 진노의 잔에 섞인
             것이 없이 부은 포도주라 거룩한 천사들 앞과 어린양 앞에서 불과
             유황으로 고난을 받으리니

6) 강대함

천사들은 강대한 능력을 소유하고 있으며(시 103 : 20), 악한 천사보다 더 강하다(벧후 2 : 11). 그들은 그토록 강한 능력으로써 하나님의 뜻과 명령을 받들어

수행한다. 앗수르 군대가 이스라엘을 침공하려 하매 밤에 천사가 앗수르 병사 십팔만 오천 명을 죽였고(왕하 19 : 35) 또 한 천사가 다윗이 국민을 계수하는 죄를 범한 때에 다윗의 죄를 따르는 이스라엘 백성 칠만 인을 멸하였다(삼하 24 : 15-16). 또한 천사는 예수님께서 장사되어 있는 무덤에서 돌을 굴려내고 인봉을 부수어 로마의 권력을 꺾었다(마 28 : 2,4). 성경은 장차 한 천사가 어떤 날 마귀를 결박하여 천 년 동안 무저갱에 감금할 것이라고 한다(계 20 : 1-3). 우리의 대적 마귀는 하늘의 만군 천사(萬軍天使)에 의하지 않고 다만 한 천사로도 멸하기에 족한 것이다(계 20 : 1-3).

> 시 103 : 20　　능력이 있어 여호와의 말씀을 이루며 그 말씀의 소리를 듣는 너희
> 　　　　　　　천사여 여호와를 송축하라
> 벧후 2 : 11　　더 큰 힘과 능력을 가진 천사들이라도 주 앞에서 저희를 거스려
> 　　　　　　　훼방하는 송사를 하지 아니하느니라
> 계 20 : 1-3　　또 내가 보매 천사가 무저갱 열쇠와 큰 쇠사슬을 그 손에 가지고
> 　　　　　　　하늘로서 내려와서 용을 잡으니 곧 옛 뱀이요 마귀요 사단이라
> 　　　　　　　잡아 일천 년 동안 결박하여 무저갱에 던져 잠그고 그 위에 인봉하여
> 　　　　　　　천년이 차도록 다시는 만국을 미혹하지 못하게 하였다가 그 후에는
> 　　　　　　　반드시 잠간 놓이리라

7) 죽지 않음

육체를 갖지 않은 영적 존재인 천사들은 노쇠(老衰)나 죽음을 모른다(눅 20 : 34-36). 그들은 영원한 존재인고로 성장하지도 않고 나이를 먹어 늙지도 않고, 또한 병들거나 죽지도 않는다. 그러기에 예수님은 사두개인들에게 부활한 성도를 천사와 비교하여 "저희는 다시 죽을 수도 없나니 이는 천사와 동등이요 부활의 자녀로서 하나님의 자녀임이니라"(눅 20 : 36)고 하셨던 것이다.

> 눅 20 : 34-36　　예수께서 이르시되 이 세상의 자녀들은 장가도 가고 시집도 가되
> 　　　　　　　　저 세상과 및 죽은 자 가운데서 부활함을 얻기에 합당히 여김을 입은
> 　　　　　　　　자들은 장가가고 시집가는 일이 없으며 저희는 다시 죽을 수도 없나니
> 　　　　　　　　이는 천사와 동등이요 부활의 자녀로서 하나님의 자녀임이니라

8) 결혼하지 않음

육체를 가지지 않은 천사는 영으로서 남녀의 구별이 없고 생식(生殖)도 필요치 않으므로 시집 장가도 가지 아니한다(마 22 : 30; 눅 20 : 35-36; 막 12 : 25).

마 22 : 30 　　부활 때에는 장가도 아니 가고 시집도 아니 가고 하늘에 있는 천사들과 같으니라

눅 20 : 35-36 　저 세상과 및 죽은 자 가운데서 부활함을 얻기에 합당히 여김을 입은 자들은 장가가고 시집가는 일이 없으며 저희는 다시 죽을 수도 없나니 이는 천사와 동등이요 부활의 자녀로서 하나님의 자녀임이니라

막 12 : 25 　　사람이 죽은 자 가운데서 살아날 때에는 장가도 아니 가고 시집도 아니 가고 하늘에 있는 천사들과 같으니라

9) 사람의 눈에 보일 수도 있음

천사는 영계의 존재이기 때문에 형체가 없으므로 인간의 육체적 눈을 가지고는 볼 수 없다. 그러나 하나님의 특별하신 목적이 있을 때에는 우리의 시각으로 식별할 수 있는 형상을 입고 나타날 때도 있다(창 19 : 1-3; 사 6 : 2-3).

창 19 : 1-3 　날이 저물 때에 그 두 천사가 소돔에 이르니 마침 롯이 소돔 성문에 앉았다가 그들을 보고 일어나 영접하고 땅에 엎드리어 절하여 가로되 내 주여 돌이켜 종의 집으로 들어와 발을 씻고 주무시고 일찌기 일어나 갈 길을 가소서 그들이 가로되 아니라 우리가 거리에서 경야하리라 롯이 간청하매 그제야 돌이켜 그 집으로 들어오는지라 롯이 그들을 위하여 식탁을 베풀고 무교병을 구우니 그들이 먹으니라

사 6 : 2-3 　스랍들은 모셔 섰는데 각기 여섯 날개가 있어 그 둘로는 그 얼굴을 가리었고 그 둘로는 그 발을 가리었고 그 둘로는 날며 서로 창화하여 가로되 거룩하다 거룩하다 거룩하다 만군의 여호와여 그 영광이 온 땅에 충만하도다

II. 천사의 직능과 서열

성경에는 천사라는 일반적인 이름 외에 천사들의 여러 가지 직능과 서열을 가리키는 특수 호칭이 기록되어 있다. 성경은 모든 천사가 다 동일한 것이 아니고 계급과 능력의 차이가 있음을 말하고 있다(골 1 : 16). 천사들 사이에는 분명한 질서와 조직이 있다. 그것은 에스겔이 그룹을 보았으나(겔 1 : 5) 이사야는 스랍들을 보았고(사 6 : 2) 모세의 시체 처리를 위하여는 일반 천사가 아닌 천사장 미가엘이 나타났으며(유 1 : 9) 이밖에 다른 데서는 평범한 천사도 많이 나타났던 것(히 12 : 22; 계 5 : 11; 시 68 : 17)을 보아 알 수 있다. 성경은 천사들의 세계에서 특별한 위치를 차지하는 천사들의 계급에 대하여 말해 주고 있다. 성경에서 천사들의 계급들이 천사장(살전 4 : 16; 유 1 : 9), 그리고 보좌들, 주관들, 정사들, 권세들, 능력이라고 말하고 있다(골 1 : 16,2 : 10; 이하 참조 엡 1 : 21,3 : 10; 벧전 3 : 22). 천사들에 대하여 이상과 같이 여러 가지 각기 다른 이름으로 호칭을 한 것은 일반적으로 이미 알고 있는 천사 말고 또 다른 어떤 종류의 천사들을 지칭하는 것이 아니라 천사들의 세계에 저들간의 위계와 직위의 차이가 있음을 나타내는 표현인 것이다.

골 1 : 16　　만물이 그에게 창조되되 하늘과 땅에서 보이는 것들과 보이지 않는 것들과 혹은 보좌들이나 주관들이나 정사들이나 권세들이나 만물이 다 그로 말미암고 그를 위하여 창조되었고

겔 1 : 5　　그 속에서 네 생물의 형상이 나타나는데 그 모양이 이러하니 사람의 형상이라

사 6 : 2　　스랍들은 모셔 섰는데 각기 여섯 날개가 있어 그 둘로는 그 얼굴을 가리었고 그 둘로는 그 발을 가리었고 그 둘로는 날며

유 1 : 9　　천사장 미가엘이 모세의 시체에 대하여 마귀와 다투어 변론할 때에 감히 훼방하는 판결을 쓰지 못하고 다만 말하되 주께서 너를 꾸짖으시기를 원하노라 하였거늘

히 12 : 22　　그러나 너희가 이른 곳은 시온산과 살아 계신 하나님의 도성인 하늘의 예루살렘과 천만 천사와

계 5 : 11　　내가 또 보고 들으매 보좌와 생물들과 장로들을 둘러 선 많은 천사의 음성이 있으니 그 수가 만만이요 천천이라

시 68 : 17   하나님의 병거가 천천이요 만만이라 주께서 그 중에 계심이 시내
              산 성소에 계심 같도다
살전 4 : 16   주께서 호령과 천사장의 소리와 하나님의 나팔로 친히 하늘로
              좇아 강림하시리니 그리스도 안에서 죽은 자들이 먼저 일어나고

1. 천사의 계급과 구분

성경은 천사를 호칭함에 있어서 "천사"라는 일반적인 호칭 외에 그들의 직위나 계급 또는 직능을 표시하는 특수 명칭들을 사용하고 있다. 이는 천사도 계급 또는 직능상의 구분이 있음을 보여 주는 것이다.

1) 그룹

성경에 그룹(בְּרוּב)들은 일반적으로 사람의 얼굴과 동물의 몸에 수족과 날개를 가진 모습으로 표현되어 있다. 이들은 인간처럼 이성과 초인간적인 힘을 가진 강한 천사들인데 주로 힘으로써 하나님을 섬기는 남성적 기질의 천사들이다(창 3 : 24; 출 25 : 18-19, 37 : 8; 삼하 22 : 11; 왕상 6 : 24, 25-27; 이하 참조 대하 3 : 11-12; 시 18 : 10-11). 유대 신학에서는 그룹들은 천사의 최상의 계급에 속하는 것으로 보고 있다(외경 에녹일서 20 : 7 참조).

창 3 : 24   이같이 하나님이 그 사람을 쫓아내시고 에덴 동산 동편에 그룹들과
               두루 도는 화염검을 두어 생명나무의 길을 지키게 하시니라
출 25 : 18-19 금으로 그룹 둘을 속죄소 두 끝에 쳐서 만들되 한 그룹은 이 끝에,
               한 그룹은 저 끝에 곧 속죄소 두 끝에 속죄소와 한 덩이로 연하게
               할지며
출 37 : 8   한 그룹은 이편 끝에, 한 그룹은 저편 끝에 곧 속죄소와 한 덩이로
               그 양편에 만들었으니
삼하 22 : 11   그룹을 타고 날으심이여 바람 날개 위에 나타나셨도다

(1) 에덴동산을 지킴

그룹은 에덴동산에서 하나님이 금하신 선악과를 따먹고 범죄한 인간이 생명

나무에 접근하지 못하도록 하기 위하여 생명나무 지기의 임무를 수행했다(창 3 : 24).

> **창 3 : 24**　이같이 하나님이 그 사람을 쫓아내시고 에덴 동산 동편에 그룹들과 두루 도는 화염검을 두어 생명나무의 길을 지키게 하시니라

(2) 하나님의 속죄소를 살핌

구약의 성막에는 언약궤 위 속죄소 양편에 그룹 둘이 서 있고, 금으로 입힌 큰 그룹 한 쌍이 날개로 법궤를 덮고 있다(왕상 6 : 23 참조). 성막 휘장에는 그룹들을 수놓았으며(출 25 : 18), 또 백성들의 죄를 속량하기 위해 속죄의 피가 흘려지는 장소인 속죄소의 양단(兩端)에는 순금제의 그룹들이 속죄소를 바라보며 들어가는 자세로 세워져 있었다(출 25 : 18-22; 히 9 : 5). 솔로몬의 성전에도 대형의 그룹들의 상(像)이 언약궤를 덮고, 또 성소의 내벽과 막(幕)에도 그룹들의 모양이 장식되어져 있었다(왕상 6 : 23-35 참조.7 : 29). 이는 이스라엘이 하나님의 현현과 존엄을 나타내는 신앙을 상징적으로 표현한 것이다. 구약에서 그룹들의 형상은 하나님의 성소(보좌)를 지키는 천적 존재(天的存在)의 기호(記號)이기도 하였다. 이는 그룹들이 천상에서 하나님의 성소를 시위하고 있는 사실을 모방하여 이 땅 위의 예루살렘 성전 시은소(施恩所)에도 그런 형상을 표현하게 되었던 것이다.

> **출 25 : 18-22**　금으로 그룹 둘을 속죄소 두 끝에 쳐서 만들되 한 그룹은 이 끝에, 한 그룹은 저 끝에 곧 속죄소 두 끝에 속죄소와 한 덩이로 연하게 할지며 그룹들은 그 날개를 높이 펴서 그 날개로 속죄소를 덮으며 그 얼굴을 서로 대하여 속죄소를 향하게 하고 속죄소를 궤 위에 얹고 내가 네게 줄 증거판을 궤 속에 넣으라 거기서 내가 너와 만나고 속죄소 위 곧 증거궤 위에 있는 두 그룹 사이에서 내가 이스라엘 자손을 위하여 네게 명할 모든 일을 네게 이르리라
>
> **히 9 : 5**　그 위에 속죄소를 덮는 영광의 그룹들이 있으니 이것들에 관하여는 이제 낱낱이 말할 수 없노라
>
> **왕상 7 : 29**　변죽 가운데 판에는 사자와 소와 그룹들이 있고 또 변죽 위에는 놓는 자리가 있고 사자와 소 아래에는 화환 모양이 있으며

⑶ 하나님의 근위대가 됨

성경에 하나님은 "그룹을 타고 날으심이여 바람 날개로 높이 뜨셨도다"(삼하 22 : 11; 시 18 : 10 참조)라고 하였으니, 이는 그룹들이 하나님의 살아 있는 병거라는 표현이다. 하나님이 지상에 강림하실 때 그룹들을 타고 오신다는 뜻이다. 그룹은 하나님의 행차하심에 근위(近衛)하며 시종하는 천사로서 그들의 무리는 곧 하나님의 근위대이다. 그룹들은 하나님을 가까이서 모시는 근위 천사들로서 항상 하나님의 보좌를 호위하고 있는 것이다. 구약에 하나님은 성막과 성전에 있는 그룹들 사이에 계신다고 묘사되었다(시 80 : 1, 99 : 1; 사 37 : 16). 그룹들은 하나님의 권능과 위엄과 영광을 계시하며 에덴동산과 성막과 성전과 하나님의 지상 강림에 호위를 하며 하나님의 거룩을 지키는 것이다.

시 80 : 1   요셉을 양떼같이 인도하시는 이스라엘의 목자여 귀를 기울이소서
　　　　　그룹 사이에 좌정하신 자여 빛을 비취소서
시 99 : 1   여호와께서 통치하시니 만민이 떨 것이요 여호와께서 그룹 사이에
　　　　　좌정하시니 땅이 요동할 것이로다
사 37 : 16   그룹 사이에 계신 이스라엘 하나님 만군의 여호와여 주는 천하
　　　　　만국의 유일하신 하나님이시라 주께서 천지를 조성하셨나이다

2) 스랍

스랍(שְׂרָפִים)은 세 쌍의 날개(여섯 날개)를 가진, 성품이 여성적이고 예능적 특성을 지닌 천사들로서 태도가 매우 온순하고 아름답고 고상하다(사 6 : 2-3). 스랍 천사는 얼굴과 손이 있으며, 여섯 날개를 가지고 날아다니면서 하나님을 찬미한다. 이사야 선지가 본 스랍의 모습은 "두 날개로 얼굴을 가리고(하나님께 대한 존경과 경건의 자태)", "두 날개로는 두 발을 가리우고(겸손의 자태)", "두 날개로는 날며(봉사하는 자태)" 활동하는 모습이었다(사 6 : 2-3). 스랍들의 하는 일은 서로 창화하며 거룩하신 하나님을 섬기며 항상 찬미하는 일이다(사 6 : 3-4). 천사 "스랍"(사 6 : 2-4)은 "그룹"(창 3 : 24; 이하 참조 출 25 : 18-22; 겔 10 : 1-22, 28 : 14)과 구별된다. 스랍은 하나님의 보좌 측근에서 하나님께 시중을 들며(사 6 : 2), 하나님을 늘 찬양하며(사 6 : 3), 하나님의 명령을 준행하기 위하여 늘 준비하

고 있는 천사들이다(사 6 : 2-3,6). 그룹들을 강자(强者)라고 하면 스랍들은 아름
답고 고상하고 부드러워 천사 중 귀족이라 부를 수 있다. 이들은 늘 하나님께 찬
미로써 영광을 돌리며, 신인 화목(神人和睦)을 이루게 하기 위하여 인간으로 하
여금 하나님께 접근하도록 안내한다(사 6 : 6).

사 6 : 2-4	스랍들은 모셔 섰는데 각기 여섯 날개가 있어 그 둘로는 그 얼굴을 가리었고 그 둘로는 그 발을 가리었고 그 둘로는 날며 서로 창화하여 가로되 거룩하다 거룩하다 거룩하다 만군의 여호와여 그 영광이 온 땅에 충만하도다 이같이 창화하는 자의 소리로 인하여 문지방의 터가 요동하며 집에 연기가 충만한지라
창 3 : 24	이같이 하나님이 그 사람을 쫓아 내시고 에덴 동산 동편에 그룹들과 두루 도는 화염검을 두어 생명나무의 길을 지키게 하시니라
사 6 : 6	때에 그 스랍의 하나가 화제로 단에서 취한 바 핀 숯을 손에 가지고 내게로 날아와서

3) 가브리엘과 미가엘

가브리엘(נַבְרִיאֵל)과 미가엘(מִיכָאֵל)은 천사 중 으뜸되는 천사들이다.

(1) 가브리엘

"가브리엘"이란 "하나님의 사람" 또는 "영웅"이란 뜻이 있다. 가브리엘은 일곱
천사장 중의 하나로서(단 8 : 15-16,9 : 21; 눅 1 : 19) 하나님의 계시를 전하여 주
고 그것을 해석해 주는 직능을 가지고 있다. 그러기에 가브리엘은 하나님의 계시
를 인간 또는 지상에 전달하였으며, 그는 구약에서는 다니엘에게 나타나 이상(異
像)의 의미를 설명했고(단 8 : 16,26-27 참조,9 : 21), 신약에서는 사가랴와 그 아
내 엘리사벳에게 나타나 세례 요한의 출생을 알려 주었고(눅 1 : 5-20), 동정녀
마리아에게 나타나 예수 그리스도에 대한 수태(受胎)를 알려 주었다(눅 1 :
19,1 : 26-27). 가브리엘은 특히 천군 천사의 지도급에 속한다(단 7 : 10).

단 8 : 15-16	나 다니엘이 이 이상을 보고 그 뜻을 알고자 할 때에 사람 모양

같은 것이 내 앞에 섰고 내가 들은즉 을래 강 두 언덕 사이에서
사람의 목소리가 외쳐 이르되 가브리엘아 이 이상을 이 사람에게
깨닫게 하라 하더니

단 9 : 21 곧 내가 말하여 기도할 때에 이전 이상 중에 본 그 사람 가브리엘이
빨리 날아서 저녁 제사를 드릴 때 즈음에 내게 이르더니

눅 1 : 19 천사가 대답하여 가로되 나는 하나님 앞에 섰는 가브리엘이라
이 좋은 소식을 전하여 네게 말하라고 보내심을 입었노라

눅 1 : 26-27 여섯째 달에 천사 가브리엘이 하나님의 보내심을 받들어 갈릴리
나사렛이란 동네에 가서 다윗의 자손 요셉이라 하는 사람과
정혼한 처녀에게 이르니 그 처녀의 이름은 마리아라

단 7 : 10 불이 강처럼 흘러 그 앞에서 나오며 그에게 수종하는 자는 천천이요
그 앞에 시위한 자는 만만이며 심판을 베푸는데 책들이 펴놓였더라

(2) 미가엘

"미가엘"이란 "누가 하나님과 같으랴"라는 뜻이다. 미가엘은 역시 일곱 천사장 중의 하나로서 전쟁의 지휘장(指揮長)이다(단 10 : 13,21 이하 참조, 단 12 : 1; 유 1 : 9; 계 12 : 7). 미가엘은 여호와의 위엄을 보호하고(계 12 : 7-9), 이스라엘의 수호를 담당하며(단 10 : 13,12 : 1), 이스라엘의 대적과 영계의 악한 마귀를 대항한다. 미가엘은 하나님의 세력을 대표하여 여호와의 전투를 수행하는 용감한 전사(戰士)이다(단 10 : 13,21; 유 1 : 9 계 12 : 7-9). 그러기에 장차 그는 큰 대적 사단(마귀)과의 대전(大戰)에서 전쟁의 지휘자가 된다(계 12 : 7).

단 10 : 13 그런데 바사국 군이 이십 일 일 동안 나를 막았으므로 내가 거기
바사국 왕들과 함께 머물러 있더니 군장 중 하나 미가엘이 와서
나를 도와주므로

단 10 : 21 오직 내가 먼저 진리의 글에 기록된 것으로 네게 보이리라 나를
도와서 그들을 대적하는 자는 너희 군 미가엘뿐이니라

(3) 천사장
❖ 일곱 천사장

성경에 나타난 천사장은 "가브리엘"(단 8 : 16,9 : 21; 마 18 : 10)과 "미가엘"(단 10 : 13,21,12 : 1; 유 1 : 9; 계 12 : 7,8 : 2) 둘 뿐이며, 외경에는 선한 천사장이 일곱 천사장으로 기록되어 있다. 즉 우리엘, 라파엘, 라구엘, 미가엘, 사리엘, 가브리엘 및 라미엘 등 모두 일곱 천사장이다(에녹일서 20 : 2-8,22 : 7; 토비트 12 : 15).

단 8 : 16	내가 들은즉 을래 강 두 언덕 사이에서 사람의 목소리가 있어 외쳐 이르되 가브리엘아 이 이상을 이 사람에게 깨닫게 하라 하더니
단 10 : 13	그런데 바사국 군이 이십 일 일 동안 나를 막았으므로 내가 거기 바사국 왕들과 함께 머물러 있더니 군장 중 하나 미가엘이 와서 나를 도와주므로
단 10 : 21	오직 내가 먼저 진리의 글에 기록된 것으로 네게 보이리라 나를 도와서 그들을 대적하는 자는 너희 군 미가엘 뿐이니라
유 1 : 9	천사장 미가엘이 모세의 시체에 대하여 마귀와 다투어 변론할 때에 감히 훼방하는 판결을 쓰지 못하고 다만 말하되 주께서 너를 꾸짖으시기를 원하노라 하였거늘
계 12 : 7	하늘에 전쟁이 있으니 미가엘과 그의 사자들이 용으로 더불어 싸울 새 용과 그의 사자들도 싸우나

❖ 타락한 천사장

본래 최대의 천사장은 "루시퍼(Lucifer)"였다. 그러나 그는 교만하여 하나님의 보좌를 엿보고 하나님과 동등 되려다 추방당함으로써, 타락하여 사단이 되었다(사 14 : 12; 겔 28 : 12-19; 눅 10 : 18). 또 그때 천사장 루시퍼에게 미혹당하여 그와 함께 반역하던 일단(一團)의 천사들이 그와 같이 타락하였으니 이들이 악한 천사 즉 마귀, 악령들이다.

사 14 : 12	너 아침의 아들 계명성이여 어찌 그리 하늘에서 떨어졌으며 너 열국을 엎은 자여 어찌 그리 땅에 찍혔는고

눅 10 : 18   예수께서 이르시되 사단이 하늘로서 번개같이 떨어지는 것을 내가
               보았노라

❖ 일곱 천사장에 대한 성경적 근거

성경은 주님께서 재림하실 때 "주께서 호령과 천사장의 소리와 하나님의 나팔로
친히 하늘로 좇아 강림하시리니…"(살전 4 : 16)라고 하였다. 여기서 하나님의 나팔
이란 하나님이 부시는 나팔이 아니라 하나님의 소유요, 하나님의 뜻을 전달하는
나팔을 의미하며, 이 나팔을 부는 자는 천사임이 틀림없다. 그리고 또 "일곱째 인
을 떼실 때에… 하나님 앞에 시위한 일곱 천사가 있어 일곱 나팔을 받았더라"(계 8 :
1-2)고 하였는데, "일곱 천사"는 정관사를 가졌으니 이는 유대 인간에 친숙히 알
려져 있는 그 일곱 천사장들을 지칭하고 있음이 분명하다.

일곱 천사장들은 하나님의 보좌 앞에 시립하여 있으며(눅 1 : 19; 마 18 : 10;
계 8 : 2; 사 6 : 2), 특히 가브리엘은 하나님의 계시의 전달자로(단 9 : 21, 8 : 15-
16; 눅 1 : 19, 26), 미가엘은 하나님의 위엄을 보호하며 이스라엘의 수호자로(계
12 : 7-9; 유 1 : 9; 단 10 : 13, 21, 12 : 1), 라파엘은 성도의 기도를 집성하여 하나
님께 올리는 자로서의(계 8 : 3-4; 토비트 12 : 15) 직무를 수행하는 것으로 나타
나 있다.

눅 1 : 19   천사가 대답하여 가로되 나는 하나님 앞에 섰는 가브리엘이라
               이 좋은 소식을 전하여 네게 말하라고 보내심을 입었노라
마 18 : 10   삼가 이 소자 중에 하나도 업신여기지 말라 너희에게 말하노니
               저희 천사들이 하늘에서 하늘에 계신 내 아버지의 얼굴을 항상
               뵈옵느니라
단 9 : 21   곧 내가 말하여 기도할 때에 이전 이상 중에 본 그 사람 가브리엘이
               빨리 날아서 저녁 제사를 드릴 때 즈음에 내게 이르더니
단 8 : 15-16   나 다니엘이 이 이상을 보고 그 뜻을 알고자 할 때에 사람 모양
               같은 것이 내 앞에 섰고 내가 들은 즉 을래강 두 언덕 사이에서
               사람의 목소리가 있어 외쳐 이르되 가브리엘아 이 이상을 이
               사람에게 깨닫게 하라 하더니
계 12 : 7-9   하늘에 전쟁이 있으니 미가엘과 그의 사자들이 용으로 더불어

싸울새 용과 그의 사자들도 싸우나 이기지 못하여 다시 하늘에서
저희의 있을 곳을 얻지 못한지라 큰 용이 내어쫓기니 옛 뱀 곧
마귀라고도 하고 사단이라고도 하는 온 천하를 꾀는 자라 땅으로
내어쫓기니 그의 사자들도 저와 함께 내어쫓기니라

계 8 : 3-4　또 다른 천사가 와서 제단 곁에 서서 금 향로를 가지고 많은 향을
받았으니 이는 모든 성도의 기도들과 합하여 보좌 앞 금단에
드리고자 함이라 향연이 성도의 기도와 함께 천사의 손으로부터
하나님 앞으로 올라가는지라

4) 정사와 권세와 보좌와 주관

정사(政事)와 권세(權勢)와 보좌(寶座)와 주관(主管, 골 1 : 16)들과 능력(能力)
들은(벧전 3 : 22) 천사들에 대한 호칭(이름)이며, 이는 선한 천사에게나(골 1 :
16; 엡 1 : 21,3 : 10; 골 2 : 10), 악한 천사에게나 다같이 사용된다(골 2 : 15; 엡
6 : 12). 정사와 권세와 능력과 주관하는 자란 천사의 여러 종류를 지칭하는 것이
아니고 천사들의 직무와, 계급과, 능력과, 위엄의 차이가 있음을 단순히 보여 주
는 호칭이다(살전 4 : 16; 벧전 3 : 22; 유 1 : 9).

골 1 : 16　만물이 그에게 창조되되 하늘과 땅에서 보이는 것들과 보이지
않는 것들과 혹은 보좌들이나 주관들이나 정사들이나 권세들이나
만물이 다 그로 말미암고 그를 위하여 창조되었고

벧전 3 : 22　저는 하늘에 오르사 하나님 우편에 계시니 천사들과 권세들과
능력들이 저에게 순복하느니라

골 2 : 15　정사와 권세를 벗어버려 밝히 드러내시고 십자가로 승리하셨느니라

엡 6 : 12　우리의 싸움은 혈과 육에 대한 것이 아니요 정사와 권세와 이
어두움의 세상 주관자들과 하늘에 있는 악의 영들에게 대함이라

살전 4 : 16　주께서 호령과 천사장의 소리와 하나님의 나팔로 친히 하늘로
좇아 강림하시리니 그리스도 안에서 죽은 자들이 먼저 일어나고

유 1 : 9　천사장 미가엘이 모세의 시체에 대하여 마귀와 다투어 변론할 때에
감히 훼방하는 판결을 쓰지 못하고 다만 말하되 주께서 너를
꾸짖으시기를 원하노라 하였거늘

5) 여호와의 사자(천사)

성경에는 이상에서 열거한 것 외에도 "여호와의 사자"(창 16 : 7, 22 : 11; 출 3 : 2; 민 22 : 2), "하나님의 사자"(창 32 : 1; 삿 13 : 22), "하나님의 군대"(창 32 : 2), "하나님의 아들들"(욥 38 : 7), "천군"(시 103 : 21), "부리는 신"(히 1 : 14), "영물"(계 4 : 6-8) 등 천사에 대한 별칭들이 있다.

그런데 "여호와의 사자(천사)"는 다른 천사들보다 특수한 존재인 것이 분명하다. 그 증거는 여호와의 사자는 하나님과 동일시되어 그를 본 사람은 하나님을 만났다고 생각하였으며(창 32 : 30; 삿 13 : 22), 또 여호와의 사자는 늘 인간의 모양으로 나타나 단순한 길손(길가는 나그네)과 혼돈되기도 하였다는 것이다(창 16 : 7; 출 3 : 2; 삿 2 : 1, 4).

창 32 : 1-2	야곱이 그 길을 진행하더니 하나님의 사자들이 그를 만난지라 야곱이 그들을 볼 때에 이르기를 이는 하나님의 군대라 하고 그 땅 이름을 마하나임이라 하였더라
삿 13 : 22	그 아내에게 이르되 우리가 하나님을 보았으니 반드시 죽으리로다
욥 38 : 7	그 때에 새벽 별들이 함께 노래하며 하나님의 아들들이 다 기쁘게 소리하였었느니라
시 103 : 21	여호와를 봉사하여 그 뜻을 행하는 너희 모든 천군이여 여호와를 송축하라
히 1 : 14	모든 천사들은 부리는 영으로서 구원얻을 후사들을 위하여 섬기라고 보내심이 아니뇨
계 4 : 6-8	보좌 앞에 수정과 같은 유리 바다가 있고 보좌 가운데와 보좌 주위에 네 생물이 있는데 앞뒤에 눈이 가득하더라 그 첫째 생물은 사자 같고 그 둘째 생물은 송아지 같고 그 셋째 생물은 얼굴이 사람 같고 그 네째 생물은 날아가는 독수리 같은데 네 생물이 각각 여섯 날개가 있고 그 안과 주위에 눈이 가득하더라 그들이 밤낮 쉬지 않고 이르기를…
창 32 : 30	그러므로 야곱이 그곳 이름을 브니엘이라 하였으니 그가 이르기를 내가 하나님과 대면하여 보았으나 내 생명이 보전되었다 함이더라
창 16 : 7	여호와의 사자가 광야의 샘 곁 곧 술 길 샘물 곁에서 그를 만나

출 3 : 2   여호와의 사자가 떨기나무 불꽃 가운데서 그에게 나타나시니라
                  그가 보니 떨기나무에 불이 붙었으나 사라지지 아니하는지라

2. 천사의 직무
1) 주야에 하나님을 찬양하며 시중듦

천사는 하나님의 보좌 앞에 모시어 서서 주야에 하나님을 찬양함으로 영광을 돌리며 시종(侍從)으로서 하나님을 섬긴다(사 6 : 3; 시 103 : 20; 욥 38 : 7; 계 5 : 11-12, 8 : 3-4). 이것은 곧 천사들의 일상적인 봉사이다.

사 6 : 3   서로 창화하여 가로되 거룩하다 거룩하다 거룩하다 만군의
                여호와여 그 영광이 온 땅에 충만하도다
시 103 : 20   능력이 있어 여호와의 말씀을 이루며 그 말씀의 소리를 듣는 너희
                천사여 여호와를 송축하라

2) 성도의 구원을 위해 봉사함

천사는 하나님이 부리시는 영(사환)으로서 구원받을 성도에 대해 그들의 구원을 위하여 봉사한다(히 1 : 14). 천사들은 믿는 자들을 권면하고, 위로하고, 수호한다(시 34 : 7, 91 : 11).

바울이 배를 타고 여행하던 중 큰 풍랑을 만나 구원의 여망이 없을 때 천사가 밤에 나타나 '바울아 두려워 말라, 생명에는 아무 손상이 없겠고 목적지에 이르게 되리라'고 하였다(행 27 : 20-26 참조). 또 베드로가 감옥에 갇혔을 때 천사들이 나타나 쇠사슬을 풀고 감옥 문을 열어 주었다(행 12 : 6-11 참조).

천사는 소자를 보호하며(마 18 : 10), 교회에 임재하며(고전 11 : 10; 딤전 5 : 21), 특히 성도들에게 봉사하되 어린아이들로부터(마 18 : 10) 어른에 이르기까지 친절히 돌보아 섬기며(왕상 19 : 5-8 참조), 죽은 신자들의 영혼을 아브라함의 품으로 안내하는 봉사까지 한다(눅 16 : 22).

거지 나사로가 죽으니 장례식도 해주는 이가 없었으나 그의 영은 천사들에게 받들려서 아브라함의 품으로 인도되어 갔고, 부자는 죽어 그 몸이 화려한 장례식에 의하여 많은 사람들의 손에 받들려 장사되었으나 그의 영은 아무렇게나 음부

에 내어 던져졌던 것이다(눅 16 : 19-26 참조). 구원을 갈망하며 찾고 있던 구스 내시를 천사는 복음으로 인도하였다(행 8 : 26-39).

히 1 : 14	모든 천사들은 부리는 영으로서 구원얻을 후사들을 위하여 섬기라고 보내심이 아니뇨
시 34 : 7	여호와의 사자가 주를 경외하는 자를 둘러 진치고 저희를 건지시는도다
시 91 : 11	저가 너를 위하여 그 사자들을 명하사 네 모든 길에 너를 지키게 하심이라
마 18 : 10	삼가 이 소자 중에 하나도 업신여기지 말라 너희에게 말하노니 저희 천사들이 하늘에서 하늘에 계신 내 아버지의 얼굴을 항상 뵈옵느니라
고전 11 : 10	이러므로 여자는 천사들을 인하여 권세 아래 있는 표를 그 머리 위에 둘지니라
딤전 5 : 21	하나님과 그리스도 예수와 택하심을 받은 천사들 앞에서 내가 엄히 명하노니 너는 편견이 없이 이것들을 지켜 아무 일도 편벽되이 하지 말며
눅 16 : 22	이에 그 거지가 죽어 천사들에게 받들려 아브라함의 품에 들어가고 부자도 죽어 장사되매

3) 신자들을 수행하며 수호함

하나님의 자녀된 모든 사람들에게는 그를 수호하는 천사가 있다(마 18 : 10; 시 34 : 7, 91 : 11). 그리하여 신자는 항상 혼자 있는 것이 아니라 자기 천사의 보호를 받고 있는 것이다(시 91 : 11). 즉 신자의 곁에는 항상 하나님이 파송한 수호 천사가 있어 그를 보살펴 주고 격려하고(마 4 : 11), 건져 주며(시 34 : 7), 또 그의 기도를 하나님 보좌에 받들어 올리는 것이다(계 8 : 3). 이렇게 지상에서 신자를 인도하고 보호하며 굳세게 하던 천사는 그 신자가 죽으면 그 영혼을 받들어 하나님의 낙원으로 데려간다(눅 16 : 22).

마 18 : 10	삼가 이 소자 중에 하나도 업신여기지 말라 너희에게 말하노니

저희 천사들이 하늘에서 하늘에 계신 내 아버지의 얼굴을 항상
뵈옵느니라

시 34 : 7   여호와의 사자가 주를 경외하는 자를 둘러 진치고 저희를
건지시는도다

마 4 : 11   이에 마귀는 예수를 떠나고 천사들이 나아와서 수종드니라

계 8 : 3   또 다른 천사가 와서 제단 곁에 서서 금 향로를 가지고 많은 향을
받았으니 이는 모든 성도의 기도들과 합하여 보좌 앞 금단에
드리고자 함이라

눅 16 : 22   이에 그 거지가 죽어 천사들에게 받들려 아브라함의 품에 들어가고
부자도 죽어 장사되매

(I) 천사 수호의 실례(實例)

수호 천사가 신자들을 보호하고 있음에 대하여 성경 여러 곳에 그 실례가 기록
되어 있다.

❖ 야곱을 보호했던 수호 천사는 하란에서 20년 간 야곱을 지켜 주었고, 나중
에는 무사히 가나안 땅에 있는 그의 집에 이르도록 함께 동행하여 주었다(창
28 : 12-14, 32 : 1-2, 24).

창 28 : 12-14   꿈에 본즉 사닥다리가 땅 위에 섰는데 그 꼭대기가 하늘에 닿았고
또 본즉 하나님의 사자가 그 위에서 오르락내리락하고 또 본즉
여호와께서 그 위에 서서 가라사대 나는 여호와니 너의 조부
아브라함의 하나님이요 이삭의 하나님이라 너 누운 땅을 내가
너와 네 자손에게 주리니

❖ 모리아 산에서 이삭을 잡아 번제코자 하는 아브라함에게 나타난 천사는 아
브라함으로 하여금 그 일을 중지케 하고 이삭의 생명을 보존하도록 하였다(창
22 : 9-12 참조).

❖ 이스라엘 선민이 애굽을 나와서 광야로 진행하던 때에는 하나님의 천사가

나타나 불과 구름 기둥으로 그들을 보호해 주었다(출 14 : 19).

출 14 : 19   이스라엘 진 앞에 행하던 하나님의 사자가 옮겨 그 뒤로 행하매
                 구름 기둥도 앞에서 그 뒤로 옮겨

❖ 모압과 미디안 사람들이 이스라엘 선민을 저주하고자 계획하였을 때에 천사
가 나타나 발람 선지자로 하여금 하나님의 백성들을 축복하는 예언을 하게 함으
로써 그 계획이 수포로 돌아가게 하였다(민 22 : 21-30 참조).

❖ 야곱이 하란에서 가나안으로 가는 도중 천사의 무리인 하나님의 군대를 발
견하였으며(창 32 : 1), 여호수아는 가나안 정복의 공격을 시작할 즈음에 여호와
의 군대 장관인 한 사람을 만났던 것이다(수 5 : 14).

창 32 : 1   야곱이 그 길을 진행하더니 하나님의 사자들이 그를 만난지라
수 5 : 14   그가 가로되 아니라 나는 여호와의 군대장관으로 이제 왔느니라
                 여호수아가 땅에 엎드려 절하고 가로되 나의 주여 종에게 무슨
                 말씀을 하려 하시니이까

❖ 이세벨이 엘리야의 목숨을 찾고 있을 때 엘리야는 이세벨을 피하여 다니다
가 천사의 부양을 받아 생명을 보존하였다(왕상 19 : 5-7).

왕상 19 : 5-7   로뎀나무 아래 누워 자더니 천사가 어루만지며 이르되 일어나서
                 먹으라 하는지라 본즉 머리맡에 숯불에 구운 떡과 한 병 물이 있더라
                 이에 먹고 마시고 다시 누웠더니 여호와의 사자가 또다시 와서
                 어루만지며 이르되 일어나서 먹으라 네가 길을 이기지 못할까
                 하노라 하는지라

❖ 다니엘은 왕의 조서 내용을 어기고 전처럼 하나님께 기도를 하다가 잡혀 사
자 굴에 던져졌으나 천사들의 보호를 받아 해를 입지 않고 살아 나왔다(단 6 : 22).

단 6 : 22　　나의 하나님이 이미 그 천사를 보내어 사자들의 입을 봉하셨으므로
　　　　　　　사자들이 나를 상해치 아니하였사오니 이는 나의 무죄함이 그 앞에
　　　　　　　명백함이오며 또 왕이여 나는 왕의 앞에도 해를 끼치지
　　　　　　　아니하였나이다

❖ 아람 군대가 도단성을 포위하고 엘리사를 잡으려 할 때에 천사의 무리인 하늘의 불말과 불병거가 엘리사와 그의 종을 보호하기 위해 그들을 둘러싸고 있었다(왕하 6 : 14-17 참조).

❖ 하나님께서 다니엘을 돕기 위하여 보내신 천사는 어두움의 세력과 싸웠으나 이길 수 없었는데, 그 때에 천사장 중의 하나인 미가엘이 와서 도와줌으로써 그가 다니엘을 도와 구해 줄 수 있었다(단 10 : 10-14 참조).

(2) 수호 천사에 대한 신앙적 자세

우리를 사랑하시는 하나님께서 그의 부리시는 영(히 1 : 14)인 천사를 파송하여 우리로 하여금 홀로 있게 아니하시고 위험에서 천사의 수호를 받게 하심에 대하여 감사해야 할 것이다(시 34 : 7, 91 : 11). 우리는 눈에 보이지 않는다 하여 수호 천사의 사역을 무시하거나 과소 평가해서는 안되며, 우리들은 세상에 태어나서 지금까지 살아오는 가운데 부지 중에라도 하나님의 은혜로 천사의 도움과 수호를 받아 왔다는 사실을 기억해야 할 것이다.

히 1 : 14　　모든 천사들은 부리는 영으로서 구원얻을 후사들을 위하여
　　　　　　　섬기라고 보내심이 아니뇨
시 34 : 7　　여호와의 사자가 주를 경외하는 자를 둘러 진치고 저희를
　　　　　　　건지시는도다
시 91 : 11　　저가 너를 위하여 그 사자들을 명하사 네 모든 길에 너를 지키게
　　　　　　　하심이라

4) 교회에 임재하여 지킴

성경은 교회의 예배에 천사들이 임재하며, 이런 천사들의 임재하는 예배에서 여자들은 남편의 권세 아래 있는 표로 수건을 쓰라고 하였다(고전 11 : 10; 딤전 5 : 21).

고전 11 : 10   이러므로 여자는 천사들을 인하여 권세 아래 있는 표를 그 머리 위에 둘지니라

딤전 5 : 21   하나님과 그리스도 예수와 택하심을 받은 천사들 앞에서 내가 엄히 명하노니 너는 편견이 없이 이것들을 지켜 아무 일도 편벽되이 하지 말며

5) 그리스도와 관련된 천사의 직무

천사가 다니엘에게 메시야(그리스도)의 오심에 대한 하나님의 예언을 전달해 주었고(단 9 : 20-27 참조), 또 천사는 예수님의 탄생을 미리 알려 주었다(마 1 : 18-21; 눅 1 : 26-38,2 : 8-14 참조). 그리고 천사들은 요셉에게 아기 예수의 안전을 위해 애굽으로 피신하라고 하였으며(마 2 : 13-14 참조) 헤롯이 죽은 후에는 이스라엘로 다시 돌아갈 것을 이야기해 줌으로써(마 2 : 19-21 참조) 어린 예수 그리스도를 안전하게 보호하였다.

예수님이 광야에서 40일 금식을 하시고 마귀의 유혹과 시험을 받고 난 다음 천사들이 나아와서 주리신 예수님을 수종들었다(마 4 : 1-11 참조). 예수님이 겟세마네 동산에서 십자가의 고난의 잔을 놓고 번민하며 기도하실 때에 천사가 나타나 도왔다(눅 22 : 39-43 참조). 천사들은 예수님의 무덤을 찾아온 여인들에게 예수님이 부활하신 사실을 알려 주었다(마 28 : 4-7 참조). 예수님이 승천하실 때 그 제자들에게 승천하신 그대로 다시 오실 것이라고 알려 주었다(행 1 : 10-11 참조).

천사들은 예수님의 심판을 돕는다(마 13 : 36-50,25 : 31; 살후 1 : 7-8 참조). 천사들은 예수님이 재림하실 때에 수행을 하게 된다(살전 4 : 16; 살후 1 : 7).

살전 4 : 16   주께서 호령과 천사장의 소리와 하나님의 나팔로 친히 하늘로

살후 1 : 7	좋아 강림하시리니 그리스도 안에서 죽은 자들이 먼저 일어나고 환난 받는 너희에게는 우리와 함께 안식으로 갚으시는 것이 하나님의 공의시니 주 예수께서 저의 능력의 천사들과 함께 하늘로부터 불꽃 중에 나타나실 때에

6) 하나님의 계시를 중계하고 전달함

천사는 하나님의 뜻과 명령을 중계(中繼)하고 전달하며, 계시(啓示)를 전하며 해석해 주는 임무를 수행한다(단 9 : 21-23; 슥 1 : 12-14; 행 7 : 38; 갈 3 : 19; 창 28 : 12, 31 : 11).

단 9 : 21	곧 내가 말하여 기도할 때에 이전 이상 중에 본 그 사람 가브리엘이 빨리 날아서 저녁 제사를 드릴 때 즈음에 내게 이르더니
행 7 : 38	시내산에서 말하던 그 천사와 및 우리 조상들과 함께 광야 교회에 있었고 또 생명의 도를 받아 우리에게 주던 자가 이 사람이라

III. 천사의 능력과 우리와의 관계

1. 천사의 능력

1) 천사는 자연 법칙을 초월함

영적 존재인 천사는 자연 법칙에 매이지 않고 초자연적인 능력으로 활동한다(행 12 : 7).

행 12 : 7	홀연히 주의 사자가 곁에 서매 옥중에 광채가 조요하며 또 베드로의 옆구리를 쳐 깨워 가로되 급히 일어나라 하니 쇠사슬이 그 손에서 벗어지더라

2) 천사도 계급과 능력의 차이가 있음

천사도 그 직능에 따라서 계급과 능력의 차이가 있다(단 10 : 12-21 참조, 골 1 : 16).

골 1 : 16   만물이 그에게 창조되되 하늘과 땅에서 보이는 것들과 보이지
             않는 것들과 혹은 보좌들이나 주관들이나 정사들이나 권세들이나
             만물이 다 그로 말미암아 그를 위하여 창조되었고

3) 천사는 큰 능력이 있음

하나님의 뜻을 성취하고 그 명령을 수행하는 천사들은 큰 능력을 소유하고 있다(살후 1 : 7; 이하 참조 시 103 : 20; 왕하 19 : 35).

살후 1 : 7   환난받는 너희에게는 우리와 함께 안식으로 갚으시는 것이
              하나님의 공의시니 주 예수께서 저의 능력의 천사들과 함께
              하늘로부터 불꽃 중에 나타나실 때에

2. 천사와 우리와의 관계
1) 천사의 우월성

천사는 초자연적인 영적 존재로서 그 위계에 있어서 사람보다 조금 높은 자라는 것이 유대인의 사상이었다(히 2 : 9). 그래서 천사는 하나님과 사람 사이의 중간적 존재로 간주되었던 것이다. 본래 천사와 인간은 모두 완전하게 창조되었다. 천사는 영적 존재로서 완전하며, 인간은 육체적 존재로 완전했다. 그리고 하나님의 형상을 닮은 사람은 하나님의 피조물 중의 으뜸으로 영광스런 존재였다. 하나님은 모든 피조물을 지배할 권한을 사람에게 주셨다(창 1 : 28-30 참조). 창조주 하나님은 사람이 하나님을 대신하여 만물을 지배하게 하며, 만물은 그 발 아래 복종케 하셨다. 그런데 인간은 타락으로 인해 천사보다 못한 굴욕적 위치로 떨어지고 말았다. 그러나 다행히도 같은 인간의 입장을 취하신 그리스도의 십자가의 대속으로 말미암아 다시 원래의 영광을 되찾은 것이다. 그러므로 인간은 잠깐 동안 천사보다 못한 존재가 되었다(히 2 : 9).

히 2 : 9   오직 우리가 천사들보다 잠깐 동안 못하게 하심을 입은 자 곧 죽음의
            고난받으심을 인하여 영광과 존귀로 관 쓰신 예수를 보니 이를
            행하심은 하나님의 은혜로 말미암아 모든 사람을 위하여 죽음을

맛보려 하심이라

2) 인간의 우월성

천사들은 거룩함, 능력, 지혜의 면에서 인간보다 우월하다. 그러나 하나님의
자녀들은 그 차지하는 지위, 또는 누리는 특권 등 몇 가지 중요한 면에서 천사보
다 우월하다. 즉 믿음으로 하나님의 자녀가 된 사람들은(요 1 : 12) 아들의 특권
으로 하나님의 유업을 차지할 후사가 되었으니(갈 4 : 6-7) 이점에서 천사보다 우
월한 것이다.

요 1 : 12   **영접하는 자 곧 그 이름을 믿는 자들에게는 하나님의 자녀가 되는
권세를 주셨으니**

갈 4 : 6-7   **너희가 아들인 고로 하나님이 그 아들의 영을 우리 마음 가운데
보내사 아바 아버지라 부르게 하셨느니라 그러므로 네가 이 후로는
종이 아니요 아들이니 아들이면 하나님으로 말미암아 유업을
이을 자니라**

(1) 대속의 특혜

하나님은 인간이 범죄하였을 때에 구속주(救贖主)를 예비하셨으나(창 3 : 15),
천사들이 죄를 지었을 때에는 그들을 위해 구속주를 준비하시지 않았다.

창 3 : 15   **내가 너로 여자와 원수가 되게 하고 너의 후손도 여자의 후손과
원수가 되게 하리니 여자의 후손은 네 머리를 상하게 할 것이요
너는 그의 발꿈치를 상하게 할 것이니라 하시고**

(2) 복음 전파의 특권

우리는 천사가 하지 못하는 복음 전파의 특권을 가진다. 주님은 세계 복음 전
파의 사명을 천사에게 주지 않고 성도들에게 부여하셨다(마 28 : 19-20 참조). 그
러기에 "엘리쟈 테일러 캐설(E. T. Cassel)"은 "주 예수 말씀이 이 복음 전하라 우리
에게 부탁하셨네 주 내게 부탁하신 일 천사도 흠모하겠네"라고 찬송을 읊었던 것이

다(통일찬송가 270장 참조). 천사들은 우리들처럼 복음을 전하는 특권을 가지지 못하기 때문에 고넬료가 구원을 바라고 있을 때 천사는 고넬료에게 나타나 사람들을 욥바에 보내어 베드로 사도를 초청하여 그에게 복음을 듣도록 하라고 인도해 주었을 뿐, 스스로 고넬료에게 복음을 전하지는 않았던 것이다(행 10 : 4-8). 그리고 또 천사는 구원을 찾고 있던 구스 내시에게 빌립을 인도하여 그에게 복음을 전하게 하여 그가 믿고 세례를 받도록 하였다(행 8 : 26-39 참조).

행 10 : 4-8　　고넬료가 주목하여 보고 두려워 가로되 주여 무슨 일이니이까 천사가 가로되 네 기도와 구제가 하나님 앞에 상달하여 기억하신 바가 되었으니 네가 지금 사람들을 욥바에 보내어 베드로라 하는 시몬을 청하라 저는 피장 시몬의 집에 우거하니 그 집은 해변에 있느니라 하더라 마침 말하던 천사가 떠나매 고넬료가 집안 하인 둘과 종졸 가운데 경건한 사람 하나를 불러 이 일을 다 고하고 욥바로 보내니라

(3) 천사 심판의 특권

현재는 우리가 천사의 인도와 보호와 부양을 받지만, 주를 믿는 신자들은 장차 천사들을 심판하는 특권을 행사하게 된다(고전 6 : 3). 천사는 본래 하나님과 인간의 중간 존재로 높은 지위를 차지하였으나 타락하여 악한 천사가 되고 따라서 하나님의 심판의 대상이 되었다(벧후 2 : 4; 유 1 : 6 참조). 하나님이 장차 이들을 심판하실 때에 그 심판에 성도들이 참여하게 될 것이다.

고전 6 : 3　　우리가 천사를 판단할 것을 너희가 알지 못하느냐 그러하거든 하물며 세상일이랴

사단에 대하여(Satanology)

Ⅰ. 타락한 천사(악한 천사)

타락한 천사는 악한 천사, 즉 사단이요, 악마요, 원수요(마 13 : 25, 39), 악령의 왕국의 괴수이다(엡 2 : 2; 요 12 : 31; 마 9 : 34, 12 : 24-26; 막 3 : 22; 눅 11 : 15 참조).

주님은 그를 가리켜 교회에 오류와 의혹의 씨를 심은 자요(마 13 : 39), 거짓말쟁이요(창 3 : 4-5 참조), 살인자(요 8 : 44; 창 4 : 8 참조)라고 하셨다. 성경은 그가 빛의 천사로 가장할 수 있다고 하였다(고후 11 : 14). 천사는 원래 모두 다 선하게 창조되었다. 그것은 "하나님이 그 지으신 모든 것을 보시니 보시기에 심히 좋았더라"(창 1 : 31)는 말씀을 보아 알 수 있다.

이 말씀 가운데 "그 지으신 모든 것" 중에는 천사도 포함되며 또, 하나님이 보시기에 "좋았더라"는 말씀은 하나님이 보시기에 "선하더라"는 뜻이다. 그런데 선하게 창조된 천사들 중에 어떤 천사들이 교만하여 "자기 지위"(자기 신분)를 지키지 않고(유 1 : 6), 범죄하여(벧후 2 : 4) 하나님을 반역하기에 이르렀던 것이다.

마 13 : 25	사람들이 잘 때에 그 원수가 와서 곡식 가운데 가라지를 덧뿌리고 갔더니
마 13 : 39	가라지를 심은 원수는 마귀요 추수 때는 세상 끝이요 추숫군은 천사들이니
요 8 : 44	너희는 너희 아비 마귀에게서 났으니 너희 아비의 욕심을 너희도 행하고자 하느니라 저는 처음부터 살인한 자요 진리가 그 속에 없으므로 진리에 서지 못하고 거짓을 말할 때마다 제 것으로 말하나니 이는 저가 거짓말장이요 거짓의 아비가 되었음이니라

고후 11 : 14　　이것이 이상한 일이 아니라 사단도 자기를 광명의 천사로
　　　　　　　　가장하나니

유 1 : 6　　　또 자기 지위를 지키지 아니하고 자기 처소를 떠난 천사들을 큰 날의
　　　　　　　　심판까지 영원한 결박으로 흑암에 가두셨으며

벧후 2 : 4　　하나님이 범죄한 천사들을 용서치 아니하시고 지옥에 던져 어두운
　　　　　　　　구덩이에 두어 심판 때까지 지키게 하셨으며

1. 천사 타락의 동기

천사 타락의 동기는 한마디로 "교만"이었다고 할 수 있다. 악한 천사는 자기 지위를 지키지 않고 처소를 떠난 천사들이며 이들은 하나님으로부터 피조된 영으로서 감히 조물주 하나님과 동등되려는 부당한 욕망을 품고 하나님을 반역함으로써 타락하게 되었다(유 1 : 6; 엡 6 : 12 참조).

하나님이 부리시는 천사들 중에 루시퍼 천사장, 즉 "아침의 아들 계명성"(사 14 : 12)은 천사들 중에서도 가장 높고 영광스런 지위에 있는 천사장이었다(겔 28 : 12-19 참조). 그러나 그는 교만하여 스스로 하늘 높이 올라가 하나님을 보좌에서 밀어내고 자기가 그 보좌에 좌정하여(사 14 : 13) 하나님과 동등(同等)한 위치에 이르러 하다가(사 14 : 14) 하나님께 추방을 당하여 하늘 꼭대기에서 아래로 번개같이 떨어지고 말았다. 예수님은 "사단이 하늘로서 번개같이 떨어지는 것을 내가 보았노라"(눅 10 : 18 참조)고 하셨다.

유 1 : 6　　　또 자기 지위를 지키지 아니하고 자기 처소를 떠난 천사들을 큰
　　　　　　　　날의 심판까지 영원한 결박으로 흑암에 가두셨으며

사 14 : 12　　너 아침의 아들 계명성이여 어찌 그리 하늘에서 떨어졌으며 너
　　　　　　　　열국을 엎은 자여 어찌 그리 땅에 찍혔는고

사 14 : 13-14　네가 네 마음에 이르기를 내가 하늘에 올라 하나님의 뭇별 위에
　　　　　　　　나의 보좌를 높이리라 내가 북극 집회의 산 위에 좌정하리라 가장
　　　　　　　　높은 구름에 올라 지극히 높은 자와 비기리라 하도다

2. 천사 타락의 시기

천사 타락의 시기를 정확히 알 수 없으나 천사의 타락이 인류의 타락보다 앞섰다는 것만은 분명하다. 그것은 사단이 에덴동산에서 뱀을 이용, 하와를 유혹하여 선악과를 따먹고 타락하게 한 것을 보아 알 수 있다(창 3 : 1-7 참조).

3. 천사 타락의 결과

높고 거룩한 지위에서 타락한 천사들은 본래의 선함과 성결함을 상실하고 악하고 더러운 존재가 되어 어두운 구덩이에 갇히게 되었다(마 10 : 1; 엡 6 : 11-12; 계 12 : 9). 그들은 하나님과 원수가 되었으며, 지옥 어두운 구덩이에 갇힌 채 심판 때까지 기다리게 되었다(벧후 2 : 4). 그러나 그 중에 어떤 자들은 자유롭게 버려둔 바 되어 선한 천사들의 일을 방해하고 사단의 일을 돕는다(계 12 : 7-9; 단 10 : 12-13, 21; 유 1 : 9).

타락한 천사들은 본질적으로 하나님과 그리스도를 대적하는 일을 좋아하는 적그리스도이다. 타락한 천사는 타락한 영으로서 장차 나타날 적그리스도의 영이며, 지금 벌써 세상에 출몰하고 있다고 사도 요한은 말했다(요일 4 : 1-3 참조). 타락한 천사들은 마침내 환란기 동안에 땅으로 내려 쫓기게 되고(계 9 : 1, 12 : 8-9), 심판 후에는 불못에 던지워져서 거기서 영원토록 저주와 고통을 당하게 된다(마 25 : 41; 벧후 2 : 4; 유 1 : 6).

마 10 : 1   예수께서 그 열 두 제자를 부르사 더러운 귀신을 쫓아내며 모든 병과 모든 약한 것을 고치는 권능을 주시니라

엡 6 : 11-12   마귀의 궤계를 능히 대적하기 위하여 하나님의 전신갑주를 입으라 우리의 씨름은 혈과 육에 대한 것이 아니요 정사와 권세와 이 어두움의 세상 주관자들과 하늘에 있는 악의 영들에게 대함이라

벧후 2 : 4   하나님이 범죄한 천사들을 용서치 아니하시고 지옥에 던져 어두운 구덩이에 두어 심판 때까지 지키게 하셨으며

계 12 : 7-9   하늘에 전쟁이 있으니 미가엘과 그의 사자들이 용으로 더불어 싸울새 용과 그의 사자들도 싸우나 이기지 못하여 다시 하늘에서 저희의 있을 곳을 얻지 못한지라 큰 용이 내어쫓기니 옛 뱀 곧

마귀라고도 하고 사단이라고도 하는 온 천하를 꾀는 자라 땅으로
내어쫓기니 그의 사자들도 저와 함께 내어쫓기니라

계 9 : 1　다섯째 천사가 나팔을 불매 내가 보니 하늘에서 땅에 떨어진 별
하나가 있는데 저가 무저갱의 열쇠를 받았더라

마 25 : 41　또 왼편에 있는 자들에게 이르시되 저주를 받은 자들아 나를 떠나
마귀와 그 사자들을 위하여 예비된 영영한 불에 들어가라

유 1 : 6　또 자기 지위를 지키지 아니하고 자기 처소를 떠난 천사들을 큰
날의 심판까지 영원한 결박으로 흑암에 가두셨으며

II. 사단의 정체

사단은 디아볼로스(διάβολος)라고도 하는데(신약에 "마귀" 즉 "디아볼로스"
라는 말이 6회 나타나 있으며 언제나 단수형으로 사단과 동일시된다) 성경은 사
단이 그리스도 예수를 시험하였고(마 4 : 1), 사람의 마음속에서 복음의 씨를 빼
앗고(막 4 : 15), 악의 씨를 뿌리며(마 13 : 25), 질병과 모든 불행을 일으킨다고
하였다(눅 13 : 16). 사단은 살인을 선동하며(요 13 : 27), 사람과 성령(하나님)을
속이고(행 5 : 3-4), 끊임없이 하나님의 자녀들을 삼켜(벧전 5 : 8) 마귀의 자식들
을 삼으려 한다(행 13 : 10).

사단은 공중의 권세를 잡고(엡 2 : 2) 인간 생활 위에 악마적인 감화를 끼친다.
그는 사단의 왕국을 형성하여(막 3 : 23-24) 결국에는 하나님의 왕국에 반항을 하
지만(마 12 : 26; 계 2 : 7-9) 끝내 패하고 만다. 사단의 활동은 하나님의 제한을
받고 있으며 마침내는 예수 그리스도께서 사단을 진멸하시게 된다(눅 10 : 18; 요
일 3 : 8 참조; 계 20 : 2). 성경에 나오는 "바알세불(Beelzebul)"은 "귀신의 우두
머리"로서 "사단"과 동의어(同義語)이다(마 10 : 25, 12 : 24, 27; 막 3 : 22; 눅
11 : 5-18 참조).

마 4 : 1　그 때에 예수께서 성령에게 이끌리어 마귀에게 시험을 받으러
광야로 가사

막 4 : 15　말씀이 길가에 뿌리웠다는 것은 이들이니 곧 말씀을 들었을 때에
사단이 즉시 와서 저희에게 뿌리운 말씀을 빼앗는 것이요

마 13 : 25	사람들이 잘 때에 그 원수가 와서 곡식 가운데 가라지를 덧뿌리고 갔더니
눅 13 : 16	그러면 십 팔 년 동안 사단에게 매인 바 된 이 아브라함의 딸을 안식일에 이 매임에서 푸는 것이 합당치 아니하냐
요 13 : 27	조각을 받은 후 곧 사단이 그 속에 들어간지라 이에 예수께서 유다에게 이르시되 네 하는 일을 속히 하라 하시니
벧전 5 : 8	근신하라 깨어라 너희 대적 마귀가 우는 사자같이 두루 다니며 삼킬 자를 찾나니
행 13 : 10	가로되 모든 궤계와 악행이 가득한 자요 마귀의 자식이요 모든 의의 원수요 주의 바른 길을 굽게 하기를 그치지 아니하겠느냐
엡 2 : 2	그 때에 너희가 그 가운데서 행하여 이 세상 풍속을 좇고 공중의 권세 잡은 자를 따랐으니 곧 지금 불순종의 아들들 가운데서 역사하는 영이라
막 3 : 23-24	예수께서 저희를 불러다가 비유로 말씀하시되 사단이 어찌 사단을 쫓아낼 수 있느냐 또 만일 나라가 스스로 분쟁하면 그 나라가 설 수 없고
마 12 : 26	사단이 만일 사단을 쫓아내면 스스로 분쟁하는 것이니 그리하고야 저의 나라가 어떻게 서겠느냐
눅 10 : 18	예수께서 이르시되 사단이 하늘로서 번개같이 떨어지는 것을 내가 보았노라
계 20 : 2	용을 잡으니 곧 옛 뱀이요 마귀요 사단이라 잡아 일천 년 동안 결박하여
마 10 : 25	종이 그 상전 같으면 족하도다 집 주인을 바알세불이라 하였거든 하물며 그 집 사람들이랴

1. 사단의 명칭

1) 사단의 어의(語意)

"사단(Satan)"이란 히브리어의 "사타나(שָׂטָן)"에서 비롯된 말로 헬라어로는 "사타나스(Σαταναϛ)"라고 하는데 다같이 "적대(敵對)하는 자"(반대자, 혹은 방해자, 욥 1 : 6; 슥 3 : 1; 벧전 5 : 8; 대상 21 : 1)란 뜻이 있다. 사단에 대하여 신약에는 "유혹하는 자"(마 4 : 1-11; 눅 4 : 1-13), "배반자"(눅 22 : 3) 등으로 표현되어 있다. 사단이라는 명칭은 마귀의 왕 즉 마귀들의 두목으로서 모든 악의 교사(教唆)자, 하나님의 대적(對敵), 적(敵) 그리스도를 의미하는 명칭이다.

벧전 5 : 8	근신하라 깨어라 너희 대적 마귀가 우는 사자같이 두루 다니며 삼킬 자를 찾나니
대상 21 : 1	사단이 일어나 이스라엘을 대적하고 다윗을 격동하여 이스라엘을 계수하게 하니라
눅 22 : 3	열 둘 중에 하나인 가룟인이라 부르는 유다에게 사단이 들어가니

2) 사단의 다른 명칭들

사단은 여러 가지 다른 명칭(별명)을 가지고 있다. 성경에 나타난 사단의 별명들은 다음과 같다. 그의 수많은 별명은 사단의 거짓되고 교활한 신분과 성격과 행악의 역사를 암시하고 있다.

(1) 마귀 (διάβολος, 벧전 5 : 8; 딤전 3 : 6)

사단(마귀)는 예수님을 시험하였고(마 4 : 1), 신자들을 시험하는 자이다(계 2 : 10).

벧전 5 : 8	근신하라 깨어라 너희 대적 마귀가 우는 사자같이 두루 다니며 삼킬 자를 찾나니
딤전 3 : 6	새로 입교한 자도 말지니 교만하여져서 마귀를 정죄하는 그 정죄에 빠질까 함이요
마 4 : 1	그 때에 예수께서 성령에게 이끌리어 마귀에게 시험을 받으러 광야로 가사
계 2 : 10	… 볼지어다 마귀가 장차 너희 가운데서 몇 사람을 옥에 던져 시험을 받게 하리니

(2) 시험하는 자 (마 4 : 3; 살전 3 : 5)

사단은 미혹하고 시험하는 자이다.

| 마 4 : 3 | 시험하는 자가 예수께 나아와서 가로되 네가 만일 하나님의 아들이어든 명하여 이 돌들이 떡덩이가 되게 하라 |
| 살전 3 : 5 | 이러므로 나도 참다 못하여 너희 믿음을 알기 위하여 보내었노니 이는 혹 시험하는 자가 너희를 시험하여 우리 수고를 헛되게 할까 함일러니 |

(3) 악한 자 (마 13 : 19; 요일 5 : 18; 이하 참조 엡 6 : 16; 요일 5 : 19)
사단은 언제나 악을 행할 뿐 선은 행치 아니한다.

| 마 13 : 19 | 아무나 천국 말씀을 듣고 깨닫지 못할 때는 악한 자가 와서 그 마음에 뿌리운 것을 빼앗나니 이는 곧 길가에 뿌리운 자요 |
| 요일 5 : 18 | … 하나님께로서 나신 자가 저를 지키시매 악한 자가 저를 만지지도 못하느니라 |

(4) 고소하는 자 (참소하는 자, 계 12 : 10)
사단은 사람의 양심에, 하나님 앞에 참소하는 자이다.

| 계 12 : 10 | 내가 또 들으니 하늘에 큰 음성이 있어 가로되… 우리 형제들을 참소하던 자 곧 우리 하나님 앞에서 밤낮 참소하던 자가 쫓겨났고 |

(5) 원수 (대적, 마 13 : 39; 눅 10 : 19; 벧전 5 : 8; 계 11 : 12 참조)
사단은 하나님의 원수요 또한 그리스도와 교회와 신자의 원수이다.

마 13 : 39	가라지를 심은 원수는 마귀요 추수 때는 세상 끝이요 추숫군은 천사들이니
눅 10 : 19	내가 너희에게 뱀과 전갈을 밟으며 원수의 모든 능력을 제어할 권세를 주었으니 너희를 해할 자가 결단코 없으리라
벧전 5 : 8	근신하라 깨어라 너희 대적 마귀가 우는 사자같이 두루 다니며 삼킬 자를 찾나니

(6) 귀신들의 왕 (마 9 : 34, 12 : 24)

사단은 마귀와 그의 족속인 귀신들의 왕이다.

마 9 : 34   바리새인들은 가로되 저가 귀신의 왕을 빙자하여 귀신을 쫓아낸다
                     하더라

마 12 : 24   바리새인들은 듣고 가로되 이가 귀신의 왕 바알세불을 힘입지
                     않고는 귀신을 쫓아내지 못하느니라 하거늘

(7) 이 세상의 임금 (이 세상의 통치자, 요 12 : 31, 14 : 30, 16 : 11)

사단은 공중 권세 잡은 자로서 그리스도가 재림하시어 진멸당할 때까지 이 세
상의 임금으로 모든 사람들에게 악한 영향을 끼치게 된다.

요 12 : 31   이제 이 세상의 심판이 이르렀으니 이 세상 임금이 쫓겨나리라

요 14 : 30   이후에는 내가 너희와 말을 많이 하지 아니하리니 이 세상 임금이
                     오겠음이라 그러나 저는 내게 관계할 것이 없으니

요 16 : 11   심판에 대하여라 함은 이 세상 임금이 심판을 받았음이니라

(8) 공중 권세 잡은 자 (공중의 통치자, 엡 2 : 2)

사단은 땅과 더 높은 하늘 사이에 있는 공간인 공중의 권세 잡은 자이다.

엡 2 : 2   그 때에 너희가 그 가운데서 행하여 이 세상 풍속을 좇고 공중의
                   권세 잡은 자를 따랐으니 곧 지금 불순종의 아들들 가운데서
                   역사하는 영이라

(9) 벨리알 (고후 6 : 15)

벨리알은 "무가치" "무법", 또는 "사악한"이라는 뜻인데, 사단의 별명으로 마귀
의 수장을 의미하는 것이다. 신약에서 바울이 사단과 같은 뜻으로 썼다.

고후 6 : 15   그리스도와 벨리알이 어찌 조화되며 믿는 자와 믿지 않는 자가
                   어찌 상관하며

⑽ 바알세불 (마 10 : 25; 막 3 : 22; 눅 11 : 15; 마 12 : 24, 27)

바알세불(Beelzebul)은 귀신의 우두머리로서 "사단"과 동의어이다.

마 10 : 25	제자가 그 선생 같고 종이 그 상전 같으면 족하도다 집 주인을 바알세불이라 하였거든 하물며 그 집사람들이랴
막 3 : 22	예루살렘에서 내려온 서기관들은 저가 바알세불을 지폈다 하며 또 귀신의 왕을 힘입어 귀신을 쫓아낸다 하니
눅 11 : 15	그 중에 더러는 말하기를 저가 귀신의 왕 바알세불을 힘입어 귀신을 쫓아낸다 하고
마 12 : 24	바리새인들은 듣고 가로되 이가 귀신의 왕 바알세불을 힘입지 않고는 귀신을 쫓아내지 못하느니라 하거늘

⑾ 용 (龍, Dragon, 계 12 : 3)

용은 히브리어로 "탄닌(תַּנִּין)"이니 과거에 여호와께 도전하여 굴복당한 대적자이다(욥 7 : 12; 시 74 : 13; 사 27 : 1, 51 : 9, 계 12 : 3-4, 7, 13 : 2, 16 : 13, 20 : 2).

계 12 : 3-4	하늘에 또 다른 이적이 보이니 보라 한 큰 붉은 용이 있어 머리가 일곱이요 뿔이 열이라 그 여러 머리에 일곱 면류관이 있는데 그 꼬리가 하늘 별 삼분의 일을 끌어다가 땅에 던지더라 용이 해산하려는 여자 앞에서 그가 해산하면 그 아이를 삼키고자 하더니
계 12 : 7	하늘에 전쟁이 있으니 미가엘과 그의 사자들이 용으로 더불어 싸울새 용과 그의 사자들도 싸우나

⑿ 이 세상의 신 (고후 4 : 4)

신약성서의 다른 곳에서는 "어두움의 세상 주관자"(엡 6 : 12), "이 세상 임금"(요 12 : 31, 14 : 30 참조)이라고 표현하였다.

고후 4 : 4	그 중에 이 세상 신이 믿지 아니하는 자들의 마음을 혼미케 하여 그리스도의 영광의 복음의 광채가 비취지 못하게 함이니 그리스도는 하나님의 형상이니라

엡 6 : 12	우리의 씨름은 혈과 육에 대한 것이 아니요 정사와 권세와 이
	어두움의 세상 주관자들과 하늘에 있는 악의 영들에게 대함이라
요 12 : 31	이제 이 세상의 심판이 이르렀으니 이 세상 임금이 쫓겨나리라

(13) 거짓의 아비 (요 8 : 44)

마귀는 처음부터 거짓말쟁이요, 그래서 거짓의 아비라 하였다(창 3 : 4-5 참조).

요 8 : 44	너희는 너희 아비 마귀에게서 났으니 너희 아비의 욕심을 너희도
	행하고자 하느니라 저는 처음부터 살인한 자요 진리가 그 속에
	없으므로 진리에 서지 못하고 거짓을 말할 때마다 제 것으로
	말하나니 이는 저가 거짓말쟁이요 거짓의 아비가 되었음이니라

2. 사단의 기원

본래 사단은 하나님에 의해 지음을 받아, 하나님이 부리시는 천사였으나, 그가 교만하여 하나님과 같이 되려고, 하나님을 반역하고 범죄하므로 타락하여, 천국에서 쫓겨나 악마가 되었다. 영광된 하나님의 천사로부터 타락하여 악마가 된 그는 에덴동산에서 뱀으로 화하여 인류의 시조 아담과 하와를 유혹하여 하나님이 금하신 선악과를 따먹고 범죄하고 타락케 하였다(창 3 : 1-24 참조). 이로써 그는 죄의 창시자요, 멸망케 하는 자로서 인간의 마음속에서 역사하기 시작하였다.

1) 천사장 루시퍼(아침의 아들 계명성)

성경에 이름이 나오는 천사장이 셋이 있으니 하나님의 군대 장관격인 미가엘과(계 12 : 7), 하나님의 계시를 전하여 주는 서기 장관격인 가브리엘과(눅 1 : 19), 또 하나님의 거룩함을 지키는 친위 대장격인 루시퍼이다(사 14 : 12).

루시퍼는 본래 하나님을 경호하며 모시도록 지음을 받은 천사 중에 가장 높고 영광스러운 천사장이었다(겔 28 : 12-19 참조). 루시퍼는 지혜와 아름다움이 뛰어난 천사였으며 하나님의 모든 피조물 중에 가장 현명하고, 능력 있는 높은 존재였다. 때문에 그는 아름다운 화광석의 에덴동산을 포함한 아담 이전의 세계를 완전히 통치하도록 하는 대권(大權)을 받았다.

성경에 기록된(겔 28 : 12-15) 타락 전의 루시퍼에 대한 이야기에는 루시퍼가
지혜가 충족하고 온전히 아름다웠으며(겔 28 : 12), 그는 기름 부음을 받은 그룹
으로서 가장 높은 지위의 천사였고(겔 28 : 14) 완전하게 창조되었다. 죄가 그 속
에 들어갈 때까지 그는 완전했다(겔 28 : 15). 그는 각종 보석, 곧 홍보석, 황보
석, 금강석, 황옥, 홍마노와 청옥과 청보석과 홍옥과 황금으로 단장했었다고 한
다(겔 28 : 13).

계 12 : 7 하늘에 전쟁이 있으니 미가엘과 그의 사자들이 용으로 더불어
　　　　　싸울새 용과 그의 사자들도 싸우나
사 14 : 12 너 아침의 아들 계명성이여 어찌 그리 하늘에서 떨어졌으며 너
　　　　　열국을 엎은 자여 어찌 그리 땅에 찍혔는고
눅 1 : 19 천사가 대답하여 가로되 나는 하나님 앞에 섰는 가브리엘이라
　　　　　이 좋은 소식을 전하여 네게 말하라고 보내심을 입었노라

2) 루시퍼의 범죄와 타락

아침의 아들 계명성이 아담 이전의 세계를 통치하는 동안 그는 자기도 하나님처
럼 될 수 있다는 교만한 생각을 하게 되었고, 결국에는 하나님을 반역하고 대항하여
하나님의 왕좌를 빼앗겠다고 결심하였으니(사 14 : 13-14), 이 때가 바로 죄악이 우
주에 들어온 비극적인 순간이었다. 또한 루시퍼가 천국에서 추방당하게 되는 결정
적인 순간이었다. 성경(겔 28 : 15-17)은 이에 대하여 다음과 같이 증거하고 있다.

❖ 루시퍼의 자만은 그로 하여금 가장 높으신 하나님과 같이 되라고 유혹했다
(겔 28 : 13-14).

❖ 그는 아름다움과 지혜로 마음이 교만하였다(겔 28 : 17).

❖ 마침내 루시퍼의 불의는 드러났다(겔 28 : 15).

❖ 결국 루시퍼는 추방되어 땅에 던져 버려졌다(겔 28 : 17).

사 14 : 13-14 네가 네 마음에 이르기를 내가 하늘에 올라 하나님의 뭇별 위에
　　　　　　　나의 보좌를 높이리라 내가 북극 집회의 산 위에 좌정하리라 가장
　　　　　　　높은 구름에 올라 지극히 높은 자와 비기리라 하도다

겔 28 : 15-17　　네가 지음을 받던 날로부터 네 모든 길에 완전하더니 마침내 불의가
　　　　　　　　드러났도다 네 무역이 풍성하므로 네 가운데 강포가 가득하여 네가
　　　　　　　　범죄하였도다 너 덮는 그룹아 그러므로 내가 너를 더럽게 여겨
　　　　　　　　하나님의 산에서 쫓아내었고 화광석 사이에서 멸하였도다 네가
　　　　　　　　아름다우므로 마음이 교만하였으며 네가 영화로우므로 네 지혜를
　　　　　　　　더럽혔음이여 내가 너를 땅에 던져 열왕 앞에 두어 그들의
　　　　　　　　구경거리가 되게 하였도다

　　구약의 이사야서 14장 12-15절에도 "아침의 아들 계명성(루시퍼)"의 타락에 대한 기사가 기록되어 있다. "… 내가 하늘에 올라 하나님의 뭇별 위에 나의 보좌를 높이리라 내가 북극 집회의 산 위에 좌정하리라 가장 높은 구름에 올라 지극히 높은 자와 비기리라"(사 14 : 13-14). 이 말씀은 그룹 천사인 루시퍼가 스스로 부당한 욕심(하나님의 보좌를 차지하려는)을 품고 교만해져서 자기의 의지를 주장(내가 비기리라)하여 하나님을 거역했기 때문에 처벌된 것이 분명하다. 그러기에 "너 아침의 아들 계명성이여 어찌 그리 하늘에서 떨어졌으며 너 열국을 엎은 자여 어찌 그리 땅에 찍혔는고"(사 14 : 12)라고 하였다.

　　이는 신약의 주님께서 하신 말씀과 상통한다. "예수께서 이르시되 사단이 하늘로써 번개같이 떨어지는 것을 내가 보았노라"(눅 10 : 18)고 하셨다. 루시퍼 천사장이 범죄하고 타락하여 천국에서 추방되어 악마가 된 것이 곧 사단의 기원이다(벧후 2 : 4; 유 1 : 6). 천사의 타락 요인은 교만이었으니(딤전 3 : 6; 겔 28 : 15,17) 교만이 얼마나 무서운 죄악인가 하는 것을 새삼 깨닫게 된다.

벧후 2 : 4　　　하나님이 범죄한 천사들을 용서치 아니하시고 지옥에 던져 어두운
　　　　　　　구덩이에 두어 심판 때까지 지키게 하셨으며
유 1 : 6　　　　또 자기 지위를 지키지 아니하고 자기 처소를 떠난 천사들을 큰
　　　　　　　날의 심판까지 영원한 결박으로 흑암에 가두셨으며
딤전 3 : 6　　　새로 입교한 자도 말지니 교만하여져서 마귀를 정죄하는 그 정죄에
　　　　　　　빠질까 함이요
겔 28 : 15　　　네가 지음을 받던 날로부터 네 모든 길에 완전하더니 마침내 불의가
　　　　　　　드러났도다

2) 루시퍼가 범죄한 결과

(1) 천성(天城)에서 추방당함

루시퍼가 자만하고 자기의 지혜와 영화로움에 도취되어, 자신이 하나님의 피조물이란 사실을 망각한 채 하늘 꼭대기에 올라 하나님의 보좌를 찬탈하려고 반역을 도모하였으나 하나님은 그의 천사들을 동원하여 반역자 루시퍼와 그의 추종자들을 모두 천성으로부터 추방하셨다(사 14 : 12; 계 12 : 3-4; 이하 참조 겔 28 : 16-18; 계 12 : 7-9; 눅 10 : 18). 이 때에 천사들 가운데 처음 창조된 3분의 1이나 되는 많은 수가 사단을 추종하다가 함께 타락하였을 것으로 추측된다(계 12 : 4,9).

사 14 : 12 너 아침의 아들 계명성이여 어찌 그리 하늘에서 떨어졌으며 너 열국을 엎은 자여 어찌 그리 땅에 찍혔는고

계 12 : 3-4 하늘에 또 다른 이적이 보이니 보라 한 큰 붉은 용이 있어 머리가 일곱이요 뿔이 열이라 그 여러 머리에 일곱 면류관이 있는데 그 꼬리가 하늘 별 삼분의 일을 끌어다가 땅에 던지더라 용이 해산하려는 여자 앞에서 그가 해산하면 그 아이를 삼키고자 하더니

(2) 인격이 타락함

계명성이라는 이름을 가지고 하나님의 영광으로 빛나던 자(겔 28 : 12-14), 아침의 아들이라고 하던 자가 이제는 하나님의 모든 것을 대적하는 사단, 악마라는 부패된 인격으로 타락하고 말았다(대상 21 : 1; 욥 1 : 6; 이하 참조 벧전 5 : 8; 마 4 : 10; 막 1 : 13).

대상 21 : 1 사단이 일어나 이스라엘을 대적하고 다윗을 격동하여 이스라엘을 계수하게 하니라

욥 1 : 6 하루는 하나님의 아들들이 와서 여호와 앞에 섰고 사단도 그들 가운데 왔는지라

(3) 천사들과 친분을 가질 수 없음

범죄와 타락으로 인해 악한 천사로 전락한(벧후 2 : 4) 사단은 선한 천사들과

다시는 친분을 가질 수 없게 되었다. 그러나 사탄은 과거 천성에서 천사들의 가장 높고 영광과 위엄 있는 위치에 있었기 때문에, 비록 천성에서 쫓겨나긴 했어도 아직도 그의 허세(虛勢)적인 위엄을 약간 보유하고 있는 듯싶다. 신약의 유다서 1장 9절에 "천사장 미가엘이… 마귀에게 감히 훼방하는 판결을 쓰지 못하였다…"라고 한 것을 보면 그의 구관의 허세가 어느 정도 영향력과 위엄을 풍기고 있었던 것으로 보인다.

> 벧후 2 : 4 하나님이 범죄한 천사들을 용서치 아니하시고 지옥에 던져 어두운 구덩이에 두어 심판 때까지 지키게 하셨으며

(4) 화광석 에덴동산이 파괴됨

아침의 아들 계명성 루시퍼가 범죄하고 타락함으로써 그가 통치하던 아담 이전의 세계(창 1 : 2)는 하나님의 심판이 임하여 완전히 파멸되고 말았다. 그리하여 아름다운 화광석 에덴동산(겔 28 : 13-14)은 다시는 찾아 볼 수 없게 되었고 심판을 받은 그 땅은 혼돈하고 공허하며 흑암의 깊음 위에 있게 되었다(창 1 : 2). 그러나 하나님은 그 심판받은 땅 위에 다시 아름답고 하나님 보시기에 좋은 세계를 창조하셨으니 이것이 곧 현 세계인 것이다(창 1 : 2-3).

> 창 1 : 2 땅이 혼돈하고 공허하며 흑암이 깊음 위에 있고 하나님의 신은 수면에 운행하시니라
>
> 겔 28 : 13-14 네가 옛적에 하나님의 동산 에덴에 있어서 각종 보석 곧 홍보석과 황보석과 금강석과 황옥과 홍마노와 창옥과 청보석과 남보석과 홍옥과 황금으로 단장하였었음이여 네가 지음을 받던 날에 너를 위하여 수고와 비파가 예비되었었도다 너는 기름 부음을 받은 덮는 그룹임이여 내가 너를 세우매 네가 하나님의 성산에 있어서 화광석 사이에 왕래하였었도다

(5) 능력을 악용함

하나님의 영광과 그의 피조물들의 유익을 도모하기 위해 사용되던 루시퍼의 능

력과 지혜가 이제는 불행과 파멸을 도모하고 하나님을 대항하는 일에 악하게 쓰이고 있다(사 14 : 16-17).

> 사 14 : 16-17　너를 보는 자가 주목하여 너를 자세히 살펴보며 말하기를 이 사람이 땅을 진동시키며 열국을 경동시키며 세계를 황무케 하며 성읍을 파괴하며 사로잡힌 자를 그 집으로 놓아 보내지 않던 자가 아니뇨 하리로다

(6) 영원히 지옥에 빠질 운명임

하나님을 반역하고 범죄하므로 타락한 루시퍼는 지금은 지옥 어두운 구덩이에 갇혀 있으나(벧후 2 : 4) 장차 "음부 곧 구덩이의 맨 밑에 빠질" 신세가 되고 말았다(사 14 : 15). 또 그(사단)는 결박되어 천년 동안 무저갱에 갇혔다가(계 20 : 1-3 참조) 일시적으로 놓임을 받지만 결국 불과 유황 못에 던지워지고 만다(계 20 : 10).

> 벧후 2 : 4　하나님이 범죄한 천사들을 용서치 아니하시고 지옥에 던져 어두운 구덩이에 두어 심판때까지 지키게 하셨으며
> 사 14 : 15　그러나 이제 네가 음부 곧 구덩이의 맨 밑에 빠치우리로다
> 계 20 : 10　또 저희를 미혹하는 마귀가 불과 유황 못에 던지우니 거기는 그 짐승과 거짓 선지자도 있어 세세토록 밤낮 괴로움을 받으리라

3. 사단의 성격
1) 거짓말쟁이

사단은 항상 진실이 없고 거짓을 말한다. 그것은 저가 거짓의 아비요, 본래 거짓말쟁이기 때문이다. 그는 공공연하게 거짓말을 장려하고, 때로는 거짓을 위하여 진리를 가장하기도 한다(고후 11 : 13-15). 예수님께서 믿지 않는 유대인들에게 "너희는 너희 아비 마귀에게서 났으니 너희 아비의 욕심을 너희도 행하고자 하느니라 저는 처음부터 살인한 자요 진리가 그 속에 없으므로 진리에 서지 못하고 거짓을 말할 때마다 제것으로 말하나니 이는 저가 거짓말쟁이요 거짓의 아비가 되었음이

니라"(요 8 : 44)고 하셨으니 사람이 거짓말을 하고자 함은 곧 그 속에 사단의 성
질이 작용을 하기 때문이다.

> 고후 11 : 13-15　저런 사람들은 거짓 사도요 궤휼의 역군이니 자기를 그리스도의
> 사도로 가장하는 자들이니라 이것이 이상한 일이 아니라 사단도
> 자기를 광명의 천사로 가장하나니 그러므로 사단의 일꾼들도
> 자기를 의의 일꾼으로 가장하는 것이 또한 큰 일이 아니라 저희의
> 결국은 그 행위대로 되리라

2) 살인자

사단은 오로지 사망만을 가져다줄 뿐 생명을 주지 못한다. 그러기에 그는 에덴
동산의 인류의 시조에게 죽음을 가져다주었고, 지금도 인류에게 죽음을 가져다주
고 있다. 예수님께서 "저는 처음부터 살인한 자"라고 하셨다.

> 요 8 : 44　　**너희는 너희 아비 마귀에게서 났으니 너희 아비의 욕심을 너희도**
> **행하고자 하느니라 저는 처음부터 살인한 자요 진리가 그 속에**
> **없으므로 진리에 서지 못하고 거짓을 말할 때마다 제 것으로**
> **말하나니 이는 저가 거짓말장이요 거짓의 아비가 되었음이니라**

3) 죄의 아비

성경에 "죄를 짓는 자마다 마귀에게 속하나니 마귀는 처음부터 범죄함이라…"(요
일 3 : 8)고 하였다. 즉, "죄를 짓는 자(행하는 자)마다 마귀에게 속하나니"라는 말
씀은 "죄를 짓는 자는 마귀에게서 남, 또는 마귀의 자녀"란 뜻이다. 누구든지 마귀
의 거짓이나 범죄함을 본받는 자는 마귀의 자녀이다. 이는 낳음으로가 아니라 본
받음으로 말미암아 그의 자녀가 되는 것이다.

4) 의인의 적(敵)

사단은 "대적하는 자"라는 그 이름과 같이 항상 하나님과 그리스도와 진리와 의
인을 적대(敵對)하는 자이다(벧전 5 : 8; 이하 참조 마 4 : 1-11; 욥 1 : 9-11,2 :

4-5; 계 12 : 10; 슥 3 : 1; 롬 8 : 33).

> **벧전 5 : 8**　　근신하라 깨어라 너희 대적 마귀가 우는 사자같이 두루 다니며
> 삼킬 자를 찾나니

5) 사기꾼

사단은 도적(도둑)이요, 속이는 사기꾼이다. 그는 하나님의 말씀을 도적(盜賊)질하고(마 13 : 19), 에덴동산의 아담과 하와를 유혹하여 속였고(고후 11 : 3), 천하 만민을 속임수로 미혹하여 멸망으로 떨어지게 하고(계 12 : 9참조), 하나님을 배반하게 하는 자이다(눅 22 : 3-4 참조).

> **마 13 : 19**　　아무나 천국 말씀을 듣고 깨닫지 못할 때는 악한 자가 와서 그
> 마음에 뿌리운 것을 빼앗나니 이는 곧 길가에 뿌리운 자요
> **고후 11 : 3**　　뱀이 그 간계로 이와를 미혹케 한 것같이 너희 마음이 그리스도를
> 향하는 진실함과 깨끗함에서 떠나 부패할까 두려워하노라

6) 위장을 함

사단은 항상 위장을 하고 정체(正體)를 나타내지 않는다(고후 11 : 14; 이하 참조 창 3 : 1; 마 16 : 23). 사단이 그리스도의 사도로 가장할 때 그가 곧 거짓 사도요 거짓 선지자인 것이다(마 7 : 15; 창 3 : 1; 욥 1 : 6 참조). 사단은 아합을 속인 거짓 선지자의 영이다(왕상 22 : 19-23 참조). 즉 아합이 모은 400인의 선지자들이 아람과의 전쟁을 놓고 낙관적인 예언을 하여 아합을 속일 때에, 여호와의 선지자 미가야는 그들의 예언은 그들 속에 있는 "거짓말하는 영"이 말하는 것이라고 아합에게 일러주었다.

특히 사단은 "광명의 천사로 가장"하여(고후 11 : 14) 사람을 속이고 괴롭히는 존재이다. 사울을 괴롭힌 악신(삼상 16 : 14)이나 아합을 속인 거짓 선지자의 영(왕상 22 : 22 이하 참조), 그리고 질병과 모든 불행을 일으키는 귀신(눅 13 : 11-16 참조)은 모두 다 사단의 영으로서 사람을 속이고 괴롭히고 하나님을 대항하는 일에 탁월한 지혜와 능력을 발휘하고 있는 것이다.

주님 자신의 능력이 사단(바알세불)의 능력과 혼동되는 오해를 받으실 정도로
(막 3 : 23) 사단은 거의 신적인 힘을 가지고 역사한다. 그러나 사단의 활동은 하
나님의 엄격한 통제를 받고 있기 때문에(욥 1 : 12; 마 8 : 31-32 참조) 궁극적으
로 그가 하나님의 일을 방해하거나 그분의 뜻을 거스르지는 못한다.

고후 11 : 14	이것이 이상한 일이 아니라 사단도 자기를 광명의 천사로 가장하나니
삼상 16 : 14	여호와의 신이 사울에게서 떠나고 여호와의 부리신 악신이 그를 번뇌케 한지라
막 3 : 23	예수께서 저희를 불러다가 비유로 말씀하시되 사단이 어찌 사단을 쫓아낼 수 있느냐
욥 1 : 12	여호와께서 사단에게 이르시되 내가 그의 소유물을 다 네 손에 붙이노라 오직 그의 몸에는 네 손을 대지 말지니라 사단이 곧 여호와 앞에서 물러가니라

4. 사단의 왕국

우리 인간 세계와 지구 위에는 보이지 않는 엄청난 사단의 왕국이 있다는 사실
을 성경이 암시하고 있다(마 12 : 26; 막 3 : 22-24 참조). 사단의 왕국은 하나님
의 왕국에 대항하지만 당장 망하지 않고 그리스도의 재림 때까지 존속한다(엡
6 : 12; 계 20 : 7-10 참조).

1) 사단 왕국의 시작

하나님께서 창조하신 영계에는 천성과 많은 영물과 천사들이 있는데 천사들 중
에 가장 높은 자리를 차지했던 루시퍼가 자기의 영화로움에 도취되어 하나님의
보좌를 차지하려고 반역을 도모하다가 공중으로 쫓겨났으며(사 14 : 12), 이때 그
를 추종하던 많은 악한 천사들이 그와 함께 타락하였다(계 12 : 7-9). 천국에서
쫓겨난 사단과 그의 추종자들은 천국에 대항하기 위하여 거대한 왕국을 건설하게
되었고, 사단은 그 왕이 되었으니 이것이 사단 왕국의 시작이다(마 12 : 26; 이하
참조 엡 2 : 2; 눅 4 : 5-7; 요 12 : 31,14 : 30; 마 9 : 34,12 : 24).

사 14 : 12	너 아침의 아들 계명성이여 어찌 그리 하늘에서 떨어졌으며 너 열국을 엎은 자여 어찌 그리 땅에 쩍혔는고
계 12 : 7-9	하늘에 전쟁이 있으니 미가엘과 그의 사자들이 용으로 더불어 싸울새 용과 그의 사자들도 싸우나 이기지 못하여 다시 하늘에서 저희의 있을 곳을 얻지 못한지라 큰 용이 내어쫓기니 옛 뱀 곧 마귀라고도 하고 사단이라고도 하는 온 천하를 꾀는 자라 땅으로 내어쫓기니 그의 사자들도 저와 함께 내어쫓기니라
마 12 : 26	사단이 만일 사단을 쫓아내면 스스로 분쟁하는 것이니 그리하고야 저의 나라가 어떻게 서겠느냐

2) 사단 왕국의 영역

(1) 하나님의 세계 (통치 영역)

창조주 하나님은 천지(전 우주)와 영계를 창조하시고 통치하신다(골 1 : 16). 그리고 하나님의 통치 영역을 3차원으로 구분하면(고후 12 : 2) 첫째 하늘과 둘째 하늘과 셋째 하늘로 나누인다(왕상 8 : 27; 이하 참조 엡 4 : 10; 히 7 : 26).

골 1 : 16	만물이 그에게 창조되되 하늘과 땅에서 보이는 것들과 보이지 않는 것들과 혹은 보좌들이나 주관들이나 정사들이나 권세들이나 만물이 다 그로 말미암고 그를 위하여 창조되었고
고후 12 : 2	내가 그리스도 안에 있는 한 사람을 아노니 십 사 년 전에 그가 셋째 하늘에 이끌려 간 자라
왕상 8 : 27	하나님이 참으로 땅에 거하시리이까 하늘과 하늘들의 하늘이라도 주를 용납지 못하겠거든 하물며 내가 건축한 이 전이오리이까

❖ 첫째 하늘

이는 대기권으로서 하나님은 지구를 첫째 하늘에 위치하도록 창조하셨다. 첫째 하늘은 지구와 이것을 둘러싸고 있는 공기의 한계점까지가 그 면적이다.

❖ 둘째 하늘

이는 대기권 밖, 즉 첫째 하늘의 한계점에서부터 끝없는 우주 전체를 가리키며, 둘째 하늘이 얼마나 넓은지는 하나님만이 아실 뿐이다. 하나님은 태양과 달, 그리고 수많은 별과 은하수 등이 이 둘째 하늘에 위치하도록 창조하셨다.

❖ 셋째 하늘

이는 우주 밖 영계를 가리키는데(고후 12 : 2-4; 왕상 8 : 27 참조) 곧 최고의 하늘이요, 하나님은 여기에 그분의 거룩한 성이 위치하도록 창조하셨다. 여기가 바로 하나님과 예수님 그리고 하늘 가족들이 거하는 천국(天國)이 있는 곳이다. 여기에는 하나님의 보좌가 있고, 하나님은 그 보좌에 앉아 계시며, 예수님은 하나님 보좌 우편에 계시고(히 12 : 2; 벧전 3 : 22 참조), 그분의 모든 천사와 천군들이 하늘 보좌를 시위(侍衛)하고 있는 것이다(사 6 : 1; 이하 참조 시 11 : 4,47 : 8; 계 5 : 1-6,7 : 9-10).

고후 12 : 2-4   내가 그리스도 안에 있는 한 사람을 아노니 십 사 년 전에 그가 세째 하늘에 이끌려 간 자라(그가 몸 안에 있었는지 몸 밖에 있었는지 나는 모르거니와 하나님은 아시느니라) 내가 이런 사람을 아노니 (그가 몸 안에 있었는지 몸 밖에 있었는지 나는 모르거니와 하나님은 아시느니라) 그가 낙원으로 이끌려 가서 말할 수 없는 말을 들었으니 사람이 가히 이르지 못할 말이로다

히 12 : 2   믿음의 주요 또 온전케 하시는 이인 예수를 바라보자 저는 그 앞에 있는 즐거움을 위하여 십자가를 참으사 부끄러움을 개의치 아니하시더니 하나님 보좌 우편에 앉으셨느니라

사 6 : 1   웃시야 왕의 죽던 해에 내가 본즉 주께서 높이 들린 보좌에 앉으셨는데 그 옷자락은 성전에 가득하였고

(2) 사단의 활동 영역

하나님의 보좌를 빼앗고 하나님처럼 되고자 반역을 도모하다 천성에서 쫓겨난 사단은(겔 28 : 15-17 참조; 사 14 : 12-15) 공중으로 추방되어(겔 28 : 17; 계 12 : 7-8) 공중을 무대로 활동을 하고 있다. 그래서 성경은 그를 가리켜 "공중 권세 잡은 자"라고 한다(엡 2 : 2). 다시 말하면 셋째 하늘에서 쫓겨나 공중으로 내

려온 사단은 첫째 하늘과 둘째 하늘 그리고 이 땅을 장악하고 있으니 이것이 곧 사단 왕국의 영역이라고 할 것이다(계 12 : 7-9; 엡 2 : 2; 이하 참조 눅 4 : 5-7; 마 9 : 34; 요 12 : 31). 그러나 하나님의 통치는 사단 왕국의 영역까지 완전히 미친다.

사 14 : 12-15   너 아침의 아들 계명성이여 어찌 그리 하늘에서 떨어졌으며 너 열국을 엎은 자여 어찌 그리 땅에 찍혔는고…

겔 28 : 17   네가 아름다우므로 마음이 교만하였으며 네가 영화로우므로 네 지혜를 더럽혔음이여 내가 너를 땅에 던져 열왕 앞에 두어 그들의 구경거리가 되게 하였도다

엡 2 : 2   그 때에 너희가 그 가운데서 행하여 이 세상 풍속을 좇고 공중의 권세 잡은 자를 따랐으니 곧 지금 불순종의 아들들 가운데서 역사하는 영이라

계 12 : 7-9   하늘에 전쟁이 있으니 미가엘과 그의 사자들이 용으로 더불어 싸울새 용과 그의 사자들도 싸우나 이기지 못하여 다시 하늘에서 저희의 있을 곳을 얻지 못한지라 큰 용이 내어쫓기니 옛 뱀 곧 마귀라고도 하고 사단이라고도 하는 온 천하를 꾀는 자라 땅으로 내어쫓기니 그의 사자들도 저와 함께 내어쫓기니라

3) 사단 왕국의 조직

(1) 절대 군주와 군국주의 체제

사단 왕국은 사단을 왕으로 한 절대 군주 국가로써 하나님과 하늘 나라에 대항하기 위하여 항상 전투적이고 공격적인 조직과 체제를 이루고 있는 절대 군주와 군국주의 체제이다(마 9 : 34,12 : 24; 눅 4 : 5-7; 요 12 : 31; 이하 참조 고후 4 : 4; 계 12 : 7-9,19 : 19; 막 5 : 9,15; 눅 8 : 30).

마 9 : 34   바리새인들은 가로되 저가 귀신의 왕을 빙자하여 귀신을 쫓아낸다 하더라

마 12 : 24   바리새인들은 듣고 가로되 이가 귀신의 왕 바알세불을 힘입지 않고는 귀신을 쫓아내지 못하느니라 하거늘

눅 4 : 5-7	마귀가 또 예수를 이끌고 올라가서 순식간에 천하 만국을 보이며 가로되 이 모든 권세와 그 영광을 내가 네게 주리라 이것은 내게 넘겨준 것이므로 나의 원하는 자에게 주노라 그러므로 네가 만일 내게 절하면 다 네 것이 되리라
요 12 : 31	이제 이 세상의 심판이 이르렀으니 이 세상 임금이 쫓겨나리라

(2) 세계 통일 왕국 체제

사단은 전세계와 우주를 망라하여 하나의 통일된 거대한 왕국을 이루고 그 왕좌에 앉아서 큰 권세를 휘두르며 온 세계를 통치하는 자이다(눅 4 : 5-7; 요 12 : 31). 그러나 사단은 같은 시간에 같은 장소에만 존재할 수 있도록 된(하나님과 같이 편재성이 없음) 피조물이다. 그래서 그는 세계를 완전 장악하고 통치하기 위해서 세계를 여러 공국(公國, 왕자를 두는 여러 작은 나라)으로 나누고 믿을 만한 신복들을 각 공국의 통치자로 세우고 그들을 지배함으로써 전세계를 하나의 통일된 왕국으로 통치하고 있는 것이다.

바사 왕국을 다스리는 공국의 왕자는 다니엘 선지자의 기도에 대한 하나님의 응답을 가지고 세상으로 찾아오는 천사의 길을 20일 간이나 가로막아 지연시키는 권세를 행사했다(단 10 : 13-14 참조). 이상과 같이 인간 세계의 배후에는 선하신 하나님의 계획과 섭리가 진행되고 있는 반면, 악한 사단이 하나님의 계획과 섭리에 반역하여 사람을 불행하게 만들고(눅 13 : 16; 마 15 : 22) 멸망으로 몰아넣는 역사가 진행되고 있다(딤전 4 : 1).

사단은 지금도 우리가 알지 못하고 보지 못하는 중에 은밀히 역사하여 우리로 하여금 무의식 중에 주의 뜻을 거스르게 하고 있다(마 16 : 23; 요 13 : 27 참조). 그래서 성경은 그를 가리켜 "어두움의 세상 주관자"라고 한다(엡 6 : 12 참조).

눅 4 : 5-7	마귀가 또 예수를 이끌고 올라가서 순식간에 천하 만국을 보이며 가로되 이 모든 권세와 그 영광을 내가 네게 주리라 이것은 내게 넘겨준 것이므로 나의 원하는 자에게 주노라 그러므로 네가 만일 내게 절하면 다 네 것이 되리라
요 12 : 31	이제 이 세상의 심판이 이르렀으니 이 세상 임금이 쫓겨나리라

눅 13 : 16	그러면 십 팔 년 동안 사단에게 매인 바 된 이 아브라함의 딸을 안식일에 이 매임에서 푸는 것이 합당치 아니하냐
마 15 : 22	가나안 여자 하나가 그 지경에서 나와서 소리 질러 가로되 주 다윗의 자손이여 나를 불쌍히 여기소서 내 딸이 흉악히 귀신들렸나이다 하되
딤전 4 : 1	그러나 성령이 밝히 말씀하시기를 후일에 어떤 사람들이 믿음에서 떠나 미혹케 하는 영과 귀신의 가르침을 좇으리라 하셨으니
마 16 : 23	예수께서 돌이키시며 베드로에게 이르시되 사단아 내 뒤로 물러가라 너는 나를 넘어지게 하는 자로다 네가 하나님의 일을 생각지 아니하고 도리어 사람의 일을 생각하는도다 하시고

III. 마귀의 정체

1. 마귀의 호칭

1) 일반적 호칭

"마귀"란 헬라어로 "다이몬(δαιμων)" 혹은 "다이모니온(δαιμονιον)"인데 이는 "신(神)적 힘"을 뜻한다. 그리고 "마귀"라는 호칭은 사단의 호칭과는 달리 늘 복수로 나타나는데 이는 그 수가 많은 것을 표시함이다(눅 8 : 30; 막 5 : 9).

| 눅 8 : 30 | 예수께서 네 이름이 무엇이냐 물으신 즉 가로되 군대라 하니 이는 많은 귀신이 들렸음이라 |
| 막 5 : 9 | 이에 물으시되 네 이름이 무엇이냐 가로되 내 이름은 군대니 우리가 많음이니이다 하고 |

2) 특수 호칭

사단을 마귀로 호칭하는 경우가 있다. 성경에는 마귀(다이몬) 혹은 다이모니온이라는 낱말 외에 마귀(디아볼로스)라는 낱말이 36회 나타나는데 이는 언제나 단수로 표시되고 있다. 이 경우에는 사단을 호칭하는 것이며 그것은 사단이 모든 마귀들의 우두머리인 때문이다(마 12 : 24, 10 : 25; 막 3 : 22).

| 마 12 : 24 | 바리새인들은 듣고 가로되 이가 귀신의 왕 바알세불을 힘입지 |

않고는 귀신을 쫓아내지 못하느니라 하거늘

마 10 : 25 제자가 그 선생 같고 종이 그 상전 같으면 족하도다 집 주인을
바알세불이라 하였거든 하물며 그 집 사람들이랴

막 3 : 22 예루살렘에서 내려온 서기관들은 저가 바알세불을 지폈다 하며
또 귀신의 왕을 힘입어 귀신을 쫓아낸다 하니

2. 마귀의 존재

1) 구약에 나타난 마귀

구약에 나타난 마귀는 초인간적 존재로(신 32 : 17; 시 106 : 37-38 참조) 사람을
괴롭히며(삼상 16 : 14-16 참조), 몸을 습격하여 질병을 일으키고 갖가지의 불행을
유발시키는 존재라고 묘사되고 있다. 마귀의 거처는 광야였고, 따라서 광야의 마
신(魔神) 아사셀(레 16 : 8,10,26 참조)은 바로 여호와 하나님의 적대자 마귀를 가
리킨다고 한다. 아사셀(Azazel)은 광야의 귀신인데 구약 시대에 속죄일에 염소 두
마리를 제비 뽑아 한 마리는 여호와께, 다른 한 마리는 광야의 아사셀에게 보냈다.
그런데 아사셀에게 보내는 것은 속죄 염소였다.

아사셀에게 속죄 염소를 보내는 것은 죄를 씻어 버리기 위해서는 죄의 원천인
귀신에게 죄를 다시 돌려보낸다는 사상에서 유래한 것이다. 그러므로 당시 사람들
은 자기들이 아사셀에게 보내는 염소가 온갖 죄와 성소의 모든 불결함을 다 지고
간다고 생각했다(렘 16 : 6-10,20-22 참조).

신 32 : 17 그들은 하나님께 제사하지 아니하고 마귀에게 하였으니 곧 그들의
알지 못하던 신, 근래에 일어난 새 신, 너희 열조의 두려워하지
않던 것들이로다

레 16 : 8 두 염소를 위하여 제비뽑되 한 제비는 여호와를 위하여 한 제비는
아사셀을 위하여 할지며

레 16 : 10 아사셀을 위하여 제비뽑은 염소는 산 대로 여호와 앞에 두었다가
그것으로 속죄하고 아사셀을 위하여 광야로 보낼지니라

2) 신약에 나타난 마귀

신약에 나타난 마귀는 사단의 지배하에 있으면서(마 9 : 34) 여러 곳을 유랑하

고(마 12 : 43) 때로는 무덤에도 거처했다(마 8 : 28 참조). 또 그는 인간의 열병
(눅 4 : 39), 소경, 벙어리(마 12 : 22), 간질병(막 9 : 18), 광증(막 1 : 23; 마
8 : 28) 등 온갖 질병을 일으켜 사람을 괴롭힌다. 이같이 마귀는 악의 궤계로 인
류를 해치나(엡 6 : 11; 고후 2 : 11) 예수님은 마귀를 사람에게서 쫓아내시며 궁
극적으로 그를 멸하신다(히 2 : 14). 예수님은 또한 마귀를 쫓아내는 권능을 제자
들에게도 주셨다(막 3 : 14-15).

마 9 : 34	바리새인들은 가로되 저가 귀신의 왕을 빙자하여 귀신을 쫓아낸다 하더라
마 12 : 43	더러운 귀신이 사람에게서 나갔을 때에 물 없는 곳으로 다니며 쉬기를 구하되 얻지 못하고
막 1 : 23	마침 저희 회당에 더러운 귀신들린 사람이 있어 소리 질러 가로되
엡 6 : 11	마귀의 궤계를 능히 대적하기 위하여 하나님의 전신갑주를 입으라

3. 마귀의 기원

본래 하나님은 사단을 지으신 것이 아니라 천사를 지으셨다. 그러나 그 천사장
의 하나, "아침의 아들 계명성" 루시퍼가 교만하여 하나님의 보좌를 차지하려고
넘보다가 타락하게 되자 천성에서 추방됨으로 사단이 되었다(사 14 : 12-20; 겔
28 : 11-19; 눅 10 : 18 참조). 그때 루시퍼를 추종하던 많은 천사들이 그에게 미
혹되어 그와 함께 타락하여 마귀가 된 것이다(벧후 2 : 4; 계 12 : 7-9 참조). 이
것은 모두 역사 이전에 이루어진 일들이다.

신약성서에 사단을 마귀 왕(바알세불)이라 칭하였으니(마 9 : 34,10 : 25,12 :
24 참조) 사단보다 열세인 마귀들은 사단을 자기들의 왕으로 추대하고 있음을 알
수 있다. 사단과 마귀들은 사단의 왕국을 형성하여 인간을 유혹하며 해치는 것을
일삼으나, 그들의 활동은 하나님의 정하신 범위와 시간 안에서 제한된다. 장차
사단은 인류의 심판에 앞서 불 못으로 던져지는 최후의 심판을 받게 된다(계
20 : 7-10 참조).

벧후 2 : 4	하나님이 범죄한 천사들을 용서치 아니하시고 지옥에 던져 어두운

구덩이에 두어 심판 때까지 지키게 하셨으며

마 9 : 34   바리새인들은 가로되 저가 귀신의 왕을 빙자하여 귀신을 쫓아낸다
하더라

Ⅳ. 귀신의 정체
1. 귀신의 존재

귀신은 헬라어로 "다이모니온"이며 영어 성경의 "데몬(Demon)"은 "다이모니온"
에서 유래된 것이다. 신약에 나타난 귀신(악령)은 대개가 사람에게 들어가 사람에
게 붙는 귀신이다(마 11 : 18; 이하 참조 눅 4 : 33; 계 16 : 14). 이들은 사람에게
붙어서 생리적 또는 정신적인 온갖 질병을 일으킨다(마 8 : 28, 이하 참조 막 9 :
32,12 : 22; 막 5 : 15,9 : 25; 눅 9 : 39-42). 또 귀신이 사람에게 들어가면 광적
힘을 발휘하는 광폭성 환자가 되기도 하는데, 이런 환자는 무덤에 거처하기를 좋
아하며 또한 무척 사납기 때문에 하나님의 능력이 아니고는 그 마력을 꺾지 못한
다(마 8 : 28-34 참조).

마 11 : 18   요한이 와서 먹지도 않고 마시지도 아니하매 저희가 말하기를
귀신이 들렸다 하더니

마 8 : 28   또 예수께서 건너편 가다라 지방에 가시매 귀신 들린 자 둘이 무덤
사이에서 나와 예수를 만나니 저희는 심히 사나와 아무도 그 길로
지나갈 수 없을 만하더라

2. 귀신의 기원

귀신의 기원에 대하여는 다음 몇 가지 설이 있다.

1) 원천지 족속의 영들

어떤 성경 학자들 중에는 루시퍼 천사장이 관할하던 원천지(原天地, 창 1 : 1;
겔 28 : 13)가 천사와 인간들의 죄에 대한 심판으로 파멸되었는데(창 1 : 2; 겔
28 : 16) 여기에 살던 타락한 인간들의 영이 지금의 귀신들이라 한다.

그리고 귀신들은 육체에서 빠져나온 망령들로서 영물인 천사(악한 천사 포함)

들과 구별된다고 한다(유대인들은 천사와 영을 구분하고 있음, 행 23 : 8-9; 계
16 : 14). 즉 천사들은 부활의 자녀들처럼 신령한 몸을 가지는 반면에(눅 20 : 36;
이하 참조 고전 15 : 44; 고후 5 : 2-3) 귀신들은 한때 육신의 몸을 입고 있었지만
현재는 몸이 없으며 그렇기 때문에 들어가서 살 몸을 찾아 기를 쓰고 헤매인다는
것이다. 그러나 성경은 일단 사람이 죽으면 그 영이 낙원 아니면 음부로 가게 되
고, 거기서 빠져 나와 다시 세상에 돌아오지 못한 채 최후 심판을 기다리게 된다
고 가르치고 있다(눅 16 : 26-28; 히 9 : 27).

창 1 : 1-2	태초에 하나님이 천지를 창조하시니라 땅이 혼돈하고 공허하며 흑암이 깊음 위에 있고 하나님의 신은 수면에 운행하시니라
겔 28 : 13	네가 옛적에 하나님의 동산 에덴에 있어서 각종 보석 곧 홍보석과 황보석과 금강석과 황옥과 홍마노와 창과 청보석과 남보석과 홍옥과 황금으로 단장하였었음이여 네가 지음을 받던 날에 너를 위하여 소고와 비파가 예비되었었도다
겔 28 : 16	네 무역이 풍성하므로 네 가운데 강포가 가득하여 네가 범죄하였도다 너 덮는 그룹아 그러므로 내가 너를 더럽게 여겨 하나님의 산에서 쫓아내었고 화광석 사이에서 멸하였도다
행 23 : 8	이는 사두개인은 부활도 없고 천사도 없고 영도 없다 하고 바리새인은 다 있다 함이라
계 16 : 14	저희는 귀신의 영이라 이적을 행하여 온 천하 임금들에게 가서 하나님 곧 전능하신 이의 큰 날에 전쟁을 위하여 그들을 모으더라
눅 20 : 36	저희는 다시 죽을 수도 없나니 이는 천사와 동등이요 부활의 자녀로서 하나님의 자녀임이니라

2) 천사와 여자가 난 자손의 영들

어떤 성경 학자들은 노아 홍수 전에 타락한 천사들이 사람의 딸들을 아내로 취
하여 자식을 낳았으니(창 6 : 1-2) 그들의 반은 천사이고 반은 사람인 잡종물이었
다 한다. 이들을 가리켜 "네피림(히브리어에 타락한 자들이라는 뜻)"이라 하는데
이는 "거인"이라고 번역할 수도 있다(창 6 : 4). 그들은 고대에 유명한 용사이었다
고 하며(창 6 : 4), 이들이 노아 홍수 때에 멸망하였으나 그 영은 귀신이 되었으

며 그들은 지금도 사람의 몸에 들어가 계속 음란을 행하려 한다는 것이다. 귀신들이 사람의 몸에 들어가고 싶어하는 욕망은 그들이 인간의 감각을 사용함으로써 육욕적인 쾌락, 즉 몸이 없이는 경험할 수 없는 육적 쾌락을 얻을 수 있다는 점에서 이해할 수 있다는 것이다. 귀신들이 돼지 속에 들어가고자 소원한 것도 무저갱으로 들어가기보다는 차라리 그 편이 나은 때문이었던 것이다(눅 8 : 32).

그러나 천사와 여자의 잡혼으로 출생한 자손들의 영이 귀신이 되었다는 설은 성경의 원리에 비춰 볼 때 역시 억측에 지나지 않는다.

> 창 6 : 1-2 　사람이 땅 위에 번성하기 시작할 때에 그들에게서 딸들이 나니
> 　　　　　하나님의 아들들이 사람의 딸들의 아름다움을 보고 자기들의 좋아
> 　　　　　하는 모든 자로 아내를 삼는지라
> 창 6 : 4 　　당시에 땅에 네피림이 있었고 그 후에도 하나님의 아들들이
> 　　　　　사람의 딸들을 취하여 자식을 낳았으니 그들이 용사라 고대에
> 　　　　　유명한 사람이었더라
> 눅 8 : 32 　마침 거기 많은 돼지 떼가 산에서 먹고 있는지라 귀신들이 그
> 　　　　　돼지에게로 들어가게 허하심을 간구하니 이에 허하신대

3) 타락한 천사들

천사장 루시퍼가 하나님을 반역하고 타락할 때 많은 천사들(모든 천사 중 3분의 1가량)이 그에게 미혹되어(겔 28 : 18; 계 12 : 4) 그를 지지하고 동조하다가 그와 함께 천성으로부터 추방당하였는데 이들이 사단의 사자(使者) 곧 귀신들이라는 것이다. 성경에 예수님도 마귀(사단)와 그의 사자들(마 25 : 41 참조)이란 말씀을 하셨으니, 귀신은 사단의 신복들로서 하나님을 대적하는 사단에게 충성을 다하고 있는 악령들임이 분명하다.

그리고 성경에 타락한 천사(사단)와 귀신을 동일시하였으니 사단을 가리켜 "귀신의 왕 바알세불"이라고 한 것이다(마 12 : 24; 눅 11 : 15 참조). 또 "마귀와 그의 사자들"(마 25 : 41 참조) 혹은 "용과 그의 사자들"(계 12 : 7 참조)이라고 표현한 말씀을 보아도 성경이 사단과 마귀와 귀신을 동일시한 것을 알 수 있다. 마귀와 귀신은 그 활동과 성격면에서도 동일한 악령이다. 또 귀신들이 사람 속에 들어가

지배하고자 하는 것처럼(마 17 : 14-18; 눅 11 : 14-15 참조) 사단(마귀)도 마찬가지이다(눅 22 : 3-4; 요 13 : 27). 그리고 사단과 그의 사자들(마귀)은 하나님과 그의 백성들을 대항하여 싸우는데(계 9 : 13-15, 12 : 7-17 참조) 귀신들도 역시 마찬가지이다(막 9 : 17-26; 계 9 : 1-11 참조).

겔 28 : 18	네가 죄악이 많고 무역이 불의하므로 네 모든 성소를 더럽혔음이여 내가 네 가운데서 불을 내어 너를 사르게 하고 너를 목도하는 모든 자 앞에서 너로 땅 위에 재가 되게 하였도다
계 12 : 4	그 꼬리가 하늘 별 삼분의 일을 끌어다가 땅에 던지더라 용이 해산하려는 여자 앞에서 그가 해산하면 그 아이를 삼키고자 하더니
눅 22 : 3-4	열둘 중에 하나인 가룟인이라 부르는 유다에게 사단이 들어가니 이에 유다가 대제사장들과 군관들에게 가서 예수를 넘겨 줄 방책을 의논하매
요 13 : 27	조각을 받은 후 곧 사단이 그 속에 들어간지라 이에 예수께서 유다에게 이르시되 네 하는 일을 속히 하라 하시니
계 9 : 13-15	여섯째 천사가 나팔을 불매 내가 들으니 하나님 앞 금단 네 뿔에서 한 음성이 나서 나팔을 가진 여섯째 천사에게 말하기를 큰 강 유브라데에 결박한 네 천사를 놓아 주라 하매 네 천사가 놓였으니 그들은 그 년, 월, 일, 시에 이르러 사람 삼분의 일을 죽이기로 예비한 자들이더라

3. 사단과 마귀와 귀신의 관계

전술한 바와 같이 사단과 마귀와 귀신은 모두 한 족속이다. 성경은 사단과 마귀와 귀신을 동일시하고 있다. 성경에 사단을 가리켜 "귀신의 왕 바알세불"(마 12 : 24, 26; 막 3 : 22 참조)이라고 하였고 "마귀와 그의 사자들"(마 25 : 41) 혹은 "용과 그의 사자들"(계 12 : 7)이라고 하였으며 "큰 용이 내어쫓기니 옛 뱀 곧 마귀라고도 하고 사단이라고도 하는 온 천하를 꾀는 자라…"(계 12 : 9)고 하였다.

이상의 말씀들을 종합하여 볼 때 사단과 마귀와 귀신은 모두 다 한 족속임이 분명하다. 그리고 귀신이라 함은 악령, 마귀, 사신, 악신, 악귀(눅 8 : 2; 눅 11 : 19-26) 등을 포함하는 개념이다. 성경에 나타난 마귀(신 32 : 17), 귀신(마 8 :

16,10 : 1,8), 사신(시 106 : 37), 더러운 영(눅 11 : 19-26 참조), 악령(엡 6 : 12), 악귀(눅 7 : 21,8 : 2; 행 19 : 12 참조) 등은 모두 다 마귀와 하나요 동일한 족속들이다. 이것들은 모두 다 하늘에 있는 악의 영들의 무리이며(엡 6 : 12), 특히 "악귀"(눅 8 : 2)는 "악한 자"라 하는 사단의 이름과 부합하니(요일 5 : 18,3 : 12 참조) 이는 그들이 사단과 같은 족속이기 때문이다.

눅 8 : 2	또한 악귀를 쫓아내심과 병 고침을 받은 어떤 여자들 곧 일곱 귀신이 나간 자 막달라인이라 하는 마리아와
신 32 : 17	그들은 하나님께 제사하지 아니하고 마귀에게 하였으니 곧 그들의 알지 못하던 신, 근래에 일어난 새 신, 너희 열조의 두려워하지 않던 것들이로다
마 8 : 16	저물매 사람들이 귀신들린 자를 많이 데리고 예수께 오거늘 예수께서 말씀으로 귀신들을 쫓아내시고 병든 자를 다 고치시니
시 106 : 37	저희가 그 자녀로 사신에게 제사하였도다
엡 6 : 12	우리의 씨름은 혈과 육에 대한 것이 아니요 정사와 권세와 이 어두움의 세상 주관자들과 하늘에 있는 악의 영들에게 대함이라
눅 7 : 21	마침 그 시에 예수께서 질병과 고통과 및 악귀들린 자를 많이 고치시며 또 많은 소경을 보게 하신지라
요일 5 : 18	하나님께로서 난 자마다 범죄치 아니하는 줄을 우리가 아노라 하나님께로서 나신 자가 저를 지키시매 악한 자가 저를 만지지도 못하느니라

V. 사단이 주로 하는 일

사단은 "이 세상의 신"(고후 4 : 4; 요 12 : 31 참조)으로서 탁월한 지혜와 능력을 가지고 그의 사사들(마귀, 귀신)과 함께 하나님을 대적하고 사람을 괴롭히는 일을 한다. 성경에 나타난 사단의 사역(하는 일)은 주로 다음과 같다.

고후 4 : 4	그 중에 이 세상 신이 믿지 아니하는 자들의 마음을 혼미케 하여 그리스도의 영광의 복음의 광채가 비취지 못하게 함이니 그리스도는 하나님의 형상이니라

1. 하나님께 대한 사단의 활동

1) 하나님을 대항함

하나님을 반역하여 하나님의 보좌를 넘보다가 천성에서 쫓겨난 사단은 그 뒤에도 자기 왕국을 형성하여(막 3 : 23-24; 마 12 : 26 참조) 계속 조직적으로 하나님의 왕국에 대항하고 있다. 사단은 최초의 사람 아담과 하와를 미혹하여 하나님을 거역하게 하였고(창 3 : 1-6 참조), 또 가인을 충동하여 하나님의 사람 아벨을 죽이게 하였으니(창 4 : 8; 요일 3 : 12) 이는 바로 사단이 하나님을 반항한 것이다. 그리고 처음에 아담이 하나님을 반역하게 하는데 성공한 사단은(창 3 : 1-6 참조) 마지막에는 적그리스도로 하여금 하나님을 최종적으로 반역하게 함으로써 하나님을 끝까지 대항하는 것이다(살후 2 : 3-4).

창 4 : 8	가인이 그 아우 아벨에게 고하니라 그후 그들이 들에 있을 때에 가인이 그 아우 아벨을 쳐 죽이니라
요일 3 : 12	가인같이 하지 말라 저는 악한 자에게 속하여 그 아우를 죽였으니 어찐 연고로 죽였느뇨 자기의 행위는 악하고 그 아우의 행위는 의로움이니라
살후 2 : 3-4	누가 아무렇게 하여도 너희가 미혹하지 말라 먼저 배도하는 일이 있고 저 불법의 사람 곧 멸망의 아들이 나타나기 전에는 이르지 아니하리니 저는 대적하는 자라 범사에 일컫는 하나님이나 숭배함을 받는 자 위에 뛰어나 자존하여 하나님 성전에 앉아 자기를 보여 하나님이라 하느니라

2) 하나님을 불순종케 함(엡 2 : 2; 살후 2 : 8-11)

공중권세 잡은 마귀(사단)의 영은 사람들 가운데 하나님이 주신 복음과 믿음의 도리에 순종하지 않는 자들의 속에서 역사하여 하나님의 뜻과 그 통치에 반항하게 함으로써 "불순종의 아들들"이 되게 한다(엡 2 : 2)

엡 2 : 2	그 때에 너희가 그 가운데서 행하여 이 세상 풍속을 좇고 공중의 권세 잡은 자를 따랐으니 곧 지금 불순종의 아들들 가운데서 역사하는 영이라

3) 하나님 앞에 범죄케 함(요일 3 : 7-15)

마귀는 죄의 창시자로서(요일 3 : 8 참조) 사람들을 미혹하여 범죄 타락하게 하고 하나님과 사람의 사이를 이간시켜 신앙을 버리게 하며, 이로 인하여 신앙을 잃고 하나님을 떠나는 자는 "마귀의 자식"이 되는 것이다(행 13 : 6-11; 요 8 : 44 참조).

2. 성도들에 대한 사단의 활동

1) 성도를 대적함

마귀는 모든 환경과 여건을 통하여 성도를 대적하며 공격한다. 그런고로 우리가 보기에 세상적이며 인간적인 사건이라 보여지는 시련도 그 이면을 살펴보면 실은 그것이 사단의 훼방일 경우가 많은 것이다. 우리의 삶에 있어서 궁극적인 싸움은 혈과 육에 대한 싸움이 아니라 하늘의 악한 영적 세력들과의 싸움이다(엡 6 : 10-18 참조).

2) 성도를 삼키려함

성도를 대적하는 마귀는(욥 1 : 9; 슥 3 : 1) 우는 사자와 같이 세상을 두루 다니며(욥 1 : 7) 삼킬 자를 샅샅이 찾고 있다(벧전 5 : 8). 마귀는 원래 두루 다니는 속성을 가지고 있다(욥 1 : 7). 성경에 마귀를 사자라 했으나(벧전 5 : 8) 그리스도를 사자라 한 적도 있다(계 5 : 5). 그러나 그리스도는 그분의 용기 때문에 사자라 불리우고 마귀는 그의 잔인성 때문에 사자라 불리운다.

욥 1 : 9	사단이 여호와께 대답하여 가로되 욥이 어찌 까닭 없이 하나님을 경외하리이까
슥 3 : 1	대제사장 여호수아는 여호와의 사자 앞에 섰고 사단은 그의 우편에 서서 그를 대적하는 것을 여호와께서 내게 보이시니라
욥 1 : 7	여호와께서 사단에게 이르시되 네가 어디서 왔느냐 사단이 여호와께 대답하여 가로되 땅에 두루 돌아 여기 저기 다녀왔나이다
벧전 5 : 8	근신하라 깨어라 너희 대적 마귀가 우는 사자같이 두루 다니며 삼킬 자를 찾나니

계 5 : 5	장로 중에 하나가 내게 말하되 울지 말라 유대 지파의 사자 다윗의 뿌리가 이기었으니 이 책과 그 일곱 인을 떼시리라 하더라

3) 참소하고 비방함

참소하는 성질을 가지고 있는 마귀는 성도들의 약점을 들어 하나님 앞에 밤낮 참소하고 비방하며(계 12 : 10) 특히 우리의 죄와 결점을 하나님 앞에 참소하는 동시에 하나님 은혜 가운데 굳게 서지 못한 사람들의 양심에 참소하여 낙심케 한다. 그러나 이러한 사단의 참소에 대한 대언자(변호자)가 있으니 곧 예수 그리스도시다(요일 2 : 1-2). 사단은 하나님 앞에서는 사람을 참소하고(욥 1 : 9,11; 슥 3 : 1; 계 12 : 10 참조) 사람 앞에서는 선하신 하나님을 참소하였다(창 3 : 1-5 참조). 사단은 지금도 사람들의 마음에 하나님을 참소하고 있다.

계 12 : 10	내가 또 들으니 하늘에 큰 음성이 있어 가로되 이제 우리 하나님의 구원과 능력과 나라와 또 그의 그리스도의 권세가 이루었으니 우리 형제들을 참소하던 자 곧 우리 하나님 앞에서 밤낮 참소하던 자가 쫓겨났고
요일 2 : 1-2	나의 자녀들아 내가 이것을 너희에게 씀은 너희로 죄를 범치 않게 하려 함이라 만일 누가 죄를 범하면 아버지 앞에서 우리에게 대언자가 있으니 곧 의로우신 예수 그리스도시라 저는 우리 죄를 위한 화목 제물이니 우리만 위할 뿐 아니요 온 세상의 죄를 위하심이라
욥 1 : 9	사단이 여호와께 대답하여 가로되 욥이 어찌 까닭 없이 하나님을 경외하리이까
욥 1 : 11	이제 주의 손을 펴서 그의 모든 소유물을 치소서 그리하시면 정녕 대면하여 주를 욕하리이다
슥 3 : 1	대제사장 여호수아는 여호와의 사자 앞에 섰고 사단은 그의 우편에 서서 그를 대적하는 것을 여호와께서 내게 보이시니라

4) 의심을 심어줌

사단은 우리를 꾀어 하나님의 말씀과 그분의 선하심을 믿지 못하게 하고 우리에 대한 하나님의 진정한 사랑을 의심하게 한다(창 3 : 1-5).

창 3 : 1-5	여호와 하나님의 지으신 들짐승 중에 뱀이 가장 간교하더라 뱀이 여자에게 물어 가로되 하나님이 참으로 너희더러 동산 모든 나무의 실과를 먹지 말라 하시더냐 여자가 뱀에게 말하되 동산 나무의 실과를 우리가 먹을 수 있으나 동산 중앙에 있는 나무의 실과는 하나님의 말씀에 너희는 먹지도 말고 만지지도 말라 너희가 죽을까 하노라 하셨느니라 뱀이 여자에게 이르되 너희가 결코 죽지 아니하리라 너희가 그것을 먹는 날에는 너희 눈이 밝아 하나님과 같이 되어 선악을 알 줄을 하나님이 아심이니라

5) 죄를 짓도록 유혹함

(1) 거짓말하도록 유혹함

마귀는 본래 거짓말의 아비(창시자)로 다른 사람들이 진실(진리)을 거슬러 거짓을 행하도록 유혹한다(행 5 : 3; 대하 18 : 21).

행 5 : 3	베드로가 가로되 아나니아야 어찌하여 사단이 네 마음에 가득하여 네가 성령을 속이고 땅 값 얼마를 감추었느냐
대하 18 : 21	가로되 내가 나가서 거짓말하는 영이 되어 그 모든 선지자의 입에 있겠나이다 여호와께서 가라사대 너는 꾀이겠고 또 이루리라 나가서 그리하라 하셨은즉

(2) 성범죄를 하도록 유혹함

사단은 인간에게 육적 쾌락과 만족을 최고의 낙으로 삼도록 장려하여 음행, 간음, 동성애, 수음 등의 성범죄에 빠지게 한다(고전 7 : 5, 10 : 8).

고전 7 : 5	서로 분방하지 말라 다만 기도할 틈을 얻기 위하여 합의상 얼마 동안은 하되 다시 합하라 이는 너희의 절제 못함을 인하여 사단으로 너희를 시험하지 못하게 하려 함이라
고전 10 : 8	저희 중에 어떤 이들이 간음하다가 하루에 이만 삼천 명이 죽었나니

우리는 저희와 같이 간음하지 말자

(3) 세상에 잡히도록 유혹함

사단은 사람들이 세상에 집착하여 "육신의 정욕(쾌락)"과 "안목의 정욕(소유)"과 "이생의 자랑(자기 선전)"이라는 욕망에 빠져 헤어나지 못하도록 유혹한다(요일 2 : 15-17,5 : 19; 딤후 4 : 10; 약 4 : 1-7 참조).

6) 낙담하게 함

사단은 사람들이 어려움을 당하여 염려하고 낙담하여 쓰러지게 한다(벧전 5 : 7-8; 마 13 : 22). 그러므로 성도들도 핍박과 배척과 이해의 부족 때문에 육신적이고 정신적인 시련을 당할 때에 실망하고, 낙담하고, 절망하여 좌절에 빠질 수 있는 것이다(계 2 : 9-10,3 : 9-10 참조).

벧전 5 : 7-8	너희 염려를 다 주께 맡겨 버리라 이는 저가 너희를 권고하심이니라 근신하라 깨어라 너희 대적 마귀가 우는 사자같이 두루 다니며 삼킬 자를 찾나니
마 13 : 22	가시떨기에 뿌리웠다는 것은 말씀을 들으나 세상의 염려와 재리의 유혹에 말씀이 막혀 결실치 못하는 자요

7) 봉사를 못하게 함

마귀는 사람들을 게으르게 만들어서 주의 일을 못하게 하며(마 25 : 26) 또는 직접적으로 주의 일을 못하도록 막는다(살전 2 : 18). 사도 바울은 누차 데살로니가교회를 방문하려고 했으나 사단이 그 길을 막았다고 하였다(살전 2 : 17-18).

마 25 : 26	그 주인이 대답하여 가로되 악하고 게으른 종아 나는 심지 않은 데서 거두고 헤치지 않은 데서 모으는 줄로 네가 알았느냐
살전 2 : 17-18	형제들아 우리가 잠시 너희를 떠난 것은 얼굴이요 마음은 아니니 너희 얼굴 보기를 열정으로 더욱 힘썼노라 그러므로 나 바울은 한 번 두 번 너희에게 가고자 하였으나 사단이 우리를 막았도다

8) 성도를 시험함(마 4 : 1-3; 살전 3 : 5)

성경은 시험하는 자(사단, 살전 3 : 5)가 천하의 모든 유혹을 도맡아 사람들을 시험에 빠지도록 역사한다고 하며(마 24 : 10), 클라크(Clarke)는 사단이 주로 세 가지 모양으로 나타나서 시험한다고 했다. 첫째, 간교한 뱀으로서 우리의 감각을 속여 판단을 그르치기 위해, 둘째는 빛의 천사로서 우리를 속여 신령한 진리에 그릇된 판단을 주기 위해, 셋째는 우는 사자로서 힘으로 우리를 넘어뜨려 멸망시키기 위해서 나타난다.

마 4 : 1-3   그 때에 예수께서 성령에게 이끌리어 마귀에게 시험을 받으러 광야로 가사 사십 일을 밤낮으로 금식하신 후에 주리신지라 시험하는 자가 예수께 나아와서 가로되 네가 만일 하나님의 아들이어든 명하여 이 돌들이 떡 덩이가 되게 하라

살전 3 : 5   이러므로 나도 참다 못하여 너희 믿음을 알기 위하여 보내었노니 이는 혹 시험하는 자가 너희를 시험하여 우리 수고를 헛되게 할까 함일러니

마 24 : 10   그 때에 많은 사람이 시험에 빠져 서로 잡아 주고 서로 미워하겠으며

3. 교회에 대한 사단의 활동
1) 교회에 침투함
(1) 거짓 교사를 통하여

사단은 거짓 교사들을 통해 교회에 침투하여 신자들을 미혹하며 거짓 신앙에 빠지게 한다(고후 11 : 13-15; 벧후 2 : 1-19 참조). 또 참되고 신실한 주님의 종들을 대적하며(딤전 4 : 1-5 참조) 비성경적이고 인본주의와 세속주의적인 교회 형태를 조장한다. 그리고 사단은 교회 내에서도 사단의 회(會)를 구성하여 그리스도인에 대한 핍박과 교회를 훼방하는데 앞장서게 한다(계 2 : 9).

고후 11 : 13-15   저런 사람들은 거짓 사도요 궤휼의 역군이니 자기를 그리스도의 사도로 가장하는 자들이니라 이것이 이상한 일이 아니라 사단도 자기를 광명의 천사로 가장하나니 그러므로 사단의 일꾼들도

자기를 의의 일꾼으로 가장하는 것이 또한 큰 일이 아니라 저희의
결국은 그 행위대로 되리라

계 2 : 9   내가 네 환난과 궁핍을 아노니 실상은 네가 부요한 자니라 자칭
유대인이라 하는 자들의 훼방도 아노니 실상은 유대인이 아니요
사단의 회라

(2) 거짓 복음을 통해

마귀는 거짓 복음을 가지고 교회에 침투하여 복음을 혼잡케 하고(고후 2 : 17),
교인들이 거짓 복음을 믿어 구원을 얻지 못하게 한다(마 13 : 25, 30; 이하 참조
갈 1 : 8-9; 딤전 4 : 1-4).

고후 2 : 17   우리는 수다한 사람과 같이 하나님의 말씀을 혼잡하게 하지
아니하고 곧 순전함으로 하나님께 받은 것같이 하나님 앞에서와
그리스도 안에서 말하노라

마 13 : 25   사람들이 잘 때에 그 원수가 와서 곡식 가운데 가라지를 덧뿌리고
갔더니

마 13 : 30   둘 다 추수 때까지 함께 자라게 두어라 추수 때에 내가 추숫군들에게
말하기를 가라지는 먼저 거두어 불사르게 단으로 묶고 곡식은
모아 내 곳간에 넣으라 하리라

2) 분열을 조장함

사단은 교회에 침투하여 교인들을 낙심시키고 이간과 분열을 조장한다(고후
2 : 10-11; 엡 4 : 26-27). 그러므로 바울은 교회에서 실수한 사람들에게 대하여
지나친 경책을 하지 말고 차라리 용서하므로 사단의 유혹에 속지 않게 하라고 하
였다(고후 2 : 5-11 참조). 이미 죄의식에 잠긴 사람을 계속하여 경책하면 오히려
역효과를 나타내어 근심에 잠기고 나아가서는 크게 낙심을 하게 되는데 이는 회
개 과정에서 있는 사단의 역사인 것이다.

고후 2 : 10-11   너희가 무슨 일이든지 뉘게 용서하면 나도 그리하고 내가 만일
용서한 일이 있으면 용서한 그것은 너희를 위하여 그리스도 앞에서
한 것이니 이는 우리로 사단에게 속지 않게 하려 함이라 우리가

그 궤계를 알지 못하는 바가 아니로라

엡 4 : 26-27   분을 내어도 죄를 짓지 말며 해가 지도록 분을 품지 말고 마귀로
틈을 타지 못하게 하라

4. 구원받지 못한 자에 대한 활동

1) 진리를 받아들이지 못하게 함

(1) 복음을 빼앗아 감

성경은 "믿음은 들음에서 나며 들음은 그리스도의 말씀(복음)으로 말미암았느니
라"(롬 10 : 17)고 하는데 마귀는 사람들이 복음을 듣고 믿어 구원받지 못하도록
복음을 마음에 받자마자 빼앗아 가버린다(눅 8 : 12). 그리고 들어도 그것을 깨닫
지 못하도록 방해한다.

눅 8 : 12   길가에 있다는 것은 말씀을 들은 자니 이에 마귀가 와서 그들로
믿어 구원을 얻지 못하게 하려고 말씀을 그 마음에서 빼앗는 것이요

(2) 복음에 대해 마음이 어둡게 함

마귀는 복음 전파를 방해하는 자로서(마 13 : 24-30 참조) 죄와 의와 심판에 대
하여 사람의 마음을 밝게 비추어 주는 복음의 빛을 막아(고후 4 : 3-4; 딤전 4 :
1-4; 요일 4 : 1-4 참조) 멸망하는 자들에게 복음이란 어리석고 미련한 것으로 보
이게 한다(고전 1 : 18).

고전 1 : 18   십자가의 도가 멸망하는 자들에게는 미련한 것이요 구원을 얻는
우리에게는 하나님의 능력이라

2) 은혜를 거부하게 함

마귀는 사람들이 하나님의 은혜받는 것을 싫어한다. 그래서 그들은 하나님의
은혜를 가리워 숨기고 왜곡하여 사람들로 하여금 은혜를 거부하게 한다(고후 4 :
3-4; 딤전 4 : 1-8 이하 참조; 요일 2 : 22, 4 : 1-4).

고후 4 : 3-4　　만일 우리 복음이 가리웠으면 망하는 자들에게 가리운 것이라
　　　　　　　　그 중에 이 세상 신이 믿지 아니하는 자들의 마음을 혼미케 하여
　　　　　　　　그리스도의 영광의 복음의 광채가 비취지 못하게 함이니 그리스도는
　　　　　　　　하나님의 형상이니라

3) 거짓 종교에 빠지게 함

(1) 거짓 종교를 주입시킴

마귀는 거짓 진리를 전하는 자들을 통하여 구원이 없는 거짓 종교를 사람들 가운데 주입시켜 거짓 신앙에 빠지게 한다(딤전 4 : 1-3; 요일 4 : 1-4 참조).

딤전 4 : 1-3　　그러나 성령이 밝히 말씀하시기를 후일에 어떤 사람들이 믿음에서
　　　　　　　　떠나 미혹케 하는 영과 귀신의 가르침을 좇으리라 하셨으니 자기
　　　　　　　　양심이 화인 맞아서 외식함으로 거짓말하는 자들이라 혼인을
　　　　　　　　금하고 식물을 폐하라 할 터이나 식물은 하나님이 지으신 바니
　　　　　　　　믿는 자들과 진리를 아는 자들이 감사함으로 받을 것이니라

(2) 우상 숭배를 조장함

마귀는 우상 숭배의 배후 세력으로서(레 17 : 7; 신 32 : 17; 시 96 : 4-5; 사 65 : 11; 계 13 : 4,15,9 : 20) 사람들이 하나님에게서 떠나도록 하기 위하여 사람들을 미혹하여 우상 숭배에 빠지게 한다(시 106 : 36-38; 고전 10 : 20,12 : 2).

레 17 : 7　　　그들은 전에 음란히 섬기던 수염소에게 다시 제사하지 말 것이니라
　　　　　　　　이는 그들이 대대로 지킬 영원한 규례니라
신 32 : 17　　　그들은 하나님께 제사하지 아니하고 마귀에게 하였으니 곧 그들의
　　　　　　　　알지 못하던 신, 근래에 일어난 새 신, 너희 열조의 두려워하지
　　　　　　　　않던 것들이로다
시 106 : 36-38　그 우상들을 섬기므로 그것이 저희에게 올무가 되었도다 저희가
　　　　　　　　그 자녀로 사신에게 제사하였도다 무죄한 피 곧 저희 자녀의 피를
　　　　　　　　흘려 가나안 우상에게 제사하므로 그 땅이 피에 더러웠도다
고전 10 : 20　　대저 이방인의 제사하는 것은 귀신에게 하는 것이요 하나님께

제사하는 것이 아니니 나는 너희가 귀신과 교제하는 자 되기를
원치 아니하노라

고전 12 : 2   너희도 알거니와 너희가 이방인으로 있을 때에 말 못하는
우상에게로 끄는 그대로 끌려갔느니라

5. 기타 마귀의 활동
1) 고통을 가져다 줌
(1) 가정의 행복을 파괴함

악한 마귀는 시기와 질투가 많아 늘 사람들의 행복을 파괴하고 고통을 주기 위
해 활동하고 있다. 마귀는 최초로 에덴동산에서 아담의 행복을 파괴하였고(창
3 : 1-6,16-19 참조), 또 욥의 가정의 행복을 파괴하였다(욥 1 : 12-22 참조).

(2) 건강을 파괴함

마귀는 온갖 육신의 질병을 가져다주어 건강을 파괴함으로 사람을 괴롭힌다(욥
2 : 7-9; 막 9 : 20; 눅 13 : 11-17 참조). 마귀는 사람들에게 벙어리(마 9 : 32-33;
막 9 : 17-29), 소경(마 12 : 22), 불구, 간질(마 17 : 15-18; 막 9 : 20; 눅 9 : 39)
등의 각종 병을 가져다줌으로써 건강을 파괴시키는 자이다. 그러나 성경은 또 모
든 육체적 질병의 원인을 마귀(귀신)에게만 돌리지 않고 자연적인 질병과(딤전
5 : 23), 마귀에 의한 질병과 죄로 인한 질병(요 5 : 5-9,14 참조; 약 5 : 16)이 있
음을 보여 주고 있다(막 1 : 31,34; 눅 7 : 21,9 : 1 참조).

욥 2 : 7-9   사단이 이에 여호와 앞에서 물러가서 욥을 쳐서 그 발바닥에서
정수리까지 악창이 나게 한지라 욥이 재 가운데 앉아서 기와
조각을 가져다가 몸을 긁고 있더니 그 아내가 그에게 이르되
당신이 그래도 자기의 순전을 굳게 지키느뇨 하나님을 욕하고
죽으라

막 9 : 20   이에 데리고 오니 귀신이 예수를 보고 곧 그 아이로 심히 경련을
일으키게 하는지라 저가 땅에 엎드러져 굴며 거품을 흘리더라

마 17 : 15-18   주여 내 아들을 불쌍히 여기소서 저가 간질로 심히 고생하여 자주

불에도 넘어지며 물에도 넘어지는지라 내가 주의 제자들에게
데리고 왔으나 능히 고치지 못하더이다 예수께서 대답하여 가라사대
믿음이 없고 패역한 세대여 내가 얼마나 너희와 함께 있으며
얼마나 너희를 참으리요 그를 이리로 데려오라 하시다 이에
예수께서 꾸짖으시니 귀신이 나가고 아이가 그때부터 나으니라

마 9 : 32-33　저희가 나갈 때에 귀신들려 벙어리 된 자를 예수께 데려오니
귀신이 쫓겨나고 벙어리가 말하거늘 무리가 기이히 여겨 가로되
이스라엘 가운데서 이런 일을 본 때가 없다 하되

마 12 : 22　그 때에 귀신 들려 눈 멀고 벙어리 된 자를 데리고 왔거늘 예수께서
고쳐 주시매 그 벙어리가 말하며 보게 된지라

마 9 : 20　열 두 해를 혈루증으로 앓는 여자가 예수의 뒤로 와서 그 겉옷 가를
만지니

눅 9 : 39　귀신이 저를 잡아 졸지에 부르짖게 하고 경련을 일으켜 거품을
흘리게 하며 심히 상하게 하고야 겨우 떠나 가나이다

딤전 5 : 23　이제부터는 물만 마시지 말고 네 비위와 자주 나는 병을 인하여
포도주를 조금씩 쓰라

요 5 : 14　그 후에 예수께서 성전에서 그 사람을 만나 이르시되 보라 네가
나았으니 더 심한 것이 생기지 않게 다시는 죄를 범치 말라 하시니

약 5 : 16　이러므로 너희 죄를 서로 고하며 병 낫기를 위하여 서로 기도하라
의인의 간구는 역사하는 힘이 많으니라

(3) 마음을 산란케 함

마귀는 사람의 마음을 산란케 함으로써(삼상 16 : 14) 정신 이상(눅 8 : 27-29
참조)과, 자살벽(癖, 마 9 : 22)에 걸려 고통을 당하게 한다.

삼상 16 : 14　여호와의 신이 사울에게서 떠나고 여호와의 부리신 악신이 그를
번뇌케 한지라

마 9 : 22　예수께서 돌이켜 그를 보시며 가라사대 딸아 안심하라 네 믿음이
너를 구원하였다 하시니 여자가 그 시로 구원을 받으니라

(4) 자해(自害)케 함

성경에 한 귀신들린 자는 돌로 제 몸을 상하게 하였다고 한다(막 5 : 5). 그리고 또 다른 귀신들린 자는 자살하려고 불과 물에 자기 몸을 자주 던졌다고 한다(막 9 : 22).

막 5 : 5	밤낮 무덤 사이에서나 산에서나 늘 소리 지르며 돌로 제 몸을 상하고 있었더라
막 9 : 22	귀신이 저를 죽이려고 불과 물에 자주 던졌나이다 그러나 무엇을 하실 수 있거든 우리를 불쌍히 여기사 도와주옵소서

VI. 사단에 대한 우리의 자세

1. 사단을 대적해야 함

사단은 우리에게 가장 고약하고 흉악한 적이다(벧전 5 : 8-9). 그러나 그는 그리스도를 통하여 이미 정복당한 원수이다(요 12 : 31,16 : 11). 그러므로 우리는 사단을 두려워하지 말고 담대히 대적해야 한다(약 4 : 7).

벧전 5 : 8-9	근신하라 깨어라 너희 대적 마귀가 우는 사자같이 두루 다니며 삼킬 자를 찾나니 너희는 믿음을 굳게 하여 저를 대적하라 이는 세상에 있는 너희 형제들도 동일한 고난을 당하는 줄을 앎이니라
요 12 : 31	이제 이 세상의 심판이 이르렀으니 이 세상 임금이 쫓겨나리라
요 16 : 11	심판에 대하여라 함은 이 세상 임금이 심판을 받았음이니라
약 4 : 7	그런즉 너희는 하나님께 순복할지어다 마귀를 대적하라 그리하면 너희를 피하리라

2. 사단과 부단히 싸워야 함

사단은 장차 영원한 형벌을 받기 위해 지옥 불 못에 던져질 운명에 놓여 있다. 그러나 아직은 우리의 강한 적으로서 우리는 잠시도 방심할 수 없고 계속 싸워야 한다(엡 6 : 12).

| 엡 6 : 12 | 우리의 씨름은 혈과 육에 대한 것이 아니요 정사와 권세와 이 |
| | 어두움의 세상 주관자들과 하늘에 있는 악의 영들에게 대함이라 |

3. 전신갑주를 입어야 함(엡 6 : 10-20)

우리가 마귀의 궤계를 능히 대적하기 위해서는 하나님의 전신갑주를 입어야 한다(엡 6 : 11; 벧전 5 : 8-9). 하나님의 전신갑주는 ① 우리가 예수 그리스도의 피로 구속함을 입었다는 진리의 허리띠 ② 죄책감에서 놓였다는 용서와 사죄와 의의 흉배 ③ 하나님의 약속의 말씀으로 얻는 평안의 복음의 예비한 신 ④ 하나님의 말씀에 대한 신앙의 고백으로 마귀의 참소와 유혹을 막아내는 믿음의 방패 ⑤ 그리스도의 십자가로 인하여 확정된 구원의 투구 ⑥ 마귀의 계략과 시험을 폭로하여 그 거짓되고 가증함을 만천하에 명백히 알리는 하나님의 말씀의 검 ⑦ 그리고 끊임없이 기도를 통하여 얻어지는 하나님의 능력이다(벧전 5 : 8-9; 막 9 : 29; 엡 6 : 18; 마 17 : 21 참조).

엡 6 : 11	마귀의 궤계를 능히 대적하기 위하여 하나님의 전신갑주를 입으라
벧전 5 : 8-9	근신하라 깨어라 너희 대적 마귀가 우는 사자같이 두루 다니며
	삼킬 자를 찾나니 너희는 믿음을 굳게 하여 저를 대적하라 이는
	세상에 있는 너희 형제들도 동일한 고난을 당하는 줄을 앎이니라
막 9 : 29	이르시되 기도 외에 다른 것으로는 이런 유가 나갈 수 없느니라
	하시니라
엡 6 : 18	모든 기도와 간구로 하되 무시로 성령 안에서 기도하고 이를
	위하여 깨어 구하기를 항상 힘쓰며 여러 성도를 위하여 구하고

제 II 장
인간론

기독교 신학에 있어서 하나님, 인간, 죄, 구원,

이 네 가지 제목은 아주 중요한 위치를 차지한다.

본래 인간이 흙으로 지어졌지만

"하나님의 형상과 모양" 대로 지음을 받았고

하나님의 생기를 받았다.

인간은 다른 일반 피조물과 달리 이성적 도덕적 불멸적인 존재이다.

쉽게 풀어쓴

기독교 신학

인간의 기원

I. 하나님에 의하여 창조된 인간

인간의 기원에 대하여 진화론자들은 유인원(類人猿, 원숭이류에서 가장 진화하여 인류에 근사한 침팬지, 고릴라 등)이 오랫동안 거듭되는 진화의 과정을 거쳐서 오늘날과 같은 지혜의 인간이 되었다고 한다. 또 어떤 생물 학자들은 인간의 기원은 유인원의 진화가 아니라 지금부터 약 4-5만 년 전에 갑자기 지혜인(智慧人)이 나타나서 그 당시 지상에 번식하고 있던 유인원들을 추방해 버리고 문명을 발전시킨 것이라고 한다. 그러나 성경은 인간의 기원이 유인원이 진화된 것도, 지혜인이 갑자기 나타난 것도 아니라 태초에 하나님께서 천지 만물을 창조하시던 마지막 날에 인간을 흙으로 창조하신 것이라고 기록한다(창 1 : 27, 2 : 7).

성경에 나타난 하나님의 천지 창조의 과정은 처음 닷새 동안에는 천체(天體), 주야(晝夜), 동물(動物), 식물(植物), 해물(海物)들을 창조하셨고(창 1 : 1-25 참조) 다음 여섯째 날에 그것들을 정복하고 다스릴 인간을 창조하셨다(창 1 : 27-28). 이 처음 사람을 아담이라 부르고 그의 처를 하와라 하였으니 아담은 "사람"이란 뜻이요, 하와는 "산다", 즉 "생명"이란 뜻이다.

창 2 : 7   여호와 하나님이 흙으로 사람을 지으시고 생기를 그 코에
          불어넣으시니 사람이 생령이 된지라
창 1 : 27-28 하나님이 자기 형상 곧 하나님의 형상대로 사람을 창조하시되
          남자와 여자를 창조하시고 하나님이 그들에게 복을 주시며 그들에게
          이르시되 생육하고 번성하여 땅에 충만하라 땅을 정복하라 바다의
          고기와 공중의 새와 땅에 움직이는 모든 생물을 다스리라 하시니라

1. 특수하게 창조된 인간

1) 하나님께서 우주와 만물을 창조하실 때 그것들을 모두 다 말씀으로 지으셨다. 즉 "빛이 있으라" 하시매 빛이 있었고(창 1 : 3 참조) 또 "땅은 풀과 씨 맺는 채소와 각기 종류대로 씨 가진 열매 맺는 과목을 내라" 하시매 그대로 되었다(창 1 : 11 참조). 그리고 "하늘의 궁창에 광명이 있어 주야를 나뉘게 하라…" 하시매 그대로 되었다(창 1 : 14 참조).

2) 하나님께서 인간을 창조하실 때는 다른 피조물과 같이 말씀으로만 하지 않으시고 특수한 방법으로써 지으셨다. 즉, 친히 흙을 빚어 사람의 모양을 만드시고 그 코에 당신의 생명의 생기(生氣 ; 입김)를 불어넣으심으로써 살아 움직이는 생령이 되게 하셨다(창 2 : 7). 생기란 히브리어로 "루아흐(רוּחַ)"이며, 우리의 영을 가리키는 것이다. 하나님은 흙으로 사람을 지으시고 당신의 영을 그 속에 불어넣으심으로써 생령이 되게 하셨다. 생령이란 말은 히브리어로 "네페쉬 카야(נֶפֶשׁ חַיָּה)"이니 "산 영혼"(생명 있는 자)을 의미한다. 그러므로 하나님이 "생기를 코에 불어 넣으셨다"라고 함은 사람에게 호흡과 영혼과 생명을 넣어 주셨다는 의미인 것이다. 그러므로 사람의 생명은 하나님께로부터 직접 부여된 것이다. 하나님은 사람을 지으실 때에 인간의 존엄성과 가치 평가가 다른 피조물들보다는 아주 높게, 하나님보다는 조금 못하게 창조하셨다(시 8 : 3-5). 성경은 하나님이 사람을 엘로힘(אֱלֹהִים, 히브리어에서 하나님 또는 천사를 의미함)보다 조금 못하게 창조하셨다고 한다(시 8 : 3-5; 히 1 : 14 참조).

창 2 : 7 　　여호와 하나님이 흙으로 사람을 지으시고 생기를 그 코에
　　　　　　불어넣으시니 사람이 생령이 된지라

시 8 : 3-5 　주의 손가락으로 만드신 주의 하늘과 주의 베풀어 두신 달과
　　　　　　별들을 내가 보오니 사람이 무엇이관데 주께서 저를 생각하시며
　　　　　　인자가 무엇이관데 주께서 저를 권고하시나이까 저를 천사보다
　　　　　　조금 못하게 하시고 영화와 존귀로 관을 씌우셨나이다

2. 하나님의 형상대로 창조된 인간

1) 하나님의 형상을 닮은 인간

하나님이 태초에 "하나님의 형상을 따라 하나님의 모양을 닮은 사람을 지으셨다" 고 성경이 말하고 있다(창 1 : 26). 인간이 하나님의 형상을 닮았다 함은 무엇을 의미하는가? 그것은 인간의 육적, 외적 형상이 하나님을 닮았다는 것이 아니라, 인간의 영적인 정신적인 내적 형상이 하나님을 닮았다는 것이다. 즉 인간의 이성 적이고 도덕적이고 종교적인 능력 및 선한 양심 등 본성적 인격이 하나님을 닮았 다는 뜻이다.

> 창 1 : 26 하나님이 가라사대 우리의 형상을 따라 우리의 모양대로 우리가
> 사람을 만들고

2) 일반 동물과 다른 인간

(1) 인간과 일반 동물의 공통점

인간이나 일반 동물을 놓고 볼 때, 음식을 섭취하고 활동하고 생식하다가 끝내 죽어 버리고 만다는 점은 다 같다고 하겠다. 그러나 인간은 이밖에 또 다른 면에 서 일반 동물과 다르다.

(2) 일반 동물에 비해 인간의 다른 점

❖ 인간은 이성을 가짐 – 인간은 이성을 가지고 있기 때문에 일반 동물과 달리 사고(思考)를 하고, 사고한 것을 체계화하고, 체계화된 사고를 발표하며, 그것에 대하여 다시 비판하고 가부(可否)하며, 시비를 논한다.

❖ 인간은 영혼을 가짐 – 이성을 가지고 있는 인간은 일반 동물과 달리 영혼을 가지고 있다(요삼 1 : 2). 그러므로 인간은 육체적 생활과 함께 영적 생활이 가능 하다. 인간의 생활은 영적 생활과 육체적 생활로 구분되며 신자는 육체적 생활보 다 영적 생활을 더 중요시한다.

> 요삼 1 : 2   사랑하는 자여 네 영혼이 잘 됨같이 네가 범사에 잘 되고
>   강건하기를 내가 간구하노라

❖ 인간은 선악을 가림 – 일반 동물과 달리 인간은 선(善)과 악(惡)을 가릴 줄 알며, 또 선을 좋아하고 악을 미워한다. 그러므로 인간은 다른 생명을 죽이는 것은 악이요, 남을 살리고 돕는 것은 선한 일이라고 생각한다. 또 부모에 대하여 효도를, 자식에 대하여 사랑하는 마음을, 남에게 대해서는 우정을 가진다. 선악을 구별하는 인간은 이같은 도덕성과 도덕적 원칙에 의하여 인류 사회에 질서와 평화를 유지하려고 노력하는 것이다. 이 점에 있어서 일반 동물과 전혀 다르다.

❖ 인간은 종교를 가짐 – 인간은 본래부터 종교심을 가지고 있다. 인간은 어떤 위대한 존재나 웅대한 것을 볼 때 위엄과 두려움을 느끼게 되는데, 이러한 마음이 초자연적 혹은 초인간적인 인격적 존재와 만나게 될 때에 그 감정은 경건하고 거룩한 감정으로 변한다. 인간의 이러한 감정을 종교적 감정 또는 종교심(宗敎心)이라 한다.

3) 타락한 인간과 하나님의 형상

인간은 본래 하나님의 형상대로 창조된, 하나님의 형상을 닮은 존재라고 성경은 말한다. 그러나 사람 속에 창조 당시에 받은 하나님의 형상이 지금도 그대로 남아 있는지 아니면 완전히 없어졌는지 그렇지 않으면 파손되기는 했으나 그 일부가 아직 남아 있는지에 대하여 여러 가지 신학적 견해가 있다.

이에 대하여 어떤 신학자들은 인간이 타락할 때 그 속에 하나님의 형상이 파손되었으나 아직도 어느 정도 남아 있다고 한다. 그리고 그 증거로는 현재의 인간이 일반 동물과 달리 도덕성, 이성, 양심, 인격성을 지니고 있다는 점을 내세우고 있다.

그러나 어떤 신학자들은 인간이 타락할 때 그 속에 하나님의 형상이 완전히 파손되었다고 주장한다. 그리고 그 증거로는 만약 인간 속에 하나님의 형상이 어느 정도 일부분이라도 남아 있다면 그것을 통하여 하나님과 관계를 맺을 수 있으며,

또 하나님을 알고 찾을 수 있기 때문에 중보자 예수 그리스도께서 오실 필요가 없다는 것이다. 그러나 하나님께서 예수 그리스도를 세상에 보내신 것을 보면 인간 속에 하나님의 형상이 조금도 남아 있지 않다는 증거가 된다는 점을 들고 있다.

3. 인간이 하나님의 형상을 닮은 증거

인간이 하나님의 형상을 닮았다는 것은 다음과 같은 사실들이 증명한다.

1) 영교(靈交)

본래부터 영이 있는 인간(아담)은 영이신 하나님과 대화할 수 있었다. 사람이 영이 없는 소나 개나 까치와는 대화할 수 없다. 그러나 사람은 영이신 하나님과는 대화가 가능하다. 그렇기 때문에 하나님의 말씀을 들을 수 있고, 또 하나님께 말씀을 드릴 수도 있다. 사람은 이와 같은 영적인 대화(영적 교제)로써 하나님과 연합이 가능하다. 하나님이 영이시고 사람도 영을 가지고 있기 때문에 이로써 사람은 하나님을 닮았다고 하는 것이다.

2) 도덕(道德)

인간의 도덕적 성품이 하나님을 닮은 점이다. 사람에게는 양심이 있으며, 그 양심의 바탕 위에 윤리와 도덕성을 지니고 있다. 그렇기 때문에 선과 악을 분별하며, 일상 생활에서 악을 버리고 선을 택하고, 부정을 버리고 정의를 택하게 되는 것이다. 이는 항상 선하시고(시 119 : 68) 정직하시며(시 33 : 4) 공의를 사랑하시는(신 32 : 4) 하나님의 도덕성과 상통하는 점이며, 또한 사람이 하나님의 도덕적 형상을 닮았다는 증거가 된다. 그러나 짐승의 세계에는 이런 도덕성이 없다.

시 119 : 68 　　주는 선하사 선을 행하시오니 주의 율례로 나를 가르치소서
시 33 : 4 　　여호와의 말씀은 정직하며 그 행사는 다 진실하시도다
신 32 : 4 　　그는 반석이시니 그 공덕이 완전하고 그 모든 길이 공평하며
　　　　　　　진실 무망하신 하나님이시니 공의로우시고 정직하시도다

3) 이성(理性)

사람은 생각하는 동물이다. 사람은 머리로 사고하며, 사리(事理)를 판단하는 이성이 있다. 그러나 짐승은 이성이 없으므로 본능에 따라서 행동한다. 이런 점에서 이성에 따라 행동하는 사람은 짐승과 다르다. 그러므로 이성적인 면에서 볼 때 사람은 언제나 선하신 뜻을 따라 역사하시며(롬 12 : 2), 지식과 지혜를 가지시고 사고하시며 옳게 판단하시는 하나님(롬 11 : 33; 욥 37 : 16)과 닮았다는 것이다.

롬 12 : 2	너희는 이 세대를 본받지 말고 오직 마음을 새롭게 함으로 변화를 받아 하나님의 선하시고 기뻐하시고 온전하신 뜻이 무엇인지 분별하도록 하라
롬 11 : 33	깊도다 하나님의 지혜와 지식의 부요함이여, 그의 판단은 측량치 못할 것이며 그의 길은 찾지 못할 것이로다
욥 37 : 16	구름의 평평하게 뜬 것과 지혜가 온전하신 자의 기묘한 일을 네가 아느냐

4) 영생(永生)

인간은 영생할 수 있는 능력을 지니고 있다. 짐승은 죽으면 그 몸이 썩어짐과 함께 사라지고 만다. 그러나 인간은 영원히 사는 능력을 받았기 때문에 천국에 가서 축복 가운데 영원히 살든지 아니면 지옥에 가서 고통 가운데 영원히 살든지 하게 된다(눅 16 : 19-28 참조). 이 점이 "영생하시는 하나님"(창 21 : 33)과 닮은 모습이다.

| 창 21 : 33 | 아브라함은 브엘세바에 에셀 나무를 심고 거기서 영생하시는 하나님 여호와의 이름을 불렀으며 |

5) 지배(支配)

우주 만물을 창조하신 하나님은 그것들을 발 아래 두시고 지배하시며 다스리신다(고전 15 : 27). 그런데 하나님께서 당신의 형상대로 지음받은 아담에게 만물을 지배하고 다스리는 일을 맡기셨다(창 1 : 28). 그 이유는 사람 속에 하나님과 유사한 지배 능력이 있었기 때문이다.

> 고전 15 : 27　만물을 저의 발 아래 두셨다 하셨으니 만물을 아래 둔다 말씀하실 때에
> 만물을 저의 아래 두신 이가 그 중에 들지 아니한 것이 분명하도다
> 창 1 : 28　하나님이 그들에게 복을 주시며 그들에게 이르시되 생육하고
> 번성하여 땅에 충만하라, 땅을 정복하라, 바다의 고기와 공중의
> 새와 땅에 움직이는 모든 생물을 다스리라 하시니라

6) 자유(自由)

인간은 자기의 자유 의지로써 하나님이 금하신 선악과를 따먹었다. 이는 인간에게 하나님의 형상인 자유 의지가 있었기 때문에 가능했던 것이다(창 3 : 6-7).

이상에서 언급한 바와 같이 우리 인간 속에 있는 하나님과 교제할 수 있는 영성, 도덕성, 이성, 선한 생각, 영생의 능력, 지배권, 자유 및 애정 등은 모두 인간이 하나님의 형상과 닮은 점이다.

> 창 3 : 6-7　여자가 그 나무를 본즉 먹음직도 하고 보암직도 하고 지혜롭게
> 할만큼 탐스럽기도 한 나무인지라 여자가 그 실과를 따먹고
> 자기와 함께 한 남편에게도 주매 그도 먹은지라 이에 그들의 눈이
> 밝아 자기들의 몸이 벗은 줄을 알고 무화과나무 잎을 엮어 치마를
> 하였더라

II. 인간 창조의 목적

1. 영광을 받으시기 위함

하나님이 인간을 창조하신 목적은 영광을 받으시기 위함이다(사 43 : 7; 고전 10 : 31). 성경은 하나님이 인간 뿐만 아니라 만물을 창조하신 목적을 두고 자신이 영광을 받으시기 위함이라고 말한다(계 4 : 11; 시19 : 1). 특히 하나님은 아담을 지으시기 전에 이미 에덴동산의 모든 만물을 다 지어 놓으시고 그 동산 전체를 아담에게 주셨다(창 1 : 28). "에덴"이란 말은 기쁨이란 뜻을 가지고 있는데,

하나님은 기쁨(영광)을 얻으시고자 에덴을 창조하셨다. 에덴을 인간(아담)에게 선물로 주신 것도 거기서 인간으로부터 감사와 찬양을 받으심으로써 기쁨(영광)을 얻고자 하심이었던 것이다.

사 43 : 7	무릇 내 이름으로 일컫는 자 곧 내가 내 영광을 위하여 창조한 자를 오게 하라 그들을 내가 지었고 만들었느니라
고전 10 : 31	그런즉 너희가 먹든지 마시든지 무엇을 하든지 다 하나님의 영광을 위하여 하라
계 4 : 11	우리 주 하나님이여 영광과 존귀와 능력을 받으시는 것이 합당하오니 주께서 만물을 지으신지라 만물이 주의 뜻대로 있었고 또 지으심을 받았나이다 하더라
시 19 : 1	하늘이 하나님의 영광을 선포하고 궁창이 그 손으로 하신 일을 나타내는도다
창 1 : 28	하나님이 그들에게 복을 주시며 그들에게 이르시되 생육하고 번성하여 땅에 충만하라 땅을 정복하라 바다의 고기와 공중의 새와 땅에 움직이는 모든 생물을 다스리라 하시니라

2. 복을 주시기 위함

하나님이 태초에 "··· 남자와 여자를 창조하시고 그들에게 복을 주시며 이르시되 생육하고 번성하여 땅에 충만하라 땅을 정복하라 바다의 고기와 공중의 새와 땅에 움직이는 모든 생물을 다스리라"(창 1 : 27-28)고 하셨다. 여기서 하나님은 인간에게 세 가지 축복을 주셨다. 곧 ① 생육과 번성하는 복, ② 땅을 정복하는 복, ③ 자연 만물을 다스리는 복이다.

3. 만물의 영장을 삼으시기 위함

하나님은 인간에게 명령하시기를 "땅을 정복하라 만물을 다스리라"(창 1 : 28)고 하셨다. 하나님은 만물의 지배자 곧 만물의 영장(靈長)을 삼으시려고 인간을 지으신 것이다(시 8 : 4-8). 그리고 "사람(Adam)"이라 함은 "대리자(代理者)"라는 뜻이 있으니 하나님의 형상을 닮은 인간은 그 속에 불멸의 영성과 만물을 지배할 수 있는 도덕성, 이성, 지배권 등이 있어 조물주 하나님을 대리하여 자연 만물을 지배하는 만물의 영장으로서의 자격이 있다는 것이다. 본래 피조물은 조물주 하나님께서 스스로 통치하실 것이나 하나님은 당신의 형상을 닮은 인간에게 이를 위임하셨으니 인간은 만물을 선히 다스려 하나님의 창조의 이상과 목적을 실현함으로써 하나님께 영광이 되도록 해야 할 사명이 있다(시 8 : 4-9).

시 8 : 4-9   사람이 무엇이관데 주께서 저를 생각하시며 인자가 무엇이관데
            주께서 저를 권고하시나이까 저를 천사보다 조금 못하게 하시고
            영화와 존귀로 관을 씌우셨나이다 주의 손으로 만드신 것을
            다스리게 하시고 만물을 그 발 아래 두셨으니 곧 모든 우양과
            들짐승이며 공중의 새와 바다의 어족과 해로에 다니는 것이니이다
            여호와 우리 주여 주의 이름이 온 땅에서 어찌 그리 아름다운지요

4. 신인(神人)간의 교통을 위함

하나님께서 사람의 본성을 하나님과 비슷하게 창조하심으로써 자신과 유사(類似)한 성품을 가지게 하신 것은 신인(神人) 간의 교통(交通)을 위함이다. 두 존재가 서로 교통하려면 서로 비슷한 점과 통하는 점이 있어야 할 것이다(창 1 : 27, 3 : 8-13, 22-24 참조).

창 1 : 27   하나님이 자기 형상 곧 하나님의 형상대로 사람을 창조하시되
             남자와 여자를 창조하시고

인간의 본질적 요소

인간을 구성하고 있는 본질적 요소가 무엇이냐 하는 문제에 대하여 성경 학자들 간에는 두 가지 견해를 말하고 있다. 즉 이분설(二分說)과 삼분설(三分說)이다.

I. 이분설(二分說)

1. 이분설의 개념

이분설이란 인간이 "육체"와 "영혼"의 두 가지 본질적 요소로 구성되어 있다는 주장이다. 이분설을 지지하는 성경 학자들은 하나님이 사람을 창조하실 때에 흙으로 육체를 지으시고 그 속에 영을 불어넣으시어 영과 육이 합하여 인간이 되었다는 사실을 그대로 받아들이는 것이다(창 2 : 7).

> 창 2 : 7   여호와 하나님이 흙으로 사람을 지으시고 생기를 그 코에
> 불어넣으시니 사람이 생령이 된지라

2. 이분설의 성경적 근거

1) 구약의 증거

구약에 "흙은 여전히 땅으로 돌아가고 신은 그 주신 하나님께로 돌아가기 전에 기억하라"(전 12 : 7 참조)고 하였으니 이는 인간이 두 가지 요소, 곧 육신과 영혼으로 구성되었음이 분명하다. 성경에서는 하나님이 인간을 창조하실 때 흙으로 육체를 지으시고 그 속에 영(생기)을 불어넣으시니 생령 곧 영육이 살아 움직이는 인간이 되었다고 했다(창 2 : 7).

창 2 : 7   여호와 하나님이 흙으로 사람을 지으시고 생기를 그 코에
불어넣으시니 사람이 생령이 된지라

2) 신약의 증거

예수님께서 말씀하시기를 "몸은 죽여도 영혼은 능히 죽이지 못하는 자들을 두려
워하지 말고 오직 몸과 영혼을 능히 지옥에 멸하시는 자를 두려워하라"(마 10 : 28)
고 하셨다. 그리고 사도 바울도 "우리가 담대하여 원하는 바는 차라리 몸을 떠나 주
와 함께 거하는 그것이라"(고후 5 : 8)고 하였고, 또 "그리스도께서 너희 안에 계시
면 몸은 죄로 인하여 죽은 것이나 영은 의를 인하여 산 것이니라"(롬 8 : 10)고 하였
다(고후 7 : 1).

고후 7 : 1   그런즉 사랑하는 자들아 이 약속을 가진 우리가 하나님을
두려워하는 가운데서 거룩함을 온전히 이루어 육과 영의 온갖
더러운 것에서 자신을 깨끗케 하자

3. 영과 혼의 일체성 주장

이분설을 지지하는 성경 학자들은 영과 혼의 일체성을 주장한다. 이분설 지지
자들의 주장에 의하면 성경에 영과 혼이라 함은 영과 혼이 서로 다르다는 표현이
아니고 영과 혼이 서로 교체적으로 사용되었을 뿐이라는 것이다. 즉 성경에 죽음
은 육과 혼의 분리(혼이 떠남)라고 언급된 곳이 있는가 하면(창 35 : 18; 왕상
17 : 21; 행 5 : 5,10) 또 다른 어떤 경우에는 죽음은 육과 영의 분리(영이 떠남)
라고 언급된 경우가 있다(시 31 : 5; 눅 23 : 46; 행 7 : 59). 그러므로 성경에
"영"과 "혼"이라 함은 인간의 한 영적 요소를 두 가지 표현으로 사용되었을 뿐이
라고 보는 것이다. 그 증거는 영혼이 죽었다는 말(계 6 : 9,20 : 4)대신 어떤 경우
에는 영이 죽었다 하였고,(벧전 3 : 19; 히 12 : 23) 또 어떤 경우에는 혼이 죽었
다고(행 5 : 5,10 참조) 한 말을 들 수 있다.

창 35 : 18   그가 죽기에 임하여 그 혼이 떠나려 할 때에 아들의 이름은 베노니라
불렀으나 그 아비가 그를 베냐민이라 불렀더라

왕상 17 : 21	그 아이 위에 몸을 세 번 펴서 엎드리고 여호와께 부르짖어 가로되 나의 하나님 여호와여 원컨대 이 아이의 혼으로 그 몸에 돌아오게 하옵소서 하니
행 5 : 5	아나니아가 이 말을 듣고 엎드러져 혼이 떠나니 이 일을 듣는 사람이 다 크게 두려워하더라
행 5 : 10	곧 베드로의 발 앞에 엎드러져 혼이 떠나는지라 젊은 사람들이 들어와 죽은 것을 보고 메어다가 그 남편 곁에 장사하니
시 31 : 5	내가 나의 영을 주의 손에 부탁하나이다 진리의 하나님 여호와여 나를 구속하셨나이다
눅 23 : 46	예수께서 큰소리로 불러 가라사대 아버지여 내 영혼을 아버지 손에 부탁하나이다 하고 이 말씀을 하신 후 운명하시다
행 7 : 59	저희가 돌로 스데반을 치니 스데반이 부르짖어 가로되 주 예수여 내 영혼을 받으시옵소서 하고
계 6 : 9	다섯째 인을 떼실 때에 내가 보니 하나님의 말씀과 저희의 가진 증거를 인하여 죽임을 당한 영혼들이 제단 아래 있어
계 20 : 4	또 내가 보좌들을 보니 거기 앉은 자들이 있어 심판하는 권세를 받았더라 또 내가 보니 예수의 증거와 하나님의 말씀을 인하여 목 베임을 받은 자의 영혼들과 또 짐승과 그의 우상에게 경배하지도 아니하고 이마와 손에 그의 표를 받지도 아니한 자들이 살아서 그리스도로 더불어 천년 동안 왕 노릇하니
벧전 3 : 19	저가 또한 영으로 옥에 있는 영들에게 전파하시니라
히 12 : 23	하늘에 기록된 장자들의 총회와 교회와 만민의 심판자이신 하나님과 및 온전케 된 의인의 영들과

II. 삼분설(三分說)

1. 삼분설의 개념

이는 사람의 구성 요소가 세 가지 즉 육체와 혼과 영으로 되어 있다는 견해이다. 이는 초대 교부들의 일반적인 견해였으며 독일과 영국계의 여러 신학자들이 이설을 지지하고 있다. 삼분설을 지지하는 이들의 주장은 창조주 하나님께서 성부, 성자, 성령, 삼위일체이신 것처럼 인간도 역시 영(靈)과 혼(魂)과 육(肉)의 삼위일체적 존재로 지으셨다고 주장하는 것이다. 그리고 성부와 성자와 성령의 기능이 각각 다른 것처럼 영과 혼과 육체의 기능도 각각 다르게 창조하셨다는 것이다.

2. 삼분설의 성경적 근거

삼분설의 성경적 근거는 "… 너희 온 영과 혼과 몸이 우리 주 예수 그리스도 강림하실 때에 흠 없게 보전되기를 원하노라"(살전 5 : 23)함과 "하나님의 말씀은 살았고 운동력이 있어 좌우에 날선 어떤 검보다도 예리하여 '혼'과 '영'과 및 '관절과 골수'(육체 중에서 근본적 부분으로 몸의 표현임)를 찔러 쪼개기까지 하며…"(히 4 : 12)라고 한 말씀이다.

3. 영과 혼의 일체성 부인
1) 영과 혼이 서로 다른 점

이분설의 지지자들은 영과 혼의 일체성을 인정하므로 영과 혼을 동의어로 본다. 그러나 삼분설의 지지자들은 영과 혼을 일체로 보지 않으며 따라서 혼은 육적 생명의 원동력 또는 중심인데 대해 영은 하나님과 교제하는 최고의 부분이라고 본다. 즉 혼은 동물적 생명이나, 영은 이성적이며 불멸적인 것으로 하나님과 교통하는 역할을 하며 몸은 순수히 물질에 속한다. 또한 혼은 다른 동물과 같은 것으로 이해(理解), 감정(感情), 감각(感覺) 등을 주관하고 영은 사람에게만 있는 것으로 이성(理性), 의지(意志), 양심(良心) 등을 관장한다는 것이다.

2) 영과 혼과 육의 직능
(1) 영(靈)

인간의 영은 하나님과 접촉하는 부분이며 하나님을 모시는 기관이다. 그러므로 우리가 영을 통하지 않고는 하나님을 알 수도, 우리 속에 모실 수도 없는 것이다. 사람이 하나님을 모르는 까닭은 그의 영이 하나님과 격리(사이가 막혀 서로 떨어져 있음)되어 있기 때문이다.

(2) 혼(魂)

인간의 혼은 육체적 생명의 원동력이 되는 기관이다. 사람은 여기에 지식과 감정과 의지와 인격을 담고 있다. 그러기에 혼이 강한 사람은 자아 의지(自我 意志)가 강하고 혼이 약한 사람은 자아 의지가 약한 것이다.

(3) 육(肉)

인간의 육체는 영과 혼을 담고 있는 기관이다. 그러므로 사람이 죽으면(영혼이 떠나면) 그 몸은 분해되어 흙이 되고 마는 것이다.

3) 영과 혼과 육의 상호 관계

인간의 영과 혼과 육체의 상호 관계는 원래(처음 창조된 상태)는 영이 하나님과 교제하여 받은 하나님의 말씀(하나님의 뜻)으로 혼(자아 의식)을 다스리고, 혼은 그 말씀에 따라 육을 다스리므로 육은 처음부터 끝까지 혼과 영에게 온전히 순종하고 복종하게 되었다.

그러나 인간이 범죄하고 타락하자마자 영은 죽었고 그 결과 인간 창조의 질서가 거꾸로 뒤집혀 육이 혼을 지배하게 되었으며, 혼은 육체의 정욕과 안목의 정욕과 이생의 자랑에 따라 끌려다니게 되었다(요일 2 : 16).

요일 2 : 16　　　이는 세상에 있는 모든 것이 육신의 정욕과 안목의 정욕과 이생의 자랑이니 다 아버지께로 좇아온 것이 아니요 세상으로 좇아온 것이라

인간 영혼의 기원

Ⅰ. 인간 영혼 기원의 개념

하나님의 이성적 피조물 가운데 천사는 무성(無性)임으로 종(種)이 아니지만, 사람은 유성(有性)이므로 한낱의 종(種)이다. 그러기에 종인 사람은 한 사람이 또 다른 사람을 생식(生殖)함으로써 끊임없이 대(代)를 이어오면서 수가 증가되었고, 이와 같은 인간의 끊임없는 계대(繼代)와 수(數)의 증가는 곧 인종(人種, 신체와 영혼 포함)의 번식이 되었다.

그런데 사람은 본래 영과 육의 연합으로 이루어진 존재이므로 인종의 번식은 곧 사람의 신체와 더불어 영의 번식인 것이다.

기독교 신학에서는 인종의 번식에 있어서 신체의 번식은 생물학의 분야로 돌리고 영혼의 번식은 신학적 과제로 채택하여 사람의 영혼이 어떻게 번식하여 그 신체와 함께 수가 늘어나고 있느냐 하는 것을 연구하게 되는데, 신학계에서는 이 과제를 다룸에 있어서 그 제목을 관례적으로 "인간 영혼의 기원"이라고 표현하는 것이다.

인간 영혼의 기원에 대하여는 세 가지 신학적 견해가 있으니 곧 선재설(先在說)과 유전설(遺傳說)과 창조설(創造說)이다.

Ⅱ. 인간 영혼 기원에 대한 견해

1. 선재설(先在說)

1) 선재설의 내용

선재설은 영혼의 전세 선재(前世先在 ; 이 세상에 태어나기 전 영적 세계에 있었음)를 주장하는 설이다. 이는 각 사람의 영혼이 전세(현세 이전의 세계)에 존재하다가 신체의 초기 발전의 어떤 시점에서 그 안에 들어오게 된다는 견해이다. 유대 랍비들도 전세에 선재하는 영혼들이 천상 보고(天上寶庫)에 간수되어 있다가 신체와 연합되는 것이라고 보았다. 영혼 선재론자들의 주장에 의하면 사람의 영혼들이 전세에서 천사들처럼 성결을 유지하지 못하고 타락하여 이에 대한 형벌로 신체(身體)에 수감을 당하게 된 것이라고 한다.

교부 오리겐은 선재설을 지지하여 현세 인간의 죄는 전세 상태의 죄가 인간 세계에 들어온 것이라 하여 인간 죄의 기원을 전세의 타락에 두었다. 그리고 사람의 영혼들이 현세에 처하여 있는 상태는 전세에서 있었던 일들을 반영해 주는 것이며, 전세에서 영혼들의 행위가 다양했기 때문에 그에 대한 보응으로 현세에 다양한 상태로 출생하게 되는 것이라 한다. 다시 말하면 하나님께서는 공의로우셔서 모든 영혼들을 동등하게 지으셨지만 이 세상에서 물질적으로, 도덕적으로 불공평하고 불규칙한 상태는 그들의 전세에서의 다양한 죄에 대한 보응이라는 것이다.

2) 선재설의 성경적 근거

선재설은 한마디로 비성경적이다. 과거에 한때 이 견해는 사람이 출생할 때 다 죄인으로 태어난다는 사실을 가장 자연스럽게 설명해 준다고 보았으나 현재 이 학설은 전혀 지지를 얻지 못한다. 그리고 선재설의 근거로 제시하는 성경 말씀 즉, 날 때부터 소경된 사람에 대하여 제자들이 예수님께 물었던 "… 이 사람이 소경으로 난 것이 뉘 죄로 인함이오니까 자기오니이까…"(요 9 : 1-2)는 영혼의 선재 사상이 아니라 복 중의 아이도 범죄할 수 있다는 사상을 표현한 것이라 하겠다 (창 25 : 26; 눅 1 : 41-44 참조). 또, "내가 은밀한 데서 지음을 받고…"(시 139 : 15)라는 말씀도 태 중에서 은밀하게 신체가 형성되고, 발전되는 것을 표현한 말씀임이 분명하다.

그리고 인류의 모든 질고(疾苦)와 재난과 사망이 아담의 죄의 결과라고 성경이 가르치고 있음에도 불구하고(창 3 : 17; 롬 5 : 12) 인간의 죄의 기원을 전세의 타락에다 두는 선재설은 성경적이 아니다.

창 25 : 26 　 후에 나온 아우는 손으로 에서의 발꿈치를 잡았으므로 그 이름을

야곱이라 하였으며 리브가가 그들을 낳을 때에 이삭이 육십
세이었더라

창 3 : 17 아담에게 이르시되 네가 네 아내의 말을 듣고 내가 너더러 먹지
말라 한 나무 실과를 먹었은 즉 땅은 너로 인하여 저주를 받고 너는
종신토록 수고하여야 그 소산을 먹으리라

롬 5 : 12 이러므로 한 사람으로 말미암아 죄가 세상에 들어오고 죄로
말미암아 사망이 왔나니 이와 같이 모든 사람이 죄를 지었으므로
사망이 모든 사람에게 이르렀느니라

2. 유전설(遺傳設)

1) 유전설의 내용

이는 자녀의 영혼이 그 부모의 영혼으로부터 유전되어 출생한다는 견해이다.
즉 사람의 영혼은 신체와 함께 부모로부터 자손에게로 생식에 의하여 유전된다는
것이다. 유전설은 사람의 영혼이 그 육체와 함께 부모에게서 출생함으로써 번식
하게 된다는 것인데 이는 곧 "영혼은 영혼으로부터 출생되고, 육체는 육체로부터 출
생된다"는 것이 아니고 오직 "온전한 사람(영혼과 육체가 연합된)이 온전한 사람으
로부터 출생된다"는 견해이다.

2) 유전설의 성경적 근거

(1) 하나님께서 단 한번 최초의 사람 아담의 코에 생기(生氣)를 불어넣으시고
그 다음에는 인종의 번식을 사람의 자연적 생식에 의탁하셨다(창 1 : 28, 2 : 7)는
것이다.

(2) 하와는 아담의 몸의 일부를 떼어서 만들었다고 하였을 뿐, 그의 영혼 창조
에 대하여는 전혀 언급이 없으니(창 2 : 2) 이는 그의 영혼의 창조가 아담의 영혼
창조에 포함되었음을 의미한다(창 2 : 23)고 보는 것이다. 즉 "하와는 아담에게서
출생하였다"고 하였으니(고전 11 : 8) 아담에게서 하와가 출생될 때에 육체와 영
혼이 함께 출생되어졌다는 것이다.

(3) 하나님은 인간을 지으신 후에 창조의 사역을 쉬셨다(창 2 : 2)

(4) 성경에 후손은 조상의 허리에 있었다고 언급하였다(창 46 : 26; 히 7 : 10)

창 1 : 28	하나님이 그들에게 복을 주시며 그들에게 이르시되 생육하고 번성하여 땅에 충만하라 땅을 정복하라 바다의 고기와 공중의 새와 땅에 움직이는 모든 생물을 다스리라 하시니라
창 2 : 7	여호와 하나님이 흙으로 사람을 지으시고 생기를 그 코에 불어넣으시니 사람이 생령이 된지라
창 2 : 2	하나님이 지으시던 일이 일곱째 날이 이를 때에 마치니 그 지으시던 일이 다하므로 일곱째 날에 안식하시니라
고전 11 : 8	남자가 여자에게서 난 것이 아니요 여자가 남자에게서 났으며
창 2 : 23	아담이 가로되 이는 내 뼈 중의 뼈요 살 중의 살이라 이것을 남자에게서 취하였은 즉 여자라 칭하리라 하니라
창 46 : 26	야곱과 함께 애굽에 이른 자는 야곱의 자부 외에 육십육 명이니 이는 다 야곱의 몸에서 나온 자며
히 7 : 10	이는 멜기세덱이 아브라함을 만날 때에 레위는 아직 자기 조상의 허리에 있었음이니라

3) 유전설의 문제점

유전설의 주장은 하나님이 사람과 세계를 창조하신 후로는 다만 매개적인 방법을 통해서만 역사하시어 종(種)을 번식케 하신다고 전제하고 있으나 이는 성경적으로 확증할 수가 없다. 왜냐하면 하나님께서 만물을 일단 창조하시고 거기서 손을 떼신 것이 아니기 때문이다(시 104 : 30). 그리고 유전설의 주장대로 하면 예수님께서도 육체와 함께 영혼을 죄 있는 마리아에게서 받았다고 해야 하는데 그렇게 되면 예수님의 원죄(유전죄)로부터의 무죄성을 변호할 길이 없다.

시 104 : 30	주의 영을 보내어 저희를 창조하사 지면을 새롭게 하시나이다

3. 창조설(創造說)

1) 창조설의 내용

창조설은 사람의 영혼이 부모의 영혼으로부터 유전이나 생식되지 아니하고 하나님의 직접적인 사역에 의하여 각 개인의 영혼이 창조되어진다는 견해이다. 창조설은 앞에서 거론한 선재설이나 유전설보다 더 성경적이고 합리적인 견해로 지지를 받고 있다.

2) 창조설의 성경적 근거

(1) 신혼(身魂)의 상이(相異)한 기원(起源)

태초에 하나님이 인간을 창조하실 때 신체의 기원과 영혼의 기원을 분명히 구별하셨으니 즉 신체는 땅으로부터, 영혼은 직접 하나님으로부터 부여된 것이다(창 2 : 7). 그러기에 신체와 영혼은 실상이 서로 다를 뿐 아니라 그 기원도 서로 다르다. 그리고 또 성경에 "흙은 여전히 땅으로 돌아가고 신은 그 주신 하나님께로 돌아가기 전에…"(전 12 : 7)라고 하였고 "… 땅 위의 백성에게 호흡을 주시며 땅에 행하는 자에게 신을 주시는 하나님…"(사 42 : 5)이라고 하였다.

> 창 2 : 7   여호와 하나님이 흙으로 사람을 지으시고 생기를 그 코에 불어넣으시니 사람이 생령이 된지라

(2) 하나님의 영혼 창조(靈魂創造)의 사실

성경은 분명히 영혼은 하나님께서 지으신다는 것을 강조하고 있다. 즉 "하나님이 흙으로 사람을 지으시고 생기를 그 코에 불어넣으시니 사람이 생령이 된지라"(창 2 : 7)고 한 말씀과 "여호와 곧… 사람 안에 심령을 지으신 자…"(슥 12 : 1)라고 한 말씀이 그것이다.

(3) 하나님을 영의 아버지라 함

성경에서 하나님을 "모든 영의 아버지"(히 12 : 9)라 함은, 하나님을 육체의 아버지와 구별하는 동시에 하나님께서 모든 영혼을 직접 지으신 영혼의 아버지이심

을 의미하는 것이다. 그리고 또 성경에 "모든 육체의 생명의 하나님"이라 함은(민 16 : 22) 곧 육체에 연합된 영혼의 신적 기원(神的 起源)을 가르쳐 주는 것이다. 이로써 우리의 육체는 부정모혈(父精母血)로써 유전되어진다 하여도 하나님의 형 상인 영혼은 하나님의 직접적인 창조에 의하여 존재함이 틀림없다는 것이다.

> 히 12 : 9　　 또 우리 육체의 아버지가 우리를 징계하여도 공경하였거든 하물며
> 　　　　　　 모든 영의 아버지께 더욱 복종하여 살려 하지 않겠느냐
> 민 16 : 22　 그 두 사람이 엎드려 가로되 하나님이여 모든 육체의 생명의
> 　　　　　　 하나님이여 한 사람이 범죄하였거늘 온 회중에게 진노하시나이까

4. 결론적 요약
1) 신중을 요하는 문제

인간 영혼의 기원에 대한 논란은 신중을 요하는 신학적 과제이다. 성경은 아담 의 경우를 제외하고는 사람의 영혼의 기원에 대하여 직접적으로 언급하지 않고 있다. 그러므로 전술한 각 견해들에서 인용된 몇 개의 성경 귀절들은 각 주장들 을 뒷받침해 주는 결정적인 증거가 된다고 볼 수 없다. 그러므로 우리는 이 문제 에 대하여 신중하게 말하여야 할 것이며 성경에 기록된 이상으로 상상하고 추측 하여 말해서도 안될 것이다.

2) 각설의 주장과 난제

(1) 선재설과 난제

❖ 사람의 영혼이 신체와의 연합되는 것을 영혼의 형벌이라 하여 신체를 영혼 의 감옥으로 보는 것은 이교(異敎) 철학에서 사람에 대하여 가르치는 물질과 영 혼의 이원론에 기초한 사상이다.

❖ 사람의 영혼이 맨 처음에는 신체 없이 존재하였으나 나중에 신체를 취하였 다 함은 곧 사람이 신체 없이 완전하였다 함인데 이는 실질적으로 사람과 천사의 구별을 파괴하는 것이 된다.

❖ 사람의 영혼이 전세에서 시험의 매개물인 육신이 없는 가운데 타락하였다고 하는 것은 성경의 계시에 부합하지 않다(창 1 : 27; 롬 5 : 12,19).

❖ 그리고 모든 영혼들이 현재 생활에 들어오기 전에 존재하였다고 함은 인류의 계통을 파괴하는 것이 된다. 그것은 전세에서부터 존재하는 독립된 개개의 영혼들은 종족을 구성하거나 종족의 계통을 이룰 수가 없기 때문이다.

❖ 선재설은 사람의 의식적 뒷받침을 받지 못하고 있다. 즉 사람은 결코 현세 이전의 전세에서의 생활에 대한 의식을 가지고 있지 않으며, 또 신체가 영혼의 감옥 또는 형벌 장소임을 의식하지 못하고 있는 것이다.

창 1 : 27   하나님이 자기 형상 곧 하나님의 형상대로 사람을 창조하시되
              남자와 여자를 창조하시고

롬 5 : 12   이러므로 한 사람으로 말미암아 죄가 세상에 들어오고 죄로
              말미암아 사망이 왔나니 이와 같이 모든 사람이 죄를 지었으므로
              사망이 모든 사람에게 이르렀느니라

롬 5 : 19   한 사람의 순종치 아니함으로 많은 사람이 죄인된 것같이 한 사람의
              순종하심으로 많은 사람이 의인이 되리라

(2) 유전설과 난제

❖ 영혼이 부모의 것으로부터 유전되어진다 함은 영혼의 단순성이라는 신학적 원리에 모순된다. 또 영혼은 분할할 수 없는 순전한 영적 실체인데, 유전설에는 영혼의 생식은 자녀의 영혼이 부모의 영혼에서 분할되는 것이라 한다.

❖ 인간의 영혼이 그 부모의 영혼에서 분할되어지는 것이라면 도대체 자녀의 영혼이 아버지의 영혼으로부터 기원하는 것일까, 혹은 어머니의 영혼으로부터 기원하는 것일까, 아니면 부모 양친에게서 분할되어 오는 것일까? 만일 그렇다면 자녀의 영혼은 합성체란 말인가? 하는 문제가 제기된다.

❖ 유전설은 원시적 창조 후에 하나님은 영혼의 번식에 대하여 간접적으로만 역사하신다는 추측을 토대로 하고 있다. 유명한 주석가 델리취(Delizsch)는 하나님이 영혼들을 계속적으로 직접 창조하신다면 하나님의 자연 세계에 대한 관계가 모순된다고 하였다. 그러나 만약 그렇다고 하면 제2원인에 의해 영향을 받지 않고 순전히 하나님의 능력으로 이루어지는 중생(重生)의 사실은 어찌된 일인가? 하는 의문이 제기된다.

❖ 유전설에는 그리스도가 여인에게서 난 여인의 후손으로서 그분의 몸과 영혼이 인생의 모친 마리아의 몸과 영혼으로부터 인출(引出)되셨다고 한다. 그리고 만일 그러지 아니하였으면 그리스도는 참사람이 아니었으며 따라서 사람들의 구속주도 될 수 없었을 것이라고 주장한다. 그러나 만일 예수님께서 그 육체와 영혼을 다 같이 죄 있는(타락한 인간성) 마리아에게서 받았으므로 아담 안에서 범죄한 다른 사람들과 같은 인간성을 취하셨다고 한다면, 그리스도의 인성의 무죄성은 변호할 길이 없게 되는 것이다.

그리고 그리스도가 다른 모든 사람들과 같이 죄로 부패하고 오염된 아담의 본체의 분여자(分與者)라 하면 그분은 죄책을 지지 않으실 수 없으며 구속주가 되실 수는 더욱 없는 것이다. 그러나 성경이 밝히 증거하기를 그리스도의 탄생은 다른 사람들과 같이 부정모혈로써(인간의 본능적 방법에 의하여) 되지 않고 오직 성령으로(마 1 : 20, 23)된 것이라 하였으니 그리스도는 아담의 죄책이나 오염의 전승(傳承)을 면하도록 특별한 창조를 받으셨음이 확실하다(요 3 : 6).

마 1 : 20	이 일을 생각할 때에 주의 사자가 현몽하여 가로되 다윗의 자손 요셉아 네 아내 마리아 데려오기를 무서워 말라 저에게 잉태된 자는 성령으로 된 것이라
마 1 : 23	보라 처녀가 잉태하여 아들을 낳을 것이요 그 이름은 임마누엘이라 하리라
요 3 : 6	육으로 난 것은 육이요 성령으로 난 것은 영이니

(3) 창조설과 난제

❖ 각 개인의 영혼을 하나님께서 직접 창조하신다고 하면 "왜 부모의 정신적, 도덕적 품성과 기질의 특징이 그 자녀들에게서 재현되고 있느냐"에 대해서는 설명이 곤란하다.

❖ 인간의 영혼 창조설은 하나님을 적어도 죄에 대한 간접적, 도덕적 책임이 있는 악의 창시자(創始者)로 만드는 것이다. 그것은 하나님께서 순결한 영혼을 필연적으로 부패시킬 죄악된 육체(죄의 오염된 신체)속에 넣어서 마침내는 그 영혼을 부패하도록 만드는 것이 되기 때문이다. 이는 창조론의 심각한 신학적 난제인 것이다.

그러나 유의해야 할 것은 창조설에는 유전설에서와 같이 원죄(유전죄)를 전적으로 일종의 상속물로 간주하지는 않는다. 즉 아담의 후손들이 죄인인 것은 그들이 죄악된 신체와 접촉한 결과 때문이 아니라 하나님이 그들에게 아담의 본래적인 불순종을 전가하셨기 때문이라고 보는 것이다. 그러나 이상의 난제들을 포함하고 있음에도 불구하고 창조설은 선재설이나 유전설보다 가장 지지를 받고 있다. 그것은 다른 설보다 성경의 교리에 가장 접근되어 있기 때문이다.

원인(原人)

I. 원인의 형상

성경의 계시는 사람의 원시 상태(原始狀態)가 "하나님의 형상"과 유사하다고 가르쳐 주고 있다(창 1 : 26-27, 9 : 6; 약 3 : 9). 원인의 형상이 "하나님의 형상"이라 함은 사람의 외형이 하나님을 닮았다 함이 아니라 사람의 내적 형상, 즉 도덕성(道德性)과 영성(靈性)과 진선미(眞善美)를 추구하고 실행하는 능력과 진리를 이해하는 이해력과 아름다운 것을 창조하고 옳고 선한 일을 행하는 성품과 능력 등이 하나님의 그것과 근사하다는 의미이다. 하나님은 영이시라 외형(外形)이 없으시다. 그러면 사람 안에 있는 하나님의 형상은 어떤 것일까?

창 1 : 26-27	하나님이 가라사대 우리의 형상을 따라 우리의 모양대로 우리가 사람을 만들고 그로 바다의 고기와 공중의 새와 육축과 온 땅과 땅에 기는 모든 것을 다스리게 하자 하시고 하나님이 자기 형상 곧 하나님의 형상대로 사람을 창조하시되 남자와 여자를 창조하시고
창 9 : 6	무릇 사람의 피를 흘리면 사람이 그 피를 흘릴 것이니 이는 하나님이 자기 형상대로 사람을 지었음이니라
약 3 : 9	이것으로 우리가 주 아버지를 찬송하고 또 이것으로 하나님의 형상대로 지음을 받은 사람을 저주하나니

1. 사람 안에 있는 하나님의 형상

1) 선과 지식과 의와 거룩함

사람 안에 있는 하나님의 형상은 "참된 지식"(골 3 : 10)과 "의"와 "거룩함"(엡 4 : 24)의 성질이다. 성경은 하나님이 사람을 창조하시되 심히 선하게(창 1 : 31),

정직하게(전 7 : 29), 완전한 지식과(골 3 : 10), 의와 거룩하게(엡 4 : 24) 지으셨다고 한다.

골 3 : 10   새 사람을 입었으니 이는 자기를 창조하신 자의 형상을 좇아
                지식에까지 새롭게 하심을 받는 자니라

창 1 : 31   하나님이 그 지으신 모든 것을 보시니 보시기에 심히 좋았더라
                저녁이 되며 아침이 되니 이는 여섯째 날이니라

전 7 : 29   나의 깨달은 것이 이것이라 곧 하나님이 사람을 정직하게
                지으셨으나 사람은 많은 꾀를 낸 것이니라

엡 4 : 24   하나님을 따라 의와 진리의 거룩함으로 지으심을 받은 새 사람을
                입으라

2) 영성(靈性)

하나님의 형상에는 선과 지식과 의와 거룩함 외에 영성의 요소가 포함되는데, 하나님의 형상인 사람 안에도 이 영성이 있는 것이다(창 2 : 7). 사람의 영혼은 비록 신체와 연합되어 있고 신체에 적응해야 하지만 어떤 경우에는 혼자 독립적으로 존재할 수도 있으니 이점에서 사람은 영이신 하나님의 형상을 닮았다고 하는 것이다.

창 2 : 7   여호와 하나님이 흙으로 사람을 지으시고 생기를 그 코에
              불어넣으시니 사람이 생령이 된지라

3) 불멸성(不滅性)

하나님의 형상 안에 포함된 또 다른 요소는 불멸성이다. 성경이 하나님은 불멸성이라고 가르치고 있다(딤전 6 : 16). 그리고 하나님의 형상을 닮은 인간에게도 불멸성이 있음을 보여 주고 있다(창 2 : 17,3 : 22; 요 11 : 25-26). 본래 하나님은 인간을 불멸성(죽음의 씨를 가지지 아니한 상태)으로 지으셨으며, 인간 안에 있는 이 불멸성은 곧 불멸하시는 하나님의 형상이었다. 그러나 인간이 범죄함으로 인하여 그 죄에 대한 형벌로(롬 6 : 23) 죽음이 찾아온 것이다(창 2 : 17; 롬 5 :

12: 고전 15 : 21-22).

딤전 6 : 16	오직 그에게만 죽지 아니함이 있고 가까이 가지 못할 빛에 거하시고 아무 사람도 보지 못하였고 또 볼 수 없는 자시니 그에게 존귀와 영원한 능력을 돌릴지어다 아멘
창 2 : 17	선악을 알게 하는 나무의 실과는 먹지 말라 네가 먹는 날에는 정녕 죽으리라 하시니라
창 3 : 22	여호와 하나님이 가라사대 보라 이 사람이 선악을 아는 일에 우리 중 하나같이 되었으니 그가 그 손을 들어 생명 나무 실과도 따먹고 영생할까 하노라 하시고
요 11 : 25-26	예수께서 가라사대 나는 부활이요 생명이니 나를 믿는 자는 죽어도 살겠고 무릇 살아서 나를 믿는 자는 영원히 죽지 아니하리니 이것을 네가 믿느냐
롬 6 : 23	죄의 삯은 사망이요 하나님의 은사는 그리스도 예수 우리 주 안에 있는 영생이니라
롬 5 : 12	이러므로 한 사람으로 말미암아 죄가 세상에 들어오고 죄로 말미암아 사망이 왔나니 이와 같이 모든 사람이 죄를 지었으므로 사망이 모든 사람에게 이르렀느니라
고전 15 : 21-22	사망이 사람으로 말미암았으니 죽은 자의 부활도 사람으로 말미암는도다 아담 안에서 모든 사람이 죽은 것같이 그리스도 안에서 모든 사람이 삶을 얻으리라

4) 통치 권위(統治權威)

하나님은 본래 사람을 육지와 바다와 공중의 모든 피조물을 통치할 수 있는 만물의 영장으로 지으셨다(창 1 : 26). 따라서 사람에게는 통치의 권위가 있으며 이 통치의 권위는 만유의 주가 되시며 만유를 다스리는 하나님의 형상과 근사한 것이다. 만물이 다 사람 앞에 순종하고 짐승들이 사람을 두려워하는 것은 사람에게 만유의 주인되시는 하나님의 형상(통치의 권위)이 나타나고 있기 때문이다.

어떤 이는 인간의 만물 통치 권위(萬物統治權威)를 하나님이 부여하신 단순한 직권에 불과하다고 간주할 뿐, 그것을 하나님의 형상의 일부라고 보지는 않는다.

그러나 하나님이 자기 형상대로 사람을 지으실 것을 선언하시면서 아울러 그 사람이 곧 피조물에 대한 통치자일 것을 말씀하신 것을 보면 사람의 만물 통치 권위는 곧 하나님의 형상의 일부임이 틀림없다(창 1 : 26). 성경에 하나님이 사람에게 관(冠)을 씌우신 영화와 존귀라고 말한 것은 곧 만물 통치의 권위를 의미하는 것이다(시 8 : 5-6).

창 1 : 26　　　하나님이 가라사대 우리의 형상을 따라 우리의 모양대로 우리가
　　　　　　　사람을 만들고 그로 바다의 고기와 공중의 새와 육축과 온 땅과
　　　　　　　땅에 기는 모든 것을 다스리게 하자 하시고
시 8 : 5-6　　저를 천사보다 조금 못하게 하시고 영화와 존귀로 관을
　　　　　　　씌우셨나이다 주의 손으로 만드신 것을 다스리게 하시고 만물을
　　　　　　　그 발 아래 두셨으니

2. 하나님의 형상을 상실함

하나님의 형상으로 지음을 받은 사람은 하나님과의 언약을 어기고 선악과를 따먹고 타락함으로써 하나님의 형상을 상실하고 말았다(롬 3 : 23; 엡 2 : 1). 그러나 그리스도의 구속의 은혜로 말미암아 영적 새창조에 의한 그 형상의 회복이 가능하게 된 것이다(고후 5 : 17; 엡 4 : 23-24). 신약성서에는 그리스도 안에서 원상(原狀) 회복된 새사람을 가리켜 "하나님의 형상"(창 1 : 27), 혹은 "그리스도의 형상"(갈 4 : 19; 고후 4 : 4), "새로운 피조물"(고후 5 : 17) 등으로 표현하고 있다. 이는 죄악으로 인하여 타락한 인간이 그리스도의 구속의 은혜를 받고 참된 지식(골 3 : 10)과 의와 거룩함(엡 4 : 24)의 형상을 회복하였음을 의미하는 것이다.

롬 3 : 23　　모든 사람이 죄를 범하였으매 하나님의 영광에 이르지 못하더니
엡 2 : 1　　　너희의 허물과 죄로 죽었던 너희를 살리셨도다
고후 5 : 17　그런즉 누구든지 그리스도 안에 있으면 새로운 피조물이라 이전
　　　　　　　것은 지나갔으니 보라 새것이 되었도다
엡 4 : 23-24　오직 성령으로 새롭게 되어 하나님을 따라 의와 진리의 거룩함으로
　　　　　　　지으심을 받은 새 사람을 입으라
창 1 : 27　　하나님이 자기 형상 곧 하나님의 형상대로 사람을 창조하시되

남자와 여자를 창조하시고

갈 4 : 19   나의 자녀들아 너희 속에 그리스도의 형상이 이루기까지 다시
            너희를 위하여 해산하는 수고를 하노니

고후 4 : 4   그 중에 이 세상 신이 믿지 아니하는 자들의 마음을 혼미케 하여
            그리스도의 영광의 복음의 광채가 비취지 못하게 함이니 그리스도는
            하나님의 형상이니라

골 3 : 10   새 사람을 입었으니 이는 자기를 창조하신 자의 형상을 좇아
            지식에까지 새롭게 하심을 받는 자니라

엡 4 : 24   하나님을 따라 의와 진리의 거룩함으로 지으심을 받은 새 사람을
            입으라

II. 원인의 상태

원인(원시인, 原始人)의 상태라 함은 최초의 인간, 즉 아담과 하와가 범죄하기 이전의 그 심령과 신체적 상태를 의미한다.

1. 심령 상태

1) 살았음

성경에서는 하나님이 흙으로 사람의 신체를 지으시고 "··· 생기를 그 코에 불어넣으시니 사람이 생령이 된지라"(창 2 : 7)고 하였다. 최초의 사람, 즉 타락 전 원인(原人)의 심령 상태는 살아 있었다. 그러나 그가 범죄하므로 인하여 그 심령은 죽게 된 것이다(창 2 : 17; 엡 2 : 1).

창 2 : 17   선악을 알게 하는 나무의 실과는 먹지 말라 네가 먹는 날에는 정녕
            죽으리라 하시니라

엡 2 : 1   너희의 허물과 죄로 죽었던 너희를 살리셨도다

2) 성결함

하나님이 최초에 창조하신 원래의 인간은 완전히 의롭고 거룩한 상태였다. 그것은 그가 의와 거룩함을 지니신 하나님의 형상을 따라 지음을 받았기 때문이다

(엡 4 : 24; 창 1 : 27,31).

엡 4 : 24	하나님을 따라 의와 진리의 거룩함으로 지으심을 받은 새 사람을 입으라
창 1 : 27	하나님이 자기 형상 곧 하나님의 형상대로 사람을 창조하시되 남자와 여자를 창조하시고
창 1 : 31	하나님이 그 지으신 모든 것을 보시니 보시기에 심히 좋았더라 저녁이 되며 아침이 되니 이는 여섯째 날이니라

2. 신체적 상태

1) 완전 성숙의 상태

최초의 사람 아담은 영아(젖먹이)로 창조된 것이 아니라 장성한 사람의 신체로 창조되었다. 그리고 그 신체는 처음부터 모든 부분이 성숙하고 완비되어 균형을 이루고 있었다. 영혼의 성질과도 완전히 적응, 영혼과 육체가 잘 조화·협동(調和協同)하여 둘 사이에 전혀 충돌을 느낄 수 없었으며, 결함이 전혀 없고 질병이 없는 충실한 건강의 상태였다.

2) 불사의 상태

사람은 본래 죽지 않고 영생하도록 창조되었으니 원인(原人)은 불사성(不死性) 인간이었다. 그리고 이 불사성은 영혼에만 아니라 신체에도 적용되는 것이다. 첫 사람 아담을 "산 영"(고전 15 : 45)이라 하였으니 여기서 "산 영"은 육신의 생명을 의미하는 것으로 본래 아담의 신체는 죽음의 씨(종자, 種子)를 가지지 않은 불사성이었으나 그가 범죄함으로 말미암아 불사성을 상실하고 죽게 된 것이다(창 2 : 17; 창 3 : 19; 롬 5 : 12).

| 고전 15 : 45 | 기록된바 첫 사람 아담은 산 영이 되었다 함과 같이 마지막 아담은 살려 주는 영이 되었나니 |
| 창 2 : 17 | 선악을 알게 하는 나무의 실과는 먹지 말라 네가 먹는 날에는 정녕 죽으리라 하시니라 |

| 창 3 : 19 | 네가 얼굴에 땀이 흘러야 식물을 먹고 필경은 흙으로 돌아가리니 그 속에서 네가 취함을 입었음이라 너는 흙이니 흙으로 돌아갈 것이니라 하시니라 |
| 롬 5 : 12 | 이러므로 한 사람으로 말미암아 죄가 세상에 들어오고 죄로 말미암아 사망이 왔나니 이와 같이 모든 사람이 죄를 지었으므로 사망이 모든 사람에게 이르렀느니라 |

3) 행복의 상태

최초의 사람 아담은 에덴의 낙원에서 심신이 항상 희락(컨디션이 아주 좋은)하여(살전 5 : 23) 행복한 상태에 있었다. "에덴"이란 말은 "희락" 혹은 "기쁨"이란 의미가 있으니, 에덴의 낙원은 과연 문자 그대로 아담의 심신을 최고로 행복하게 해줄 수 있는 곳이었다. 아담이 평화스럽고 아름답고 풍요로운 에덴동산을 다스리며 동산 각종 나무 실과를 마음대로 먹고 안식을 누리는 것은 괴로운 작업이 아니라 마냥 유쾌한 활동이요, 기쁨과 평안과 만족과 보람 속에 결핍 의식이 전혀 없는 희열의 상태였다. 그러나 그가 범죄함으로 말미암아 "유쾌한 활동"은 "괴로운 작업"으로 바뀌게 되었고, 기쁨과 안식과 평화와 보람이 넘치는 행복의 상태는 괴로움의 상태로 바뀌게 되었던 것이다(창 3 : 17-19).

| 창 3 : 17-19 | 아담에게 이르시되 네가 네 아내의 말을 듣고 내가 너더러 먹지 말라 한 나무 실과를 먹었은즉 땅은 너로 인하여 저주를 받고 너는 종신토록 수고하여야 그 소산을 먹으리라 땅이 네게 가시덤불과 엉겅퀴를 낼 것이라 너의 먹을 것은 밭의 채소인즉 네가 얼굴에 땀이 흘러야 식물을 먹고 필경은 흙으로 돌아가리니 그 속에서 네가 취함을 입었음이라 너는 흙이니 흙으로 돌아갈 것이니라 하시니라 |
| 살전 5 : 23 | 평강의 하나님이 친히 너희로 온전히 거룩하게 하시고 또 너희 온 영과 혼과 몸이 우리 주 예수 그리스도 강림하실 때에 흠 없게 보전되기를 원하노라 |

III. 원인의 위치

1. 행위 계약 안에 있는 인간

1) 행위 계약(원시 계약)의 개념

하나님은 최초의 사람인 아담과 계약 관계를 체결하셨다. 그것은 곧 "… 동산 각종 나무의 실과는 네가 임의로 먹되 선악을 알게 하는 나무의 실과는 먹지 말라 네가 먹는 날에는 정녕 죽으리라"(창 2 : 16-17)는 것이었다. 이 언약을 가리켜서 행위 계약(行爲契約) 또는 원시 계약(原始契約)이라고 한다. 인간은 범죄 타락 전에 하나님과의 관계에 있어서 이 행위 계약(원시 계약) 안에 있었으니 인간은 이 계약(언약)만 지키면 하나님께로부터 영원한 생명과 행복을 보장받게 되어 있었다. 그러나 인간은 불행하게도 사단의 유혹에 빠져 이 언약을 지키지 못하고 위약(違約)함으로써 죄와 저주의 죽음을 초래하였다(창 2 : 17,3 : 16-19 참조; 롬 5 : 12).

> 창 2 : 17　　선악을 알게 하는 나무의 실과는 먹지 말라 네가 먹는 날에는 정녕 죽으리라 하시니라
> 롬 5 : 12　　이러므로 한 사람으로 말미암아 죄가 세상에 들어오고 죄로 말미암아 사망이 왔나니 이와 같이 모든 사람이 죄를 지었으므로 사망이 모든 사람에게 이르렀느니라

2) 원시 계약과 율법

하나님과의 관계에서 인간의 행위 계약은 원시 계약과 언약의 율법으로 구분할 수 있다.

(1) 원시 계약(原始契約)

하나님은 최초의 사람 아담을 인류의 대표로 하여 인간에게 영원한 생명과 행복을 주시고자 에덴의 낙원에 생명나무와 선악과를 두시고 "선악을 알게 하는 나무의 실과는 먹지 말라 먹는 날에는 네가 정녕 죽으리라"는 언약을 세우셨다. 이것이 곧 원시 계약인 동시에 인간의 행위 계약이다.

(2) 율법(律法)

하나님은 인간과 원시 계약을 체결하셨지만 인류의 대표 아담이 사탄의 유혹에 빠져 선악과를 따먹고 계약을 파약하고 타락하므로 자기 자신은 물론 그 후손(전 인류)까지 모두 다 죄와 저주와 죽음의 길에서 허덕이게 되었다. 그러나 하나님께서는 보시고 불쌍히 여기사 구원을 주시려고 인류를 대표하는 선민 이스라엘 민족을 상대로 다시 언약을 맺으심으로써 구원의 길을 열어 주셨으니 이 언약을 가리켜 율법이라고 한다(출 20 : 3-17; 신 30 : 15-20; 렘 7 : 23).

이 율법은 바로 구약이라는 행위 계약이며, 모세에게 주신 십계명은 바로 그 행위 계약의 핵심인 것이다. 그리고 원시 계약을 어기고 에덴에서 추방되므로 씻을 수 없는 죄의식과 죽음의 공포에 사로잡혀 있는 인간에게 율법만 이행하면 구원하여 주시겠다는 하나님의 언약은 사실 행위 계약이라기보다 즐거운 복음이었다. 그러나 본래 부패한 인간인지라 불행하게도 이 계약을 지키지 못하게 되었으니(호 6 : 7) 인류를 대표하는 이스라엘 백성들은 여호와 하나님을 섬기는 대신에 우상을 섬기고, 여호와를 의지하는 대신에 이방 나라의 왕을 의지하고 하나님의 능력보다 군사력을 의지했던 것이다.

그리고 또 그들은 "살인하지 말라"고 하였으나 살육을 자행하였고, "도적질하지 말라"고 하였으나 도적질하고 약탈하고 약자를 속이고 착취하여 치부하였던 것이다. 이리하여 율법이란 행위 계약도 인간 편에서 일방적으로 위약하고 파기하고 말았다. 그리하여 율법으로써는 도저히 구원의 가능성이 없게 되었다. 율법은 원래 인간의 짐을 가볍게 해줄 수 있는 것이었으니 인간은 오직 율법만 충실히 지키면 구원을 얻을 수 있었던 것이다(레 18 : 5). 그러나 인간이 율법을 지키지 못했기 때문에 오히려 율법은 인간에게 더 한층 무거운 짐이 되었다(시 143 : 2; 신 27 : 6; 롬 11 : 32).

율법이 없었을 때에는 무엇이 죄인지 잘 알 수가 없었으나 율법이 있은 후부터는 율법이 항상 정죄하게 되었고, 그 결과 인간에게는 한 가지 더 무거운 짐이 생겼는데 곧 인간에게 있던 "죄"와 "죽음" 두 가지 문제가 이제 "죄"와 "죽음"과 "율법"의 세 가지 문제가 되고 말았다(롬 4 : 15,5 : 13). 그러나 이스라엘 백성들은 율법의 조문에만 신경을 쓰고 그 율법의 정신인 "사랑과 자비"는 망각해 버렸기 때문에 율법은 그들에게 무거운 짐이요, 구원을 위해서는 무능한 것이 되고 말았다.

출 20 : 3-17 너는 나 외에는 다른 신들을 네게 있게 말찌니라 너를 위하여 새긴 우상을 만들지 말고 또 위로 하늘에 있는 것이나 아래로 땅에 있는 것이나 땅아래 물속에 있는 것의 아무 형상이든지 만들지 말며 그것들에게 절하지 말며 그것들을 섬기지 말라 나 여호와 너의 하나님은 질투하는 하나님인즉 나를 미워하는 자의 죄를 갚되 아비로부터 아들에게로 삼 사대까지 이르게 하거니와 나를 사랑하고 내 계명을 지키는 자에게는 천 대까지 은혜를 베푸느니라 너는 너의 하나님 여호와의 이름을 망령되이 일컫지 말라 나 여호와는 나의 이름을 망령되이 일컫는 자를 죄 없다 하지 아니하리라 안식일을 기억하여 거룩히 지키라 엿새 동안은 힘써 네 모든 일을 행할 것이나 제 칠일은 너의 하나님 여호와의 안식일인즉 너나 네 아들이나 네 딸이나 네 남종이나 네 여종이나 네 육축이나 네 문안에 유하는 객이라도 아무 일도 하지 말라 이는 엿새 동안에 나 여호와가 하늘과 땅과 바다와 그 가운데 모든 것을 만들고 제 칠일에 쉬었음이라 그러므로 나 여호와가 안식일을 복되게 하여 그 날을 거룩하게 하였느니라 네 부모를 공경하라 그리하면 너의 하나님 나 여호가 네게 준 땅에서 네 생명이 길리라 살인하지 말찌니라 간음하지 말찌니라 도적질하지 말지니라 네 이웃에 대하여 거짓 증거하지 말찌니라 네 이웃의 집을 탐내지 말지니라 네 이웃의 아내나 그의 남종이나 그의 여종이나 그의 소나 그의 나귀나 무릇 네 이웃의 소유를 탐내지 말지니라

신 30 : 15-20 보라 내가 오늘날 생명과 복과 사망과 화를 네 앞에 두었나니 곧 내가 오늘날 너를 명하여 네 하나님 여호와를 사랑하고 그 모든 길로 행하며 그 명령과 규례와 법도를 지키라 하는 것이라 그리하면 네가 생존하며 번성할 것이요 또 네 하나님 여호와께서 네가 가서 얻을 땅에서 네게 복을 주실 것임이니라 그러나 네가 만일 마음을 돌이켜 듣지 아니하고 유혹을 받아서 다른 신들에게 절하고 그를 섬기면 내가 오늘날 너희에게 선언하노니 너희가 반드시 망할

것이라 너희가 요단을 건너가서 얻을 땅에서 너희의 날이 장구치 못할 것이니라 내가 오늘날 천지를 불러서 너희에게 증거를 삼노라 내가 생명과 사망과 복과 저주를 네 앞에 두었은즉 너와 네 자손이 살기 위하여 생명을 택하고 네 하나님 여호와를 사랑하고 그 말씀을 순종하며 또 그에게 부종하라 그는 네 생명이시요 네 장수시니 여호와께서 네 열조 아브라함과 이삭과 야곱에게 주리라고 맹세하신 땅에 네가 거하리라

렘 7 : 23   오직 내가 이것으로 그들에게 명하여 이르기를 너희는 내 목소리를 들으라 그리하면 나는 너희 하나님이 되겠고 너희는 내 백성이 되리라 너희는 나의 명한 모든 길로 행하라 그리하면 복을 받으리라 하였으나

호 6 : 7   저희는 아담처럼 언약을 어기고 거기서 내게 패역을 행하였느니라

레 18 : 5   너희는 나의 규례와 법도를 지키라 사람이 이를 행하면 그로 인하여 살리라 나는 여호와니라

시 143 : 2   주의 종에게 심판을 행치 마소서 주의 목전에는 의로운 인생이 하나도 없나이다

신 27 : 6   너는 다듬지 않은 돌로 네 하나님 여호와의 단을 쌓고 그 위에 네 하나님 여호와께 번제를 드릴 것이며

롬 11 : 32   하나님이 모든 사람을 순종치 아니하는 가운데 가두어 두심은 모든 사람에게 긍휼을 베풀려 하심이로다

롬 4 : 15   율법은 진노를 이루게 하나니 율법이 없는 곳에는 범함도 없느니라

롬 5 : 13   죄가 율법 있기 전에도 세상에 있었으나 율법이 없을 때에는 죄를 죄로 여기지 아니하느니라

2. 인간이 행위 계약 안에 있는 증거

1) 구약의 증거

(1) 아담의 타락 이전 기록인 창세기 3장 이내에 "언약"이라는 말이 직접 나타나 있지는 않다. 그러나 아담에 대한 하나님의 말씀을 살펴 보면 실제적으로 언약의 내용이 함유되고 있음이 분명하다.

하나님이 인간을 창조하시고 나서 언약을 맺으셨으니, 즉 창세기 2장 16-17절에 "여호와 하나님이 그 사람에게 명하여 가라사대 동산 각종 나무의 실과는 네가 임

의로 먹되 선악을 알게 하는 나무의 실과는 먹지 말라 네가 먹는 날에는 정녕 죽으리라 하시니라"고 하셨다. 위 두 절의 말씀 속에 언약의 요소들이 포함되어 있다. 즉 이 말씀을 분석해 보면 "하나님과 사람"은 언약의 "두 당사자"로 나타나 있고, "선악을 알게 하는 나무의 실과는 먹지 말라"는 언약의 "조건"으로 제시되었으며, "먹는 날에는 정녕 죽으리라"는 "벌칙"으로 규정되어 있다.

(2) 호세아서 6장 7절에 "저희는 아담처럼 언약을 어기고 거기서 내게 패역을 행하였느니라"고 하였으니 이는 하나님과 아담 사이에 언약이 체결되었던 사실을 명시하는 말씀이다.

2) 신약의 증거

사도 바울은 로마서 5장 12-21절에서 칭의(稱義)의 교리를 논하는 중에 "아담"과 "그리스도"를 대조하고, 둘은 하나님과의 언약 관계에서 언약의 머리(인류의 대표자)가 되는 점에서 서로 유사하다고 표현하였다. 그리고 바울은 논증하기를 아담의 범죄가 우리 스스로의 죄형(罪行)이 없이 우리에게 전가(轉嫁)되어 우리를 죄인되게 함같이 또한 그리스도의 의가 우리 스스로의 의행(義行 ; 의를 행함)이 없이(공로 없이) 우리에게 전가되어 우리를 의인되게 하는 것은 하나님과의 언약에 의한 것이라 하였다.

이는 인류의 시조 아담의 범죄(언약 위반)가 그 후손을 대표한 범죄가 된 것같이 그리스도가 죄인되어 십자가에 죽음(범죄하면 죽어야 한다는 언약 이행)과 칭의를 얻음이 그 백성을 대표한 것이기 때문이다. 이상과 같이 바울은 아담도 그리스도와 같이 하나님과 언약 관계에 있었다는 것을 간접적으로 표현하였다.

3. 행위 계약의 요소
1) 계약 당사자

계약(언약)은 항상 두 당사자간에 이루어지는 것으로 원인(原人)의 행위 계약에 있어서도 두 당사자간에 이루어졌으니 곧 우주의 주권자되시는 삼위일체 하나님과 인류의 대표자되는 아담간에 언약이 체결되었던 것이다.

2) 계약 조건

원인의 행위 계약에 있어서 제시된 조건은 "절대적이고 완전한 순종"이었다. 즉 계약 내용과 요구 조건은 "… 동산 각종 나무의 실과는 네가 임의로 먹되 선악을 알게 하는 나무의 실과는 먹지 말라 네가 먹는 날에는 정녕 죽으리라"(창 2 : 16-17)였다. 그러므로 하나님이 인간에게 제시한 계약 사항은 "선악을 알게 하는 나무의 실과는 먹지 말라"이고, "먹는 날에는 정녕 죽으리라"는 것이 계약 조건이었다. 하나님이 인간에게 계약을 위반할 시에는 생명을 내놓으라고 하신 것을 보면 이 계약은 인간에게 절대적이고 완전한 순종을 요구할 수 밖에 없는 중대한 계약이었던 것이다.

3) 계약의 벌칙

(1) 죽음이다

원인의 행위 계약에서 규정된 벌칙(형벌)은 매우 위협적이고 무거운 것으로써 그것은 바로 "죽음"이었다. 이 형벌은 육체적이고, 영적이고, 영원적인 형벌로써 죽음은 바로 육체와 영혼의 분리일 뿐만 아니라 근본적으로 하나님으로부터의 분리를 의미하는 것이다.

(2) 죽음의 의미

❖ 자연적 사망

성경에 "흙은 여전히 땅으로 돌아가고 신은 그 주신 하나님께로 돌아가기 전에 기억하라"(전 12 : 7)고 하였으니 인간의 죽음이란 곧 영혼과 육신의 분리를 의미한다.

❖ 도덕적 사망

성경은 구원얻은 성도들에게 "너희의 허물과 죄로 죽었던 너희를 살리셨도다"(엡 2 : 1)라고 하였고, 또 "일락을 좋아하는 이는 살았으나 죽었느니라"(딤전 5 : 6)고 하였으며 또 "… 네가 살았다 하는 이름은 가졌으나 죽은 자로다"(계 3 : 1)라고 하였다. 여기서 "죽음"은 도덕적 사망을 가리키는 것으로, 이는 하나님과의 영교가 단절됨으로써 그 영혼이 하나님과 격리됨을 의미한다.

❖ 영원한 벌

영원한 벌은 영적 죽음을 의미하는데, 이는 인간의 범죄에 대한 궁극적인 형벌로써 생의 멸절이 아니고 하나님의 축복과 은혜에서 영원히 격리된 가운데 지옥 불 속에 빠져 영원한 저주와 형벌의 고통을 당하는 것을 의미한다(마 25 : 30; 단 12 : 2; 계 20 : 14-15; 요 5 : 28).

마 25 : 30	이 무익한 종을 바깥 어두운 데로 내어 쫓으라 거기서 슬피 울며 이를 갊이 있으리라 하니라
단 12 : 2	땅의 티끌 가운데서 자는 자 중에 많이 깨어 영생을 얻는 자도 있겠고 수욕을 받아서 무궁히 부끄러움을 입을 자도 있을 것이며
계 20 : 14-15	사망과 음부도 불 못에 던지우니 이것은 둘째 사망 곧 불 못이라 누구든지 생명책에 기록되지 못한 자는 불 못에 던지우더라
요 5 : 28	이를 기이히 여기지 말라 무덤 속에 있는 자가 다 그의 음성을 들을 때가 오나니

4) 계약의 상징

원인(原人)의 행위 계약에 있어서 그 언약의 상징이나 증표에 대하여는 성경에 직접적인 표현이 없다. 이 문제에 관하여 성경 학자들간에는 대략 다음 4가지 견해가 있다. 즉 행위 계약의 상징이 ① 생명나무와 선악과와 낙원과 안식일이라는 주장 ② 생명나무와 선악과와 낙원이라는 주장 ③ 생명나무와 낙원이라는 주장 ④ 생명나무라는 주장이다. 그런데 마지막 견해가 가장 많은 지지를 받고 있다. 행위 계약에 있어서 유일한 계약의 상징은 "생명나무"였으니, 생명의 계약에 생명나무가 생명의 상징과 보증(증인)으로 지명되었던 것이다.

5) 계약의 목적

행위 계약은 곧 생명의 계약으로서 그 목적은 인간으로 하여금 영원한 생명을 누리게 하려는 것이었다. 생명의 근원이시고 생명을 사랑하시는 하나님은 당신의 형상인 사람이 영원하고 풍성한 생명을 누리게 하기 위하여 이 계약을 체결하셨던 것이다. 혹자는 행위 계약의 목적이 인간의 영원한 생명을 위함이었다는 성경적 근거가 없다고 한다. 그러나 성경에 명문적인 기록은 없다 하여도, 하나님이 인간을 상대로 행위 계약을 체결함에 있어서 인간이 언약을 순종할 때는 영생을 하지만 언약을 불순종하면 그 결과로 죽음을 당할 수밖에 없도록 규정하고 있다는 것은 사람으로 하여금 죽음을 택하지 않고(선악과를 먹지 않음) 생명을 택하게 하려는데 그 목적이 있었던 것이 틀림없다(롬 7 : 10, 10 : 5; 갈 3 : 13).

> 롬 7 : 10   생명에 이르게 할 그 계명이 내게 대하여 도리어 사망에 이르게
>   하는 것이 되었도다
>
> 롬 10 : 5   모세가 기록하되 율법으로 말미암는 의를 행하는 사람은 그 의로
>   살리라 하였거니와
>
> 갈 3 : 13   그리스도께서 우리를 위하여 저주를 받은 바 되사 율법의 저주에서
>   우리를 속량하셨으니 기록된 바 나무에 달린 자마다 저주 아래
>   있는 자라 하였음이라

4. 행위 계약의 유효성 문제

오늘날에도 행위 계약이 여전히 유효한가? 아니면 아담의 타락때에 폐기되었는가? 이에 대하여 알미니안파 신학자들과 개혁파 신학자들의 견해가 서로 다르다.

1) 알미니안파의 견해

알미니안파 신학자들의 주장은 행위 언약이 아담의 타락 시에 모두 폐기되었다고 한다. 즉 하나님과 아담간에 체결된 행위 계약인 원시 계약은 아담이 계약을 위반함으로써 폐기되어 버렸다는 주장이다. 그들의 주장에 따르면 ① 아담이 계약을 위반하였을 때 약속은 취소되고 말았으며 따라서 계약이 없는 곳에는 의무가 있을 수 없으니 자연 행위 계약은 효력을 상실하게 되었고 ② 따라서 하나님은 새로운 법 즉 신앙과 순종의 법을 제정하셨다(롬 8 : 1-2)는 것이다.

> 롬 8 : 1-2   그러므로 이제 그리스도 예수 안에 있는 자에게는 결코 정죄함이
>   없나니 이는 그리스도 예수 안에 있는 생명의 성령의 법이 죄와
>   사망의 법에서 너를 해방하였음이라

2) 개혁파의 견해

개혁파에서는 알미니안파의 견해에 반대하여 주장하기를 행위 언약이 부분적으로는 과거의 일로 무효하나 아직도 부분적으로는 유효하다고 하는 것이다. 그러나 개혁파의 몇몇 신학자들은 법적으로 행위 언약은 취소되었다고 주장하고 있으며, 그 성경적 증거로써는 "새 언약이라 말씀하셨으매 첫 것은 낡아지게 하신 것이니 낡아지고 쇠하는 것은 없어져 가는 것이니라"(히 8 : 13)고 한 말씀을 제시하고 있다. 그러나 개혁파의 대체적인 견해는 사람의 법적 신분의 변화가 율법의 권위를 폐기할 수 없다고 하며 하나님이 그분의 피조물에 대하여 순종을 요구하는 것은 당연한 것이며 영생을 얻기 위하여서는 언제나 순종이 요구된다고 주장한다.

3) 행위 계약의 존폐에 대한 성경적 이해

(1) 행위 계약은 폐기되지 않음

❖ 인간의 완전한 순종을 요구하는 행위 언약의 효력은 사실상 아직도 유효하다. 그것은 피조물인 인간은 언제나 창조주 하나님의 성지(聖旨)에 완전히 순종해야 할 의무가 있기 때문이다.

❖ 그리스도의 의를 받아들이지 않고 죄 가운데 계속 살고 있는 사람들에 대하여는 행위 언약의 저주와 형벌이 아직도 적용된다(롬 8 : 1-2; 요 3 : 36).

❖ 행위 계약에서의 조건적인 약속들이 여전히 효력을 발휘하고 있다(엡 6 : 2-3; 눅 24 : 49; 말 3 : 10; 마 23 : 23). 즉 행위 계약이 구원의 방도로써는 무능하나 기타 조건적 약속들은 효력이 있다는 것이다.

❖ 하나님은 행위 언약을 완전히 취소하실 수도 있었지만 그렇게 하지 않으셨다(레 18 : 5; 롬 10 : 5; 갈 3 : 12). 그러므로 행위 언약은 타락한 인간이 지키지 못할 뿐이지(롬 3 : 20), 그 언약 자체가 취소되고 무효된 것이 아니다(롬 3 : 31; 마 5 : 17-18).

롬 8 : 1-2   그러므로 이제 그리스도 예수 안에 있는 자에게는 결코 정죄함이
            없나니 이는 그리스도 예수 안에 있는 생명의 성령의 법이 죄와
            사망의 법에서 죄를 해방하였음이라

요 3 : 36   아들을 믿는 자는 영생이 있고 아들을 순종치 아니하는 자는 영생을
            보지 못하고 도리어 하나님의 진노가 그 위에 머물러 있느니라

엡 6 : 2-3 네 아버지와 어머니를 공경하라 이것이 약속 있는 첫 계명이니
            이는 네가 잘 되고 땅에서 장수하리라

눅 24 : 49 볼지어다 내가 내 아버지의 약속하신 것을 너희에게 보내리니
            너희는 위로부터 능력을 입히울 때까지 이 성에 유하라 하시니라

말 3 : 10   만군의 여호와가 이르노라 너희의 온전한 십일조를 창고에 들여
            나의 집에 양식이 있게 하고 그것으로 나를 시험하여 내가 하늘
            문을 열고 너희에게 복을 쌓을 곳이 없도록 붓지 아니하나 보라

마 23 : 23 화있을진저 외식하는 서기관들과 바리새인들이여 너희가 박하와
            회향과 근채의 십일조를 드리되 율법의 더 중한 바 의와 인과 신은
            버렸도다 그러나 이것도 행하고 저것도 버리지 말아야 할지니라

레 18 : 5   너희는 나의 규례와 법도를 지키라 사람이 이를 행하면 그로
            인하여 살리라 나는 여호와니라

롬 10 : 5   모세가 기록하되 율법으로 말미암는 의를 행하는 사람은 그 의로
            살리라 하였거니와

갈 3 : 12   율법은 믿음에서 난 것이 아니라 이를 행하는 자는 그 가운데서
            살리라 하였느니라

롬 3 : 20   그러므로 율법의 행위로 그의 앞에 의롭다 하심을 얻을 육체가
            없나니 율법으로는 죄를 깨달음이니라

롬 3 : 31   그런즉 우리가 믿음으로 말미암아 율법을 폐하느뇨 그럴 수
            없느니라 도리어 율법을 굳게 세우느니라

마 5 : 17-18 내가 율법이나 선지자나 폐하러 온 줄로 생각지 말라 폐하러 온
            것이 아니요 완전케 하려 함이로라 진실로 너희에게 이르노니
            천지가 없어지기 전에는 율법의 일점 일획이라도 반드시 없어지지
            아니하고 다 이루리라

(2) 행위 계약이 폐기됨

❖ 행위 계약이 폐기됨이라 함은 그 언약이 취소되고 무효하다는 뜻이 아니라 언약의 조건으로 부여된 그 의무가 중보자이신 예수님에 의하여 모두 이행되어졌다는 것을 의미한다(갈 3 : 13,4 : 5). 그러므로 행위 언약은 그리스도 예수 안에 있는 자들에게는 더 이상 정죄하지 않는다. 그 이유는 그리스도께서 그들을 대신하여 법적 요구에 응하셨기 때문이다.

❖ 행위 언약은 인간이 영생을 얻는 지정된 수단으로써는 사실상 폐기되었다는 것이다. 그것은 인간이 타락 후에는 이것을 지키고 구원얻기가 불가능하기 때문이다(롬 3 : 20). 그러기에 하나님은 인간이 영생을 얻는 새로운 방도를 제정하셨으니 그것은 곧, 예수님을 구주로 믿는 자는 행위의 공로 없이 하나님의 은혜로 의롭게 되고 구원을 얻는 것이다(롬 1 : 17).

갈 3 : 13	그리스도께서 우리를 위하여 저주를 받은 바 되사 율법의 저주에서 우리를 속량하셨으니 기록된 바 나무에 달린 자마다 저주 아래 있는 자라 하였음이라
갈 4 : 5	율법 아래 있는 자들을 속량하시고 우리로 아들의 명분을 얻게 하려 하심이라
롬 3 : 20	그러므로 율법의 행위로 그의 앞에 의롭다 하심을 얻을 육체가 없나니 율법으로는 죄를 깨달음이니라
롬 1 : 17	복음에는 하나님의 의가 나타나서 믿음으로 믿음에 이르게 하나니 기록된 바 오직 의인은 믿음으로 말미암아 살리라 함과 같으니라

5. 행위 계약과 은혜 계약

1) 행위 계약의 요점과 특징

(1) 행위 계약의 요점

하나님은 전인류를 대표하는 아담으로 더불어 "… 동산 각종 나무의 실과는 네가 임의로 먹되 선악을 알게 하는 나무의 실과는 먹지 말라 네가 먹는 날에는 정녕 죽으리라"(창 2 : 16-17)는 엄숙한 협정의 계약을 체결하셨다. 이것이 바로 원시 행위 계약이다. 하나님은 이 계약에서 절대 순종을 조건으로 영생을 약속하셨고 만약 불순종의 경우에는 영원한 죽음으로써 형벌하실 것을 경고하셨다. 그럼에도 불구하고 인류의 대표인 아담은 이 계약을 위반하였고 이로 인하여 온 인류에게는 죄와 사망이 찾아온 것이다.

그러나 자비와 사랑이 무한하시며 진노 중에도 긍휼을 잊지 않으시는 하나님은 타락한 인간을 불쌍히 여기사 인류를 대표하는 이스라엘 백성을 불러 언약의 율법을 주시고 이 율법의 의를 행하기만 하면 구원을 얻도록 하셨다. 이 율법이 바로 구약이다. 그러나 이스라엘 백성들도 이것을 지키지 못하고 위약하고 말았다. 그리하여 인간은 여전히 죄와 죽음의 자리에서 헤어나지 못하게 되었다(롬 4 : 15,5 : 13).

> 롬 4 : 15　　**율법은 진노를 이루게 하나니 율법이 없는 곳에는 범함도 없느니라**
>
> 롬 5 : 13　　**죄가 율법 있기 전에도 세상에 있었으나 율법이 없을 때에는 죄를 죄로 여기지 아니하느니라**

(2) 행위 계약의 특징

❖ 이 계약에 있어서 하나님이 자기 지위를 낮추시고 피조물인 인간을 상대로 하여 협정의 계약을 체결하신 것은 동등이 아닌 당사자가 호혜적(互惠的) 언약 관계에 들어갔다는 점에 큰 의의가 있다.

❖ 행위 계약은 어디까지나 행위를 조건으로 하여 생명이 약속된 언약으로서 (창 2 : 16-17; 레 18 : 5; 갈 3 : 12) 이는 행위의 공로 없이 오직 신앙을 조건으로 하여 생명이 약속된 은혜 계약(새언약, 엡 2 : 1; 합 2 : 4; 요 3 : 16; 롬 3 : 21)과 다르다.

> 창 2 : 16-17　　**여호와 하나님이 그 사람에게 명하여 가라사대 동산 각종 나무의 실과는 네가 임의로 먹되 선악을 알게 하는 나무의 실과는 먹지 말라 네가 먹는 날에는 정녕 죽으리라 하시니라**
>
> 레 18 : 5　　**너희는 나의 규례와 법도를 지키라 사람이 이를 행하면 그로**

인하여 살리라 나는 여호와니라

갈 3 : 12   율법은 믿음에서 난 것이 아니라 이를 행하는 자는 그 가운데서
          살리라 하였느니라

엡 2 : 1   너희의 허물과 죄로 죽었던 너희를 살리셨도다

합 2 : 4   보라 그의 마음은 교만하며 그의 속에서 정직하지 못하니라
          그러나 의인은 그 믿음으로 말미암아 살리라

요 3 : 16 하나님이 세상을 이처럼 사랑 하사 독생자를 주셨으니 이는 저를
          믿는 자마다 멸망치 않고 영생을 얻게 하려 하심이니라

롬 3 : 21 이제는 율법 외에 하나님의 한 의가 나타났으니 율법과
          선지자들에게 증거를 받은 것이라

2) 행위 계약과 은혜 계약의 관계

인류의 시조 아담을 상대로 체결한 원시 협정(행위 계약)이 나중 아담되시는
그리스도에 의해 이행되어진 것(롬 4 : 25,5 : 14-15)을 누구든지 믿기만 하면 구
원을 얻게 된다는 언약이 바로 은혜 계약이다. 그러므로 행위 계약은 은혜 계약
의 근본이다(행 16 : 30-31; 요 3 : 16; 롬 10 : 13).

롬 4 : 25   예수는 우리 범죄함을 위하여 내어 줌이 되고 또한 우리를 의롭다
            하심을 위하여 살아나셨느니라

롬 5 : 14-15 그러나 아담으로부터 모세까지 아담의 범죄와 같은 죄를 짓지
            아니한 자들 위에도 사망이 왕노릇하였나니 아담은 오실 자의
            표상이라 그러나 이 은사는 그 범죄와 같지 아니하니 곧 한 사람의
            범죄를 인하여 많은 사람이 죽었은즉 더욱 하나님의 은혜와 또는
            한 사람 예수 그리스도의 은혜로 말미암은 선물이 많은 사람에게
            넘쳤으리라

행 16 : 30-31 저희를 데리고 나가 가로되 선생들아 내가 어떻게 하여야 구원을
            얻으리이까 하거늘 가로되 주 예수를 믿으라 그리하면 너와 네
            집이 구원을 얻으리라 하고

요 3 : 16   하나님이 세상을 이처럼 사랑 하사 독생자를 주셨으니 이는 저를
            믿는 자마다 멸망치 않고 영생을 얻게 하려 하심이니라

롬 10 : 13   누구든지 주의 이름을 부르는 자는 구원을 얻으리라

제 12 장
죄의 기원과 인간

세상에 최초로 죄가 등장한 것은
이성적 피조물의 자유 의지 남용의 결과였다.
인류의 죄의 기원은
하나님과의 언약을 어긴 아담과 하와에게 있었고
우주적인 죄의 기원은 창조주에 대항하여
반역을 일으킨 악한 천사들에게 있었다.

쉽게 풀어쓴
기독교 신학

인간의 타락

인류 역사에서 가장 불행하고 슬픈 사건은 인류의 시조(아담)가 사단(뱀)의 유혹을 받아 금단(禁斷)의 열매(선악과)를 따먹고, 타락하여 에덴동산에서 추방된 사건이다. 이 사건은 단순한 아담의 범죄 사건이 아니라 아담 한 사람으로 말미암아 전인류에게 죄와 벌(사망)이 미친 사건이다.

이 사건이 바로 인간 세계에 나타난 죄의 기원이다. 전인류는 이 원죄(原罪)로 인하여 죄에 오염되고 죽음의 씨를 지니게 되었으며 이때부터 세상에 태어나는 인간은 누구나 다 시조(始祖) 아담의 자손으로서 그의 죄를 지고 태어나게 되는 것이다(롬 5 : 12).

롬 5 : 12   이러므로 한 사람으로 말미암아 죄가 세상에 들어오고 죄로
           말미암아 사망이 왔나니 이와 같이 모든 사람이 죄를 지었으므로
           사망이 모든 사람에게 이르렀느니라

Ⅰ. 인간 타락의 원인
1. 사단의 유혹
1) 유혹의 동기
인간이 창조되기 이전에 하나님을 반역하고 하나님의 보좌를 찬탈(簒奪)하려다 실패하여 천성에서 추방된 하늘의 그룹 천사 루시퍼(겔 28 : 16, 사단)는 하나님의 형상을 따라 지음받은 이성적 피조물인 아담과 하와가 하나님의 말씀과 명령에 온전히 순종하고 행복하게 살아가는 모습을 바라보면서, 시기와 질투가 나서 견딜 수 없었던 것이다. 그래서 그는 아담과 하와를 하나님으로부터 이간시키고

불순종하게 할 목적으로 간교한 뱀을 통하여 하와에게 접근하여 유혹했다(고후 11 : 3; 이하 참조 창 3 : 1-5; 계 20 : 2).

겔 28 : 16   네 무역이 풍성하므로 네 가운데 강포가 가득하여 네가
          범죄하였도다 너 덮는 그룹아 그러므로 내가 너를 더럽게 여겨
          하나님의 산에서 쫓아내었고 화강석 사이에서 멸하였도다
고후 11 : 3   뱀이 그 간계로 하와를 미혹케 한 것 같이 너희 마음이 그리스도를
          향하는 진실함과 깨끗함에서 떠나 부패될까 두려워하노라

2) 사단의 간교함

간교한 사단은 그 자신의 인격으로 나타나지 않고 언제나 다른 피조물을 통하여 역사한다. 그러기에 사단은 에덴의 들짐승 중에 가장 슬기롭고 지혜로운 뱀으로 가장하고 아담과 하와에게 접근, 선악과를 따먹도록 유혹했다(창 3 : 1-2; 고후 11 : 3 참조). 사단은 베드로를 통하여 그리스도의 십자가의 속죄 사업을 반대하는 이론을 제기한 바 있으며(마 16 : 21-23 참조) 때로는 광명한 천사로 가장하고 성도들에게 접근하여 사람들을 꾀이기도 했다(고후 11 : 14).

사단은 간교하고 비인격적이고 악한 존재이다. 언제나 정체를 숨기고 가장을 잘하고 사람을 유혹하되 직접 나타나지 않고 간접적으로 접근하는 것이 특징이다. 사단은 인류의 시조 아담에게 직접적으로 접근하지 않고 뱀을 이용해서 먼저 하와(이브)에게 접근했고, 하와를 통해서 아담에게 접근, 유혹하여 마침내 그들이 선악과를 따먹고 타락하게 하였다(창 3 : 1-6 참조).

창 3 : 1-2   여호와 하나님이 지으신 들짐승 중에 뱀이 가장 간교하더라 뱀이
          여자에게 물어 가로되 하나님이 참으로 너희더러 동산 모든
          나무의 실과를 먹지 말라 하시더냐 여자가 뱀에게 말하되 동산
          나무의 실과를 우리가 먹을 수 있으나
고후 11 : 14   이것이 이상한 일이 아니라 사단도 자기를 광명의 천사로
          가장하나니

3) 사단과 하와의 대화

(1) 사단의 질문

간교한 사단은 인간을 유혹함에 있어서 먼저 하와에게 접근하여 "… 하나님이 참으로 너희 더러 동산 모든 나무의 실과를 먹지 말라 하시더냐"(창 3 : 1)라고 물었다. 이는 그가 하와의 마음속에 하나님의 금령(禁令)의 말씀에 대한 회의와 반항적 심리를 불러일으키려는 수작이었다.

사단의 질문은 하와에게 동정하는 척하였으나 실은 하나님의 말씀에 대한 회의를 일으키고, 나아가 반항하도록 유혹했던 것이다. 사단이 질문한 말 가운데 "참으로 너희더러 … 하시더냐"는 하나님의 말씀의 진실성에 대한 회의를 자아내고, "모든 나무의 실과를 먹지 말라 하시더냐"는 하나님의 명령을 가혹한 것으로 인식시켜 반항심을 자극한 것이다. 인간에게는 "하지 말라"면 하고 싶고, "먹지 말라"면 먹고 싶고, "보지 말라"면 보고 싶고, "금지(禁止)"하면 "왜?" 하는 심리가 있다. 이것을 교묘히 이용하여 유혹하는 것이 음흉한 사단의 특기이다(계 2 : 24; 마 10 : 16 참조).

> 계 2 : 24   두아디라에 남아 있어 이 교훈을 받지 아니하고 소위 사단의 깊은 것을 알지 못하는 너희에게 말하노니 다른 짐으로 너희에게 지울 것이 없노라

(2) 하와의 답변

사단의 물음에 하와는 "동산나무의 실과를 우리가 먹을 수 있으나 동산 중앙에 있는 나무의 실과는 하나님 말씀에 너희는 먹지도 말고 만지지도 말라 너희가 죽을까 하노라"(창 3 : 2)고 하셨다고 대답했다. 이는 하와가 사단의 말을 듣고 하나님의 말씀에 대하여 회의와 반항심을 일으켜 단번에 유혹에 빠져 들어가고 있음을 나타내고 있다. 사단의 물음에 대답한 하와의 말을 분석하면 다음과 같다.

❖ 하나님은 "각종 실과"를 먹으라 하셨는데 하와가 "각종"을 빼고 "나무 실과"라 한 것은 하나님의 풍성한 은혜를 고의로 말살하려는 것이요, 또 "임의로 먹으라"하신 말씀을 "먹을 수 있으나"로 바꾼 것은 하나님이 주신 자유를 부자유로 표현함으로써

하나님의 사랑과 은혜를 약화시키고 사단의 말에 동조적인 자세를 취한 것이다.

❖ 하와는 하나님이 "너희는 먹지도 말고, 만지지도 말라"고 하셨다 함으로써 하나님이 "먹지 말라"하신 말씀에 "만지지 말라"를 첨가하여 하나님을 가혹한 분으로 만드는 동시에 또 "정녕 죽으리라"는 말씀에서 "정녕"을 삭제하고 "죽을까 하노라"고 함으로써 금령 거역에 대한 형벌을 가볍게 하고 하나님의 경고의 위엄을 약화시켰다.

(3) 사단의 강조

❖ 사단은 하와의 "죽을까 하노라"는 말을 받아서 "너희가 결단코 죽지 아니하리라"고 강조함으로써 하와로 하여금 형벌에 대한 공포심을 버리게 하였다.

❖ 그리고 "먹는 날에는 너희 눈이 밝아 하나님과 같이 되리라"고 강조하여 인간의 자고심(自高心)을 조장하고 동시에 하나님에 대한 반항적 심리를 심어 주었다.

❖ 사단이 하와에게 심어 준 세 가지 의심은 다음과 같다.
① 하나님의 선을 의심케 함
사단은 하와에게 하나님의 선에 대하여 의심을 심어 주었다. 즉 하나님께서 아담과 하와에게 더 좋은 축복을 감추어 놓고 주시지 않는 것처럼 의심하게 하였다. 그것은 선악과를 따먹을 경우 "너희 눈이 밝아 하나님과 같이 되리라"고 한 말이 증명한다. 사단은 하나님께서 아담과 하와의 눈을 일부러 어둡게 하여 좋은 것을 더 많이 볼 수 있는 축복을 제한하고 계시는 것처럼 표현한 것이다.

② 하나님의 진실을 의심케 함
사단은 하나님께서 분명히 먹으면 죽으리라고 하셨는데도 일부러 하와에게 묻기를 "참으로 그렇게 말씀하시더냐?"라고 하였다. 이 질문의 속셈은 진실하신 하나님의 말씀에는 거짓이나 잘못이 없음에도 불구하고 하와로 하여금 하나님의 말씀도 거짓이나 잘못이 있을 수도 있다는 암시를 주기 위함이었다.

③ 하나님의 거룩을 의심케 함

사단은 하와에게 "먹는 날에는 너희 눈이 밝아 하나님과 같이 되리라"고 함으로써 하와로 하여금 거룩하신 하나님을 세속적 성품(시기, 질투, 욕심 등)을 가지신 분으로 의심케 하였다. 다시 말하면 하나님은 사람도 선악과를 먹고 하나님과 같이 될까봐 시기하고 질투해서 그것을 먹지 못하게 하시는 것처럼 느껴지도록 강조한 것이다.

사단은 원래 하나님과 같이 되려는 욕망을 달성하려다 심판받고 쫓겨난 자로서 (겔 28 : 16) 내내 하나님의 거룩하심과 그 영광의 보좌에 관심을 가지고 있었던 것 같다. 이렇게 사단이 거짓말로 하와를 유혹하자 그 마음속에 의심이 일어나게 되었고, 하나님의 선하심과 진실하심과 거룩하심에 대한 믿음도 사라져 버렸다. 자연히 하나님의 말씀과 명령에 순종할 마음도 없어져 버렸고, 마침내 불신앙과 불순종의 심리가 마음에 일어나 선악과를 따먹고 하나님을 거역하게 된 것이다. 사단은 하와에게 선악과가 선악을 알게 해 준다고만 강조했을 뿐 그것을 먹으면 타락하여 선을 행하는 능력을 상실하게 된다는 말은 해주지 않았다. 이것이 사단의 간교한 근성이다(시 14 : 1; 롬 3 : 9-18 참조).

겔 28 : 16　　네 무역이 풍성하므로 네 가운데 강포가 가득하여 네가
　　　　　　　범죄하였도다 너 덮는 그룹아 그러므로 내가 너를 더럽게 여겨
　　　　　　　하나님의 산에서 쫓아 내었고 화강석 사이에서 멸하였도다

4) 하와를 유혹의 대상으로 삼은 이유

(1) 여자는 남자보다 유혹에 대한 저항력이 약하고, 남자는 여자의 말을 잘 듣기 때문이다. 사단의 수법은 언제나 약자를 이용하여 강자를 사로잡는 묘책을 잘 쓰는 것이다.

(2) 하와는 언약의 당사자가 아닌 고로 언약의 당사자인 아담과 같은 책임감이 없고, 그는 또 하나님의 명령을 직접 받지 않고 간접으로 받았기 때문에 권유와 유혹에 대한 감수성이 더 많았을 뿐만 아니라 아담의 심정을 감동하고 설득하기

에 강력한 동인(動因)이 될 수 있는 아담의 사랑하는 아내였던 것이다.

(3) 하와가 에덴동산의 모든 짐승들보다 지혜 있고 간교한 뱀을 좋아하고 가까이 지냈던 모양이다.

(4) 아담이 나가고 하와 혼자였기 때문이다. 사단은 하와가 아담과 떨어져 홀로 있을 때 찾아왔다. 그것은 연합의 강함을 피하기 위함이니, 부부의 신앙적 연합은 사단을 물리치는 강한 힘이 되는 것이다(창 2 : 24; 마 19 : 5; 고전 7 : 5). 예수님은 아담의 모형이요, 신자는 하와의 모형이다(롬 5 : 14; 고전 15 : 21-22,45). 우리는 항상 주님과 함께 있으므로 사단의 유혹과 시험을 물리쳐야 할 것이다(계 3 : 20; 마 28 : 20).

창 2 : 24	이러므로 남자가 부모를 떠나 그 아내와 연합하여 둘이 한 몸을 이룰지로다
마 19 : 5	말씀하시기를 이러므로 사람이 그 부모를 떠나서 아내에게 합하여 그 둘이 한 몸이 될지니라 하신 것을 읽지 못하였느냐
고전 7 : 5	서로 분방하지 말라 다만 기도할 틈을 얻기 위하여 합의상 얼마 동안은 하되 다시 합하라 이는 너희의 절제 못함을 인하여 사단으로 너희를 시험하지 못하게 하려 함이라
롬 5 : 14	그러나 아담으로부터 모세까지 아담의 범죄와 같은 죄를 짓지 아니한 자들 위에도 사망이 왕노릇 하였나니 아담은 오실 자의 표상이라
고전 15 : 21-22	사망이 사람으로 말미암았으니 죽은 자의 부활도 사람으로 말미암는도다 아담 안에서 모든 사람이 죽은 것같이 그리스도 안에서 모든 사람이 삶을 얻으리라
고전 15 : 45	기록된 바 첫 사람 아담은 산 영이 되었다 함과 같이 마지막 아담은 살려 주는 영이 되었나니
계 3 : 20	볼지어다 내가 문 밖에 서서 두드리노니 누구든지 내 음성을 듣고 문을 열면 내가 그에게로 들어가 그로 더불어 먹고 그는 나로 더불어 먹으리라

| 마 28 : 20 | 내가 너희에게 분부한 모든 것을 가르쳐 지키게 하라 볼지어다 내가 세상 끝날까지 너희와 항상 함께 있으리라 하시니라 |

(5) 선악과 나무와 가까이 있었기 때문이다. 사단은 하와가 하나님이 금하신 선악과 나무 가까이 있는 것을 보고 그에게 찾아와서 견물생심(見物生心)의 인간 심리를 자극하여 인간적 욕망을 채우려고 하는 충동이 일어나게 했던 것이다(창 3 : 6).

| 창 3 : 6 | 여자가 그 나무를 본즉 먹음직도 하고 보암직도 하고 지혜롭게 할 만큼 탐스럽기도 한 나무인지라 여자가 그 실과를 따먹고 자기와 함께 한 남편에게도 주매 그도 먹은지라 |

(6) 선악과를 바라보았기 때문이다. 하와가 간교한 사단의 꼬임에 빠져 하나님의 말씀을 망각하고 사단의 말만 신용하여 선악과를 정욕의 대상으로 바라보게 될 때에 그 마음속에 세 가지 타락의 결정적 충동이 일어나게 되었다(창 3 : 6; 요일 2 : 16).

| 창 3 : 6 | 여자가 그 나무를 본즉 먹음직도 하고 보암직도 하고 지혜롭게 할만큼 탐스럽기도 한 나무인지라 여자가 그 실과를 따먹고 자기와 함께 한 남편에게도 주매 그도 먹은지라 |
| 요일 2 : 16 | 이는 세상에 있는 모든 것이 육신의 정욕과 안목의 정욕과 이생의 자랑이니 다 아버지께로 좇아온 것이 아니요 세상으로 좇아온 것이라 |

❖ 먹음직함(육신의 정욕) - 인간에게 있어서 가장 강한 욕구가 식욕인데, 이 식욕은 인간을 탐욕으로 끌고 가는 것이다.

❖ 보암직함(안목의 정욕) - 하와가 금단의 선악과를 바라보는 순간 그의 마음속에 안목의 정욕이 들어오니 "보기에 좋고 탐스러워" 눈을 떼지 못하게 되었던 것이다. 그래서 하와가 계속 선악과를 바라보면 볼수록 그것에 대한 소유욕(죄의 소원)은 더욱 강하게 일어났다.

❖ 지혜롭게 할 만함(이생의 자랑) - 하와가 선악과를 바라보니 그것은 과연 자기를 지혜롭게 할 만큼 아름답고 탐스럽게 보였다. 이리하여 선악과를 바라보던 하와는 완전히 정욕의 노예가 되어 하나님의 말씀을 거역하고 선악과를 따먹어 버렸던 것이다. 그리고 하와는 아담에게도 그것을 주어 먹게 했다. "실과를 따먹고 자기와 함께 한 남편에게도 주매 그도 먹은 지라"(창 3 : 6). 이로써 사단이 계획한 대로 인류는 완전히 범죄하여 타락하게 된 것이다.

II. 인간 타락의 결과

1. 영(靈)이 죽음

성경은 "아담 안에서 모든 사람이 죽은 것같이 그리스도 안에서 모든 사람이 삶을 얻으리라"(고전 15 : 22)고 하였고 또 "범죄하는 그 영혼은 죽을지라…"(겔 18 : 20)고 하였는데 하나님께서 아담에게 "네가 먹는 날에는 정녕 죽으리라"고 선언하셨음에도 불구하고 아담은 선악과를 따먹음으로써 그 순간에 영혼은 죽고 하나님과의 교제가 단절되었으니 이는 곧 영적 사망의 상태로써(엡 2 : 1,12,4 : 18) 지금까지 그들이 지니고 있던 하나님의 형상(영성, 도덕성, 영생, 이성, 지배 권능)이 상실되고 만 것이다.

엡 2 : 1	너희의 허물과 죄로 죽었던 너희를 살리셨도다
엡 2 : 12	그 때에 너희는 그리스도 밖에 있었고 이스라엘 나라 밖의 사람이라 약속의 언약들에 대하여 외인이요 세상에서 소망이 없고 하나님도 없는 자이더니
엡 4 : 18	저희 총명이 어두워지고 저희 가운데 있는 무지함과 저희 마음이 굳어짐으로 말미암아 하나님의 생명에서 떠나 있도다

2. 육(肉)이 죽음

금단의 실과를 따먹고 타락한 인간에게 하나님은 "네가 얼굴에 땀이 흘러야 식물을 먹고 필경은 흙으로 돌아가리니 그 속에서 네가 취함을 입었음이라…"(창 3 : 19)고 하셨다. 인간의 육체적 죽음은 시조 아담의 범죄로 인한 결과이며 이때부터 아담의 후손된 인간은 결국 죽고 자기가 나온 흙으로 돌아갈 운명에 처하게 되었다(욥 4 : 18-19; 롬 5 : 12, 이하 참조 롬 6 : 23; 고후 5 : 2,4).

욥 4 : 18-19 　　하나님은 그 종이라도 오히려 믿지 아니하시며 그 사자라도
　　　　　　　미련하다 하시나니 하물며 흙 집에 살며 티끌로 터를 삼고
　　　　　　　하루살이에게라도 눌려 죽을 자이겠느냐
롬 5 : 12 　　　이러므로 한 사람으로 말미암아 죄가 세상에 들어오고 죄로
　　　　　　　말미암아 사망이 왔나니 이와 같이 모든 사람이 죄를 지었으므로
　　　　　　　사망이 모든 사람에게 이르렀느니라

3. 눈이 밝아짐

선악과를 따먹은 아담과 하와는 그 눈이 밝아져 자기들의 몸이 벗은 줄을 비로소 알게 되었다(창 3 : 7). 이는 그들이 범죄할 때에 하나님의 형상인 영광의 옷이 벗겨져 나갔기 때문이다. 죄인에게는 하나님의 영광이 함께 할 수 없으며 죄인 또한 하나님의 영광에 이르지 못하는 것이다(롬 3 : 23). 또 그들이 자기 몸이 벗은 줄 알게 된 것은 양심의 작용으로 말미암은 것이니 이때부터 인간의 무죄시대는 지나가고 양심의 시대가 시작된 것이다(창 2 : 25). 사람이 선악과를 따먹고 제일 먼저 얻은 것은 죄책감이었다. 아담과 하와가 죄를 짓고 타락한 이후 첫번째로 경험한 것은 수치감이다. 그들은 자신이 벗었음을 깨닫고 수치심을 느끼는 순간 무화과나무 잎으로 옷을 만들어 입었던 것이다(창 3 : 7).

창 3 : 7 　　　이에 그들의 눈이 밝아 자기들의 몸이 벗은 줄을 알고 무화과나무
　　　　　　　잎을 엮어 치마를 하였더라
롬 3 : 23 　　모든 사람이 죄를 범하였으매 하나님의 영광에 이르지 못하더니
창 2 : 25 　　아담과 그 아내 두 사람이 벌거벗었으나 부끄러워 아니하니라

4. 마귀에게 속함

아담과 하와는 하나님의 말씀에 순종할 것인가, 아니면 마귀의 말을 믿고 따를 것인가의 갈림길에서 사단의 말을 더 신임하고 따르기로 작정했다. 그래서 그들은 하나님의 금령을 무시하고 사단의 말대로 선악과를 따먹음으로써 사단과 같이 범죄하고 제 스스로 사단에게 속해 버리고 말았다. 성경에 "죄를 짓는 자는 마귀에게 속한다"고 하였다(요일 3 : 8 참조)라고 하였다. 마귀는 죄의 아비요, 범죄하는

자는 마귀의 자식이 된다(요 8 : 44).

> 요 8 : 44　　**너희는 너희 아비 마귀에게서 났으니 너희 아비의 욕심을 너희도 행하고자 하느니라 저는 처음부터 살인한 자요 진리가 그 속에 없으므로 진리에 서지 못하고 거짓을 말할 때마다 제 것으로 말하나니 이는 저가 거짓말장이요 거짓의 아비가 되었음이니라**

5. 완전 타락함

아담과 하와가 처음 범죄할 때에 그 인성이 전적으로 파괴되어 완전히 타락하고 말았다. 여기서 인성의 타락이라 함은 인간의 정신적, 지적, 도덕적 성품들이 완전히 죄로 오염되어 변질되었다는 것을 의미한다. 성경은 인간이 범죄하여 타락하였기 때문에 "하나님을 알되 하나님으로 영화롭게도 아니하며 감사치도 아니하고 오히려 그 생각이 허망하여지며 미련한 마음이 어두워졌다"(롬 1 : 21-22)라고 하였고, "또한 저희가 마음에 하나님 두기를 싫어하매 하나님께서 저희를 상실한 마음대로 내어 버려두사 합당치 못한 일을 하게 하셨으니…"(롬 1 : 28)라고 하였다. 전적으로 타락한 인간은 선과 의를 행할 능력을 상실하였기 때문에 죄악을 행하는 자는 반드시 영원한 죽음에 이른다는 하나님의 엄하신 선언을 알고 있으면서도 스스로 그 죄를 범할 뿐만 아니라, 다른 범죄자들을 대할 때 그 악한 행위를 옳게 보고 기뻐하는 것이다(롬 1 : 32). 사람이 남의 범죄함을 보고 기뻐하는 것은 스스로 죄를 범하는 것보다 더 악한 노릇이다. 완전 타락한 인간은 선을 행할 능력이 없으므로(롬 3 : 12; 창 6 : 5; 롬 7 : 18) 악을 선하다 하고 선을 악하다 하며, 흑암으로 광명을 삼고 광명으로 흑암을 삼는다(사 5 : 20).

> 롬 1 : 21-22　　**하나님을 알되 하나님으로 영화롭게도 아니하며 감사치도 아니하고 오히려 그 생각이 허망하여지며 미련한 마음이 어두워졌나니 스스로 지혜 있다 하나 우준하게 되어**
>
> 롬 1 : 28　　**또한 저희가 마음에 하나님 두기를 싫어하매 하나님께서 저희를 그 상실한 마음대로 내어버려 두사 합당치 못한 일을 하게 하셨으니**
>
> 롬 1 : 32　　**저희가 이같은 일을 행하는 자는 사형에 해당하다고 하나님의**

정하심을 알고도 자기들만 행할 뿐 아니라 또한 그 일을 행하는
자를 옳다 하느니라

롬 3 : 12   다 치우쳐 한가지로 무익하게 되고 선을 행하는 자는 없나니
하나도 없도다

창 6 : 5   여호와께서 사람의 죄악이 세상에 관영함과 그 마음의 생각의
모든 계획이 항상 악할 뿐임을 보시고

롬 7 : 18   내 속 곧 내 육신에 선한 것이 거하지 아니하는 줄을 아노니 원함은
내게 있으나 선을 행하는 것은 없노라

사 5 : 20   악을 선하다 하며 선을 악하다 하며 흑암으로 광명을 삼으며
광명으로 흑암을 삼으며 쓴 것으로 단 것을 삼으며 단 것으로 쓴
것을 삼는 그들은 화 있을진저

6. 인류가 모두 죄에 빠짐

성경에 "한 사람의 순종치 아니함으로 많은 사람이 죄인된 것…"(롬 5 : 19)이라
고 하였다. 이는 인류의 대표인 아담 한 사람이 범죄하므로 그의 후손된 인류는
모두 다 그 죄에 연루(連累)되었다는 뜻이다. 성경은 시조(始祖)의 죄가 유전(상
속)되어 모든 인간은 다 의롭지 못할 뿐만 아니라 죄인이며 하나님의 진노 아래
에서 사형 언도를 받았다고 한다(롬 5 : 12,17).

롬 5 : 12   이러므로 한 사람으로 말미암아 죄가 세상에 들어오고 죄로
말미암아 사망이 왔나니 이와 같이 모든 사람이 죄를 지었으므로
사망이 모든 사람에게 이르렀느니라

롬 5 : 17   한 사람의 범죄를 인하여 사망이 그 한 사람으로 말미암아 왕노릇
하였은즉 더욱 은혜와 의의 선물을 넘치게 받는 자들이 한 분 예수
그리스도로 말미암아 생명 안에서 왕노릇 하리로다

7. 질병과 고통

근본적인 의미에서 인간의 모든 고난과 육체적 질병은 시조 아담의 범죄와 타
락의 결과로 초래된 것이다(창 2 : 17,3 : 16-17; 사 38 : 17; 요 5 : 24; 막 2 : 5).
사람이 하나님께서 금하신 실과를 먹는 순간에 즉시 죽음의 씨앗인 질병이 그 속

에 심어졌던 것이다. 타락한 아담과 하와가 즉사하지 아니한 것은 하나님의 은혜로운 구속의 계획이 있었기 때문이며 죄는 사망의 형벌을 초래하였고, 사망은 질병을 수반하게 되었다(마 8 : 17; 이하 참조 약 5 : 15-16; 신 28 : 22,27).

창 2 : 17	선악을 알게 하는 나무의 실과는 먹지 말라 네가 먹는 날에는 정녕 죽으리라 하시니라
창 3 : 16-17	또 여자에게 이르시되 내가 네게 잉태하는 고통을 크게 더하리니 네가 수고하고 자식을 낳을 것이며 너는 남편을 사모하고 남편은 너를 다스릴 것이니라 하시고 아담에게 이르시되 네가 네 아내의 말을 듣고 내가 너더러 먹지 말라 한 나무 실과를 먹었은즉 땅은 너로 인하여 저주를 받고 너는 종신토록 수고하여야 그 소산을 먹으리라
사 38 : 17	보옵소서 내게 큰 고통을 더하신 것은 내게 평안을 주려 하심이라 주께서 나의 영혼을 사랑하사 멸망의 구덩이에서 건지셨고 나의 모든 죄는 주의 등 뒤에 던지셨나이다
요 5 : 24	내가 진실로 진실로 너희에게 이르노니 내 말을 듣고 또 나 보내신 이를 믿는 자는 영생을 얻었고 심판에 이르지 아니하나니 사망에서 생명으로 옮겼느니라
막 2 : 5	예수께서 저희의 믿음을 보시고 중풍병자에게 이르시되 소자야 네 죄 사함을 받았느니라 하시니
마 8 : 17	이는 선지자 이사야로 하신 말씀에 우리 연약한 것을 친히 담당하시고 병을 짊어지셨도다 함을 이루려 하심이더라

8. 낙원에서 추방됨

범죄하고 타락한 인간은 에덴에서 추방되어 낙원의 모든 즐거움을 상실했고, 생명나무에도 접근하지 못하게 되었다(창 3 : 22-24). 이로써 인류의 시조 아담과 하와는 하나님께서 금하신 선악과를 따먹음으로써 생명나무의 실과들을 먹을 자유와 에덴의 행복한 생활을 누릴 수 있는 특권을 모두 다 몰수(沒收)당하고 말았다.

창 3 : 22-24	여호와 하나님이 가라사대 보라 이 사람이 선악을 아는 일에

우리 중 하나같이 되었으니 그가 그 손을 들어 생명나무 실과도
따먹고 영생할까 하노라 하시고 여호와 하나님이 에덴동산에서
그 사람을 내어 보내어 그의 근본된 토지를 갈게 하시니라 이같이
하나님이 그 사람을 쫓아 내시고 에덴동산 동편에 그룹들과
두루 도는 화염검을 두어 생명나무의 길을 지키게 하시니라

9. 환경의 악화

1) 성경에 뱀은 "… 모든 육축과 들의 모든 짐승보다 더욱 저주를 받아 배로 다니
고 종신토록 흙을 먹을지니라"(창 3 : 14)고 한 것을 보면 아담의 범죄의 결과로 그
를 유혹하여 타락케 한 뱀은 물론 모든 동물계가 저주를 받아 생태계 환경(生態
界環境)이 악화(惡化)되어 수난을 당하게 된 것이 분명하다.

2) 땅이 저주를 받아 가시덤불과 엉겅퀴를 내게 되었다(창 3 : 17-19).

창 3 : 17-19　　아담에게 이르시되 네가 네 아내의 말을 듣고 내가 너더러 먹지
말라 한 나무 실과를 먹었은즉 땅은 너로 인하여 저주를 받고 너는
종신토록 수고하여야 그 소산을 먹으리라 땅이 네게 가시덤불과
엉겅퀴를 낼 것이라 너의 먹을 것은 밭의 채소인즉 네가 얼굴에
땀이 흘러야 식물을 먹고 필경은 흙으로 돌아가리니 그 속에서
네가 취함을 입었음이라 너는 흙이니 흙으로 돌아갈 것이니라
하시니라

3) 그밖에도 모든 피조물이 사람의 죄로 인하여 온갖 수난을 당하게 되었다.
성경은 "피조물이 고대하는 바는 하나님의 아들들이 나타나는 것이니… 그 바라는 것
은 피조물도 썩어짐의 종노릇한 데서 해방되어 하나님의 자녀들의 영광의 자유에 이
르는 것이니라 피조물이 다 이제까지 함께 탄식하며 함께 고통하는 것을 우리가 아나
니"(롬 8 : 19-22)라고 했다. 그러나 불원한 장래에 이러한 저주가 해제되고(사
11 : 6-9, 65 : 25; 호 2 : 18 참조) 자연 만물이 본래의 온전한 상태와 아름다움과
자유함을 회복하게 될 것이다(사 35장 참조).

인간의 죄와 책임

I. 죄의 전가(轉嫁)

죄의 전가설(轉嫁說)은 인류의 대표 아담이 범죄하던 순간에 전인류가 그의 품 안에 있었으므로 자연히 그들은 아담과 함께 범죄한 것이 되며 따라서 아담의 지은 죄가 곧 우리의 죄라는 주장이다.

다시 말하면 "죄의 전가"라 함은 시조 아담이 최초로 범한 죄의 죄책(罪責 ; 죄로 인해 받는 형벌)과 부패(腐敗 ; 영적, 정신적, 윤리적 타락)가 그의 모든 후손 (인류)에게 전가되어 타락한 인류 세계를 산출하였다는 의미를 함축하고 있다. 아담은 인류의 시조로서 하나님과의 언약의 머리(대표)이다. 그러므로 그가 범한 죄와 그 죄에 대한 책임은 그의 모든 후손들에게 전가된 것이다.

성경에 "한 사람으로 말미암아 죄가 세상에 들어오고 죄로 말미암아 사망이 왔나 니…"(롬 5 : 12)라고 하는 말씀은 바로 이를 증거하고 있다. 하나님께서 아담으로 더불어 언약을 세우신 것은 아담만 위하여 하신 것이 아니고 그 후손까지 포함하여 하신 것이므로 그의 혈통으로 출생하는 인간은 모두 다 그의 품안에서 그의 첫 범죄에 참여하여 그와 함께 타락한 것이 된다.

II. 죄의 책임(責任)

본래 인간의 타락은 사단이 사람을 범죄하도록 유혹하였기 때문에 이루어졌으 니 그 죄에 대한 근본적 책임은 사단에게 있다고 생각할 수 있다. 그러나 성경은 분명히 죄에 대한 책임이 사람에게 있음을 밝히고 있다.

아담에게는 하나님으로부터 선(善)과 악(惡)을 임의로 선택할 수 있는 자유 의 지(自由意志)가 부여되어 있었다. 그러기에 아담은 선악과를 먹고 안 먹고를 자기 스스로 자유로이 선택할 수 있었던 것이다. 그리고 그는 하나님의 형상으로 창조되었기 때문에 사단의 시험과 유혹을 저항할 만한 충분한 능력도 가지고 있었다. 비록 그가 세상에 출생한지 얼마 안되었다 할지라도 원래 그는 정신적, 신체적으로 온전하여 결함이 없었다. 그는 선천적으로 놀라운 지식과 통찰력과 판단력도 타고났던 것이다.

이는 그가 단번에 모든 동물들의 이름을 지어 붙여 준 사실을 미루어 보아서 알 수 있다(창 2 : 19-20). 그러므로 아담이 자기의 지식과 통찰력과 판단력을 발휘하여 마귀의 간계를 간파(看破)하고 하나님께 순종하는 길을 선택하여 마귀의 시험에 저항을 했더라면 사단은 달아나 버리고 말았을 것이다(약 4 : 7). 그러나 하나님의 명령에 순종하여 하나님을 기쁘시게 해야 할 아담은 사단의 시험을 저항하지 않고 그 자유 의지로써 마귀에게 순응하고 하나님께 불순종하기를 선택하였으니 이는 그가 고의적으로 하나님의 뜻에 반대하는 길을 택한 것이다. 그러므로 이에 대한 전적인 책임을 면할 길이 없는 것이다(살후 1 : 8-9; 롬 6 : 23; 창 3 : 16-19 참조).

창 2 : 19-20　　여호와 하나님이 흙으로 각종 들짐승과 공중의 각종 새를 지으시고
　　　　　　　　아담이 어떻게 이름을 짓나 보시려고 그것들을 그에게로 이끌어
　　　　　　　　이르시니 아담이 각 생물을 일컫는 바가 곧 그 이름이라 아담이
　　　　　　　　모든 육축과 공중의 새와 들의 모든 짐승에게 이름을 주나라
　　　　　　　　아담이 돕는 배필이 없으므로
약 4 : 7　　　　그런즉 너희는 하나님께 순복할지어다 마귀를 대적하라 그리하면
　　　　　　　　너희를 피하리라
살후 1 : 8-9　　하나님을 모르는 자들과 우리 주 예수의 복음을 복종치 않는
　　　　　　　　자들에게 형벌을 주시리니 이런 자들이 주의 얼굴과 그의 힘의
　　　　　　　　영광을 떠나 영원한 멸망의 형벌을 받으리로다
롬 6 : 23　　　　죄의 삯은 사망이요 하나님의 은사는 그리스도 예수 우리 주 안에
　　　　　　　　있는 영생이니라

III. 구원의 예시(豫示)

1. 속죄의 예시(豫示)

하나님은 범죄하고 타락한 인간을 즉각 멸망시켜 버리실 수도 있었으나 진노 중에도 긍휼을 잊지 않으시고(합 3 : 2) 범죄한 아담에게 찾아오사 그를 불러 범죄의 까닭을 물으셨다(창 3 : 8-11 참조). 그리고 그가 무화과나무 잎을 엮어 스스로 자기의 벗은 몸을 가리었으나 수치가 가리워지지 않아 부끄러움을 견디지 못해 숨어 있는 것을 보시고 하나님은 죄 없는 짐승을 잡아 그 가죽으로 옷을 지어 그에게 입혀 주셨다(창 3 : 21).

이는 장차 있을 그리스도를 통한 대신 속죄(代身贖罪)의 예시로서 즉 하나님의 자비와 사랑과 용서 외에는 인간의 죄가 가리움을 받을 수 없고 사함받을 길이 없다는 것을 보여 주신 것이다(롬 3 : 24). 이때에 인간을 위하여 죽음을 당한 죄 없는 짐승은 십자가에서 죽으실 예수님(롬 5 : 17), 곧 하나님의 독생자로서 세상 죄를 지고 갈 어린양이신 예수님의 모형이다(요 1 : 29). 이로써 하나님은 장차 예수 그리스도의 십자가 보혈의 공로로 인류가 구속함을 받게 될 것을 분명하게 보여 주신 것이다. 이때부터 범죄한 인간을 구속하시려는 하나님의 경륜이 시작되었으니 무한하신 하나님의 자비와 긍휼에 감격할 뿐이다.

합 3 : 2	여호와여 내가 주께 대한 소문을 듣고 놀랐나이다 여호와여 주는 주의 일을 이 수년 내에 부흥케 하옵소서 이 수년 내에 나타내시옵소서 진노 중에라도 긍휼을 잊지 마옵소서
창 3 : 21	여호와 하나님이 아담과 그 아내를 위하여 가죽옷을 지어 입히시니라
롬 3 : 24	그리스도 예수 안에 있는 구속으로 말미암아 하나님의 은혜로 값 없이 의롭다 하심을 얻은 자 되었느니라
롬 5 : 17	한 사람의 범죄를 인하여 사망이 그 사람으로 말미암아 왕노릇 하였은즉 더욱 은혜와 의의 선물을 넘치게 받는 자들이 한 분 예수 그리스도로 말미암아 생명 안에서 왕노릇 하리로다
요 1 : 29	이튿날 요한이 예수께서 자기에게 나아오심을 보고 가로되 보라 세상 죄를 지고 가는 하나님의 어린양이로다

2. 낙원 회복의 예시(豫示)

하나님이 에덴동산을 지으셔서 아담에게 주시는 동시에 그 동산과 그 안의 만물을 지배하고 다스리는 지배권까지 부여하셨으니 사람은 사실상 낙원의 주인이었다. 그러나 불행하게도 낙원의 주인이었던 사람이 범죄하고 타락하여 추방을 당하였다.

하나님은 주인 없는 에덴동산을 아주 없애버릴 수도 있으셨다. 그러나 하나님은 범죄한 인간만 쫓아내시고 에덴동산은 그대로 두신 채 다만 출입구에 화염검을 세우고 그룹(천사)을 배치하여 지키게 하셨다(창 3 : 24). 이는 언젠가 에덴의 낙원을 다시 인간에게 되돌려 주심으로써 에덴 창조의 본래 이상(本來理想)을 실현하시고자 하시는 하나님의 계획이 있으심을 암시하신 것이다.

창 3 : 24   이같이 하나님이 그 사람을 쫓아내시고 에덴동산 동편에 그룹들과
두루 도는 화염검을 두어 생명나무의 길을 지키게 하시니라

죄의 본질

I. 죄의 개념

성경이 말하는 죄는 언제나 하나님과 관련된 것이기 때문에 그 죄의 개념도 하나님과 관련해서 생각할 때만이 바로 인식하게 된다. 그러므로 하나님을 믿지 않는 사람들은 죄가 어떤 것인지 죄의 실상(實狀)을 바로 알지 못하며, 하나님을 믿는 자라 하더라도 하나님 앞에 바로 서지 않고서는 죄를 밝히 알지 못하는 것이다.

성경 역사에서 사람이 하나님의 임재 앞에 설 때에 자기 죄상(罪狀)을 밝히 보고 두려워하거나 괴로워한 예가 많다. 시내산의 이스라엘 백성들(출 20 : 19), 마노아(삿 13 : 22), 이사야(사 6 : 5), 욥(욥 42 : 5-6), 다윗(시 51 : 3), 베드로(눅 5 : 8), 바울(딤전 1 : 15), 십자가의 강도(눅 23 : 40), 탕자(눅 15 : 21)가 그러했다.

출 20 : 19   모세가 이르되 당신이 우리에게 말씀하소서 우리가 들으리이다
              하나님이 우리에게 말씀하시지 말게 하소서 우리가 죽을까 하나이다

삿 13 : 22   그 아내에게 이르되 우리가 하나님을 보았으니 반드시 죽으리로다

사 6 : 5   그 때에 내가 말하되 화로다 나여 망하게 되었도다 나는 입술이
              부정한 사람이요 입술이 부정한 백성 중에 거하면서 만군의
              여호와이신 왕을 뵈었음이로다

욥 42 : 5-6   내가 주께 대하여 귀로 듣기만 하였삽더니 이제는 눈으로 주를
              뵈옵나이다 그러므로 내가 스스로 한하고 티끌과 재 가운데서
              회개하나이다

시 51 : 3   대저 나는 내 죄과를 아오니 내 죄가 항상 내 앞에 있나이다

눅 5 : 8   시몬 베드로가 이를 보고 예수의 무릎 아래 엎드려 가로되 주여

나를 떠나소서 나는 죄인이로소이다 하니

딤전 1 : 15   미쁘다 모든 사람이 받을 만한 이 말이여 그리스도 예수께서 죄인을
구원하시려고 세상에 임하셨다 하였도다 죄인 중에 내가 괴수니라

눅 23 : 40   하나는 그 사람을 꾸짖어 가로되 네가 동일한 정죄를 받고서도
하나님을 두려워 아니하느냐

눅 15 : 21   아들이 가로되 아버지여 내가 하늘과 아버지께 죄를 얻었사오니
지금부터는 아버지의 아들이라 일컬음을 감당치 못하겠나이다 하나

1. 죄의 정의

1) 하말타노

헬라어로 "죄(罪)"를 "하말타노(ἁμαρτανω)"라 하는데 이는 목적을 어긴다
는 뜻이 있다. 본래적 의미로는 "과녁을 맞히지 못하다(그래서 상을 받지 못하다)"
의 뜻으로 특히 도덕적으로 어긋나게 잘못하여 지은 죄를 의미한다(눅 15 : 18;
벧후 2 : 4).

눅 15 : 18   내가 일어나 아버지께 가서 이르기를 아버지여 내가 하늘과
아버지께 죄를 얻었사오니

벧후 2 : 4   하나님이 범죄한 천사들을 용서치 아니하시고 지옥에 던져 어두운
구덩이에 두어 심판 때까지 지키게 하셨으며

2) 하타아

히브리어로는 "죄"를 "하타아(חָטָא)"라고 한다. 이도 역시 헬라어의 "하말타노"
와 같이 "과녁이 빗나가다"라는 뜻이 있다. 즉 "하타아"는 "위법" 또는 "범법"이라
는 뜻이다. 또 헬라어로는 "죄"를 "하말티아(ἁμaτια)"라고도 하는데 이는 "위
반함"이란 뜻이다. 그러므로 "하타아"나 "하말티아"란 특히 불법을 행하고 율법을
범하는 죄를 의미한다(삼하 15 : 25; 요일 3 : 4; 신 9 : 27).

이상의 어의(語義)로 보면 "죄(罪)"란 사람의 행위나 마음의 상태가 하나님의
목적과 그 뜻에 위배되고(롬 1 : 18; 겔 20 : 16) 하나님의 법을 어기고 불법과 불
의를 행하는 것이다(롬 5 : 15). 웨스트민스터 신앙고백과 소요리 문답에도 "죄는

하나님의 법을 순종하는데 어긋나는 것이나 또는 범하는 것이다"라고 규정하고 있다
(웨스트민스터 신앙고백 6장 6조, 소요리 문답 14문 참조).

삼하 15 : 25	왕이 사독에게 이르되 하나님의 궤를 성으로 도로 메어 가라 만일 내가 여호와 앞에서 은혜를 얻으면 도로 나를 인도하사 내게 그 궤와 그 계신 데를 보이시리라
요일 3 : 4	죄를 짓는 자마다 불법을 행하나니 죄는 불법이라
신 9 : 27	주의 종 아브라함과 이삭과 야곱을 생각하사 이 백성의 강퍅과 악과 죄를 보지 마옵소서
롬 1 : 18	하나님의 진노가 불의로 진리를 막는 사람들의 모든 경건치 않음과 불의에 대하여 하늘로 좇아 나타나나니
겔 20 : 16	그들이 마음으로 우상을 좇아 나의 규례를 업신여기며 나의 율례를 행치 아니하며 나의 안식일을 더럽혔음이니라

II. 원죄(原罪)와 본죄(本罪)

1. 원죄

1) 원죄의 개념

인류의 시조(始祖) 아담이 타락할 때 그의 범한 죄가 그의 후손인 모든 인류에게 전가되고 오염되었으므로(롬 5 : 12) 아담의 후손인 모든 사람은 날 때부터 죄를 유전받고 죄인의 신분과 죄의 상태로 태어나게 된다. 이러한 상태를 가리켜서 원죄 또는 유전죄(遺傳罪)라고 하는 것이다.

성경에 "내가 죄악 중에 출생하였음이여 모친이 죄 중에 나를 잉태하였나이다"(시 51 : 5)라는 말씀이나, "아이들이 그의 태(胎) 속에서 서로 싸우는지라…"(창 25 : 22)고 한 말씀은 인간의 원죄(유전죄)와 그 근성(根性)을 잘 나타내 보여주고 있다. 인간은 이 원죄로 인하여 죄 없이 세상에 태어날 수 없으니, 세상에 태어나는 사람치고 죄와 상관없이 태어나는 사람은 한 사람도 없다. 그러기에 성경은 "의인은 없나니 하나도 없으며 깨닫는 자도 없고 하나님을 찾는 자도 없고 다 치우쳐 한 가지로 무익하게 되고 선을 행하는 자는 없나니 하나도 없도다"(롬 3 : 10-12)라고 한다.

롬 5 : 12   이러므로 한 사람으로 말미암아 죄가 세상에 들어오고 죄로
            말미암아 사망이 왔나니 이와 같이 모든 사람이 죄를 지었으므로
            사망이 모든 사람에게 이르렀느니라

2) 원죄설의 근거와 내용

사도 바울은 로마서 5장 12-19절에서 아담과 그리스도를 비교하는 가운데 한
사람 아담의 죄로 인해 죄악이 세상에 들어와 보편화(普遍化) 되었음을 지적하였
다. 이같은 바울의 죄관(罪觀)은 유명한 원죄설(原罪說)의 근거가 되었다. 원죄설
의 근거로 인용되는 성구는 이밖에도 에베소서 2장 3절, 욥기서 31장 3절, 이사
야서 43장 27절 등이 있으나 로마서 5장 12-19절처럼 명료한 것은 못된다. 원죄
설의 주요 내용을 이루고 있는 요소들은 다음과 같다.

엡 2 : 3   전에는 우리도 다 그 가운데서 우리 육체의 욕심을 따라 지버며
            육체와 마음의 원하는 것을 하여 다른 이들과 같이 본질상 진노의
            자녀이었더니
욥 31 : 3   불의자에게는 환난이 아니겠느냐 행악자에게는 재앙이 아니겠느냐
사 43 : 27 네 시조가 범죄하였고 너의 교사들이 나를 배역하였나니

(1) 원범죄(原犯罪)

인간의 죄는 아담의 범죄라는 역사적 사실에서 출발하였다. 즉 아담은 전인류
의 시조(대표)로서 그의 범죄는 그대로 그의 모든 후손에게 유전(遺傳)되었다. 물
론 아담의 죄목(罪目, 선악과를 따먹음) 자체는 유전될 수가 없지만 그 범죄의 사
실과 성질(하나님께 불순종함)은 그대로 유전되어 그의 모든 후손에게 원죄(原
罪)가 되고, 그것이 모든 구체적인 자범죄(自犯罪)의 원인이 된다(롬 5 : 12-19;
참조 엡 2 : 3; 고전 15 : 22).

엡 2 : 3   전에는 우리도 다 그 가운데서 우리 육체의 욕심을 따라 지버며
            육체와 마음의 원하는 것을 하여 다른 이들과 같이 본질상 진노의
            자녀이었더니

고전 15 : 22   아담 안에서 모든 사람이 죽은 것같이 그리스도 안에서 모든
사람이 삶을 얻으리라

(2) 근본적 부패(根本的 腐敗)

인류의 시조 아담의 범죄로 인하여 그 후손인 사람은 나면서부터 부패(腐敗 ;
타락)한 심령(心靈)을 지니게 된다. 그것은 소극적인 심령적 부패가 아니라 적극
적인 악의 근원이 된다.

(3) 완전 타락(完全 墮落)

인간의 근본적 부패의 범위는 완전 타락이다. 그러나 이는 인간에게 도덕적(道
德的)인 선(善)이나 하나님을 찾는 종교적 탐구심(宗敎的 探究心)같은 것도 없다
는 뜻은 아니다. 하나님과의 정상적인 관계에 있어서 요구되는 종교적 도덕의 표
준에서 판단할 때 전적으로 타락하여 선(善)이 없다는 것이다(롬 7 : 18, 23 참조;
엡 4 : 18 참조; 딤후 3 : 2-4; 히 3-12 참조).

롬 7 : 18   내 속 곧 내 육신에 선한 것이 거하지 아니하는 줄을 아노니 원함은
내게 있으나 선을 행하는 것은 없노라

딤후 3 : 2-4   사람들은 자기를 사랑하며 돈을 사랑하며 자긍하며 교만하며
훼방하며 부모를 거역하며 감사치 아니하며 거룩하지 아니하며
무정하며 원통함을 풀지 아니하며 참소하며 절제하지 못하며
사나우며 선한 것을 좋아 아니하며 배반하여 팔며 조급하며
자고하며 쾌락을 사랑하기를 하나님 사랑하는 것보다 더하며

(4) 전적 무능(全的 無能)

인간의 완전 타락의 결과는 전적 무능성(全的 無能性)이다. 이것도 완전 타락
의 결과와 마찬가지로 인간에게 도덕적, 또는 율법적 선(善)을 수행할 능력이 아
주 없다는 뜻은 아니다. 하나님과의 관계에 있어서 높은 종교적 요구의 표준에
달하는, 즉 하나님께서 요구하시는 신령한 선(善)을 행할 능력이 없다는 것이다
(롬 7 : 18; 고전 2 : 14).

이상과 같은 원죄설은 다음과 같은 점에서 반대를 일으키고 있다.

즉 ① 과학적으로 볼 때 완전에서 타락하였다는 원죄설은 불완전에서 완전으로 진화하였다는 진화론과 충돌하며 ② 윤리적으로 볼 때 타인의 범죄의 보응을 불범죄자(不犯罪者)가 받는다는 것은 윤리적 원리에 배치되며 ③ 실제적인 면에서 볼 때 전적 무능의 주장은 도덕적 선행의 장려를 막는 것이 되고 ④ 종교적 완전 타락의 주장은 회개의 가능성을 배제한다는 것이다. 그러나 위와 같은 원죄설은 어거스틴에서 형성되고 스콜라 시대에서 굳어져서 개혁주의자(칼빈)에서 확인된 것이라고 정통주의 신학자들은 주장하고 있다.

롬 7 : 18　　내 속 곧 내 육신에 선한 것이 거하지 아니하는 줄을 아노니 원함은
　　　　　　내게 있으나 선을 행하는 것은 없노라

고전 2 : 14　육에 속한 사람은 하나님의 성령의 일을 받지 아니하나니
　　　　　　저희에게는 미련하게 보임이요 또 깨닫지도 못하나니 이런 일은
　　　　　　영적으로라야 분변함이니라

2. 본죄

본죄(本罪)라 함은 인간이 출생한 후 자기 자신의 의지로써 범한 죄(자범죄, 自犯罪)를 의미한다. 시조(始祖) 아담이 지은 원죄(原罪)의 유전(遺傳)으로 인하여 그 후손인 인간들 역시 죄를 짓게 되는데 이렇게 각 개인이 짓는 죄를 가리켜 자범죄 혹은 본죄라고 한다. 바꾸어 말하면 본죄(자범죄)란 각 개인에게 유전된 원죄, 즉 죄의 근성(根性 ; 혹은 죄의 뿌리)에서 나오는 모든 의식적인 사고와 그 의지(意志 ; 사고의 실행)로 인하여 이루어지는 죄을 의미한다. 그러므로 인간에게 원죄는 오직 아담으로부터 유전된 것 하나뿐이지만 본죄(자범죄)는 여럿이니, 즉 교만, 질투, 증오, 감각적 육욕, 노는 사욕과 같은 내적 생활에서 범하는 죄와 사기, 도적, 살인, 간음, 기타 모든 불법과 불의한 행동 등 외부적 생활에서 범하는 죄가 모두 다 포함되는 것이다(롬 1 : 28-31; 행 8 : 23).

롬 1 : 28-31　또한 저희가 마음에 하나님 두기를 싫어하매 하나님께서 저희를
　　　　　　　그 상실한 마음대로 내어 버려 두사 합당치 못한 일을 하게

하셨으니 곧 모든 불의 추악 탐욕 악의가 가득한 자요 시기 살인
분쟁 사기 악독이 가득한 자요 수군수군하는 자요 비방하는 자요
하나님의 미워하시는 자요 능욕하는 자요 교만한 자요 자랑하는
자요 악을 도모하는 자요 부모를 거역하는 자요
우매한 자요 배약하는 자요 무정한 자요 무자비한 자라

행 8 : 23　내가 보니 너는 악독이 가득하며 불의에 매인 바 되었도다

1) 본죄의 구분

원죄(유전죄)는 하나이나 본죄(자범죄)는 여럿이며 이는 또 그 죄의 경중(輕重)과 죄책(罪責)의 상이(相異)함에 따라 여러 종류로 구분된다. 성경에 "알고 행한 죄는 각 사람에게 그 행한 대로 보응하신다"라고 함과(롬 2 : 6 참조), "그리스도를 빌라도에게 넘겨 준 자의 죄는 더 크니라"고 함과(요 19 : 11 참조), "진리를 알고 짐짓 죄를 범하는 것은 모세의 법을 폐한 죄보다 더 중하다"라고 함은(히 10 : 26-29 참조) 죄의 경중이 다르고 죄책이 서로 다름에 따라서 여러 가지로 죄가 구분됨을 보여 주고 있다.

(1) 무식죄와 지식죄

무식죄(無識罪)와 지식죄(知識罪)의 구분이라 함은 같은 죄라도 그 죄인의 지식 정도, 즉 그가 가진 지식의 정도와 선천적으로 부여받은 재능 여하에 따라서 죄책의 경중이 구별됨을 의미한다. 성경은 무식죄보다 지식죄가 더 죄책(罪責)이 중함을 보여 주고 있다. 예수님께서 하나님의 특별 계시를 받아 알고도 범죄한 이스라엘 사람들은 그것을 모르고 범죄한 이방인들보다 더 중한 형벌을 받게 될 것이라고 경고하셨다(마 10 : 15 참조). 알고 지은 죄는 모르고 지은 죄보다 오히려 중한 심판을 받는 것은 당연한 이치이다. 무식죄와 지식죄를 구분하는 성경의 근거는 다음과 같다.

❖ 복음을 받아들이지 않는 경우 "··· 소돔과 고모라 땅이 그 성(선민)보다 견디기 쉬우리라"(마 10 : 6,15)고 하였다.

❖ 주님에 대한 충성에 있어서 "주인의 뜻을 알고도 예비치 아니하고 그 뜻대로 행치 아니하는 종은 많이 맞을 것이요, 알지 못하고 맞을 일을 행한 종은 적게 맞으리라"(눅 12 : 47-48)고 하였다.

❖ 그리스도를 박해함에 대하여 "나(그리스도)를 네(빌라도)게 넘겨준 자의 죄는 더 크니라…"(요 19 : 11; 눅 23 : 24)고 하였으니, 그리스도를 십자가에 못박은 죄책이 이방인보다 유대인이 더 크다.

❖ 진리에 대하여 "알지 못하던 시대에는 하나님이 허물치 아니하셨거니와 이제는 (그리스도가 오시므로 진리가 밝히 드러났으니) 어디든지 사람을 다 명하사 회개하라 하셨으니"(행 17 : 30)라고 하였다. 성경은 이밖에도 여러 곳에서 하나님의 법과 성지(聖旨)를 알고 범죄한 자는 그것을 모르고 범죄한 자보다 죄가 더 중하다고 가르쳐 주고 있다(롬 1 : 32,2 : 12; 이하 참조 딤전 1 : 13,15-16; 약 4 : 17).

롬 1 : 32   저희가 이같은 일을 행하는 자는 사형에 해당하다고 하나님의 정하심을 알고도 자기들만 행할 뿐 아니라 또한 그 일을 행하는 자를 옳다 하느니라

롬 2 : 12   무릇 율법 없이 범죄한 자는 또한 율법 없이 망하고 무릇 율법이 있고 범죄한 자는 율법으로 말미암아 심판을 받으리라

(2) 연약죄와 고범죄

연약죄(軟弱罪)와 고범죄(故犯罪)의 구분은 같은 죄라도 그 죄인의 악의지(惡意志)의 역량(力量)과 고의성 여부에 따라서 죄책(罪責)의 경중(輕重)이 구별됨을 의미한다. 연약죄는 인간의 조급(躁急 : 참을 수 없이 급함)이나 연약성 때문에 범행되어지는 죄이며, 고범죄는 고의적인 강력한 악의 선택 의지로 범행되어지는 죄이다.

피조물인 인간이 교만하여 조물주 하나님을 멸시함으로써 범하는 고범죄는 인간의 연약성이나 조급성으로 인하여 범하는 연약죄보다 더 큰 죄책이 부과되는 것이 당연하다(시 19 : 12-13; 이하 참조 사 5 : 18; 갈 6 : 1; 딤전 5 : 24).

성경에 고의적으로 방자(放恣)히 범행한 죄와 부지중에 무식(無識)이나 연약 혹 오해로 인하여 지은 죄는 중요한 구별을 짓고 있다(민 15 : 29-31). 예컨대, 고범죄의 경우에는 제사(祭祀)로 속(贖)하지 못하고 엄중하고 혹독한 형벌을 받도록 하는 반면에(민 15 : 30-31) 무식이나 연약죄 등은 제사로 속할 수 있고 관대히 판단하도록 한 것이다(민 15 : 29). 그리고 살인의 경우에 고살자(故殺者)는 도피성(逃避城)의 보호를 받을 수 없도록 하였으니(민 35 : 16-34 참조), 이는 같은 살인죄라도 그것이 연약성으로 인한 범죄냐 아니면 고범적 범죄냐에 따라서 죄책과 형벌의 등급이 구별됨을 보여 주는 것이다.

성경에 죄는 같을지라도 그 죄인이 악을 충분히 의식하면서 숙고(熟考)를 가지고 지은 지식죄는 부지중에 또는 오해나 연약성으로부터 결과된 무식죄보다 더 크고 허물되다 함은 하나님의 공의에 부합하는 사상이라 하겠다.

시 19 : 12-13　자기 허물을 능히 깨달을 자 누구리요 나를 숨은 허물에서 벗어나게
　　　　　　　하소서 또 주의 종으로 고범죄를 짓지 말게 하사 그 죄가 나를
　　　　　　　주장치 못하게 하소서 그리하시면 내가 정직하여 큰 죄과에서
　　　　　　　벗어나겠나이다

민 15 : 30-31　본토 소생이든지 타국인이든지 무릇 짐짓 무엇을 행하면 여호와를
　　　　　　　훼방하는 자니 그 백성 중에서 끊쳐질 것이라 그런 사람은 여호와의
　　　　　　　말씀을 멸시하고 그 명령을 파괴하였은즉 그 죄악이 자기에게로
　　　　　　　돌아가서 온전히 끊쳐지리라

민 15 : 29　이스라엘 자손 중 본토 소생이든지 그들 중에 우거하는
　　　　　　타국인이든지 무릇 그릇 범죄한 자에게 대한 법이 동일하거니와

(3) 사죄와 경죄

로마 카톨릭은 사죄(死罪, 죽을 죄)를 구별한다. 그러나 어떤 죄가 사죄이고, 경죄(輕罪)인지를 구별하는 것은 극히 곤란하고 위험하다는 것을 시인한다. 그들은 사도 바울이 "육체의 일은 현저하니 곧 음행과 더러운 것과 호색과 우상 숭배와 술수와 원수를 맺는 것과 분쟁과 시기와 분냄과 당짓는 것과 분리함과 이단과 투기와 술취함과 방탕함과 또 그와 같은 것들이라…이런 일을 하는 자들은 하나님의 나라를

유업으로 받지 못할 것이요"(갈 5 : 19-21)라고 한 말씀에 의거하여 사죄와 경죄의 구별을 세웠다. 그들의 주장에 의하면 중요한 사건에 하나님의 율법을 고의적으로 위법하는 것은 사죄를 범함이 되며 이 죄는 그 죄인으로 하여금 영벌(永罰)을 받게 한다는 것이다. 그러나 그렇게 중요하지 않은 사건에 하나님의 법을 범하거나 그 범죄가 전연 고의적이 아닐 때에는 경죄가 되며 이 같은 죄는 쉽게 용사(容赦)되고 심지어 고백이 없더라도(사죄의 용사는 고해 성사에 의해서만 얻어진다고 함) 용사된다는 것이다.

이런 구별은 성경적이라고 할 수 없다. 하나님 앞에는 아무리 작은 죄라도 그것은 질적인 면에서 경하다 할 수 없다. 죄란 하나님을 배반한 상태와 성질로부터 나오는 것으로 모든 죄는 본질적으로 같은 것이다. 그러므로 성경은 "… 모든 범죄함과 순종치 아니함이 하나님의 공변된 보응을 받았거든"(히 2 : 2)이라고 했다. 그리고 하나님 앞에는 어떤 죄라도 고백함으로써 사함을 얻게 된다는 것이 성경의 가르침이다(요일 1 : 9; 시 32 : 5,51 : 3; 잠 28 : 13).

요일 1 : 9	만일 우리가 우리 죄를 자백하면 저는 미쁘시고 의로우사 우리 죄를 사하시며 모든 불의에서 우리를 깨끗케 하실 것이요
시 32 : 5	내가 이르기를 내 허물을 여호와께 자복하리라 하고 주께 내 죄를 아뢰고 내 죄악을 숨기지 아니하였더니 곧 주께서 내 죄의 악을 사하셨나이다(셀라)
시 51 : 3	대저 나는 내 죄과를 아오니 내 죄가 항상 내 앞에 있나이다
잠 28 : 13	자기의 죄를 숨기는 자는 형통치 못하나 죄를 자복하고 버리는 자는 불쌍히 여김을 받으리라

⑷ 불가사적 죄(不可赦的 罪)

❖ 불가사적 죄란?

불가사적 죄는 사망에 이르는 죄, 즉 영원히 용서받을 수 없는 죄를 의미한다. 신약의 요한 서신은 이 죄를 범한 사람은 마음의 변경이 불가능하여 회개가 이루어지지 못하므로 위하여 기도할 필요도 없다고 한다(요일 5 : 16).

사망에 이르는 죄가 무엇이냐에 대하여는 사도 요한이 짧고도 주해 없이 증거한 말인지라(요일 5 : 16-17 참조) 이에 대하여 확실한 해석을 내리기는 어렵다.

칼빈은 사망에 이르는 죄는 "어떤 부분적 계명을 범한 것이 아니라 근본적으로 하나님에게서 떠난 이단 사상"이라고 하였다. 그러나 성경이 말하는 불가사적 죄는 성령 훼방죄를 가리킴이 분명하다.

이 죄에 대하여는 예수님께서 분명히 말씀하시기를 "사람의 모든 죄와 훼방은 사하심을 얻되 성령을 훼방하는 것은 사하심을 얻지 못하겠고 또 누구든지 말로 인자를 거역하면 사하심을 얻되 누구든지 말로 성령을 거역하면 이 세상과 오는 세상에도 사하심을 얻지 못하리라"고 하셨다(마 12 : 31-32; 막 3 : 28-30; 눅 12 : 10 참조).

신약의 서신서에 언급된 불가사적 죄에 대하여 성경의 확실한 해석은 없지만 이도 역시 성령 훼방죄를 가리키는 것이 틀림없다(요일 5 : 16; 이하 참조 히 10 : 28-29; 딤후 3 : 8). 불가사적 죄나 사망에 이르는 죄 혹은 성령 훼방죄는 여러 성경 학자들의 견해와 설명을 종합해 볼 때 예수님께서 그리스도이신 것을 부인하고 끝까지 회개치 않고 하나님의 사랑을 거부하는 불신앙의 죄라고 할 수 있다. 사실 하나님 앞에 용서받지 못할 죄는 없다. 그러나 회복할 수 없는 죄인이 있으니 그것은 회개하지 않는 사람이다(마 12 : 31 참조; 요일 5 : 16)

> 요일 5 : 16　　누구든지 형제가 사망에 이르지 아니한 죄 범하는 것을 보거든 구하라 그러면 사망에 이르지 아니하는 범죄자들을 위하여 저에게 생명을 주시리라 사망에 이르는 죄가 있으니 이에 대하여 나는 구하라 하지 않노라

❖ 불가사적 죄의 내용

불가사적 죄가 성령 훼방죄라면 성령 훼방죄란 구체적으로 무엇을 의미하는가? 성령 훼방죄란 인간이 방자(放恣)하여 하나님의 성령을 대항하는 참람죄(僭濫罪)를 의미한다.

성령 훼방죄는 그리스도 안에서 나타내신 하나님의 은혜에 대하여 성령이 증거하시는 체험과 확신을 반대하여 의식적으로 악의적으로 거절하며 비방하는 죄이다. 그러므로 이 죄는 일반적으로 성령을 거역하는 죄가 아니라 특별히 성령을 거역하며 비방하는 죄를 의미한다(막 3 : 29; 이하 참조 마 12 : 31; 눅 12 : 10).

이에 대한 증거는 성령을 거역하되 오히려 사면을 받을 수 있는 죄도 있으나 (엡 4 : 30 참조), 성령을 훼방하는 죄와 말로 성령을 거역하는 죄는 금생과 내세에 사함을 받지 못하는 죄라고 한 것이 그것이다(마 12 : 31-32 참조). 성령께서 내심(內心)에 감동하시며 역사하실 때, 그 역사하심을 알면서도 이를 고의적으로 훼방하여 거역하는 자에게는 사유의 길이 있을 수 없다. 성령의 감동이나 역사는 죄를 깨닫게 하며 회개케 하는 것인데 이를 거부하는 것은 결국 회개를 거부하는 것이며 회개를 거부하고는 사죄가 불가능하기 때문이다.

사람은 죄가 커서 용서받지 못하는 것이 아니라 죄를 회개치 않으므로 용서를 받지 못하는 것이다. 사람이 아무리 죄가 커도 회개만 하면 사함을 받는 것이다(요일 1 : 9; 사 1 : 18). 그러기에 회개가 불가능한 성령 훼방죄를 가리켜 죽음에 이르는 죄라고 한 것이다(요일 5 : 16). 성령 훼방죄는 부정할래야 부정할 수 없을 정도로 강력한 진리에 대한 지적 확신, 성령의 내적 조명(照明), 그리고 진리에 대한 심원한 지식 등을 저버린 사람들 가운데서 찾아 볼 수 있는 것이다(히 6 : 4-8 참조).

이 죄는 그 자체가 단지 진리를 의심하거나 그것을 부정하는 것으로 되는 것이 아니라 마음의 확신과 양심의 조명과 심정의 판단에 거슬려 행하는 진리의 반항으로 되어지는 것이다. 이 죄가 용서받지 못하는 이유는 일체의 회개를 거절하고 양심을 마비시켜 죄인을 완고하게 하는 것(죄)이기 때문이다. 사실상 하나님께 사유받지 못할 죄가 있을 수 없다. 바울은 자신이 전에 행한 일을 반성하며 자기는 "훼방자"라고 자복했다(딤전 1 : 13).

막 3 : 29	누구든지 성령을 훼방하는 자는 사하심을 영원히 얻지 못하고 영원한 죄에 처하느니라 하시니
요일 1 : 9	만일 우리가 우리 죄를 자백하면 저는 미쁘시고 의로우사 우리 죄를 사하시며 모든 불의에서 우리를 깨끗케 하실 것이요
사 1 : 18	여호와께서 말씀하시되 오라 우리가 서로 변론하자 너희 죄가 주홍 같을지라도 눈과 같이 희어질 것이요 진홍같이 붉을지라도 양털같이 되리라
요일 5 : 16	누구든지 형제가 사망에 이르지 아니한 죄 범하는 것을 보거든

구하라 그러면 사망에 이르지 아니하는 범죄자들을 위하여 저에게
생명을 주시리라 사망에 이르는 죄가 있으니 이에 대하여 나는
구하라 하지 않노라

딤전 1 : 13   내가 전에는 훼방자요 핍박자요 포행자이었으나 도리어 긍휼을
입은 것은 내가 믿지 아니할 때에 알지 못하고 행하였음이라

❖ 불가사적 죄에 대한 오해

① 그리스도 재세시(在世時)에 국한된 죄다.

불가사적 죄는 그리스도께서 세상에 계실 동안에만 범할 수 있었던 죄라
고 한다. 이 죄는 그리스도께서 성령의 권능으로 이적을 행하는 것을 마음에 확
인하면서 그것을 성령의 역사라고 공언(公言)하지 않고 사단의 공작에 의한 결과
로 돌리었던 것이라고 한다. 그러나 히브리서 10장 26-31절과 요한일서 5장 16절
등의 말씀을 볼 때 불가사적 죄가 그리스도의 재세시에만 범할 수 있었던 죄라고
국한하는 것은 비성경적이다.

② 끝내 회개를 거부하는 죄

불가사적 죄는 끝까지 고집하는 불회개(不悔改), 즉 끝까지 회개치 않는
고집이라는 것이다. 그러므로 불가사적 죄는 계속적인 불신앙, 즉 구주 예수 그
리스도를 믿고 마음에 받아들이기를 끝까지 거부하는 데서 이루어진다. 그러나
앞에서 언급한 불가사적 죄는 불회개 상태보다 특수한 성격을 지니고 있음을 성
경이 밝히 보여 주고 있다(마 12 : 31-32; 히 6 : 4-6).

마 12 : 31-32   그러므로 내가 너희에게 이르노니 사람의 모든 죄와 훼방은
사하심을 얻되 성령을 훼방하는 것은 사하심을 얻지 못하겠고
또 누구든지 말로 인자를 거역하면 사하심을 얻되 누구든지 말로
성령을 거역하면 이 세상과 오는 세상에도 사하심을 얻지 못하리라

히 6 : 4-6   한번 비침을 얻고 하늘의 은사를 맛보고 성령에 참예한 바 되고
하나님의 선한 말씀과 내세의 능력을 맛보고 타락한 자들은 다시
새롭게 하여 회개케 할 수 없나니 이는 자기가 하나님의 아들을
다시 십자가에 못박아 현저히 욕을 보임이라

③ 중생한 사람들의 범죄

불가사적 죄는 중생(重生)한 사람들만이 범할 수 있는 죄라고 하며, 성경적 근거로는 "한번 비침을 얻고 하늘의 은사를 맛보고 성령에 참예한 바 되고 하나님의 선한 말씀과 내세의 능력을 맛보고 타락한 자들은 다시 새롭게 하여 회개케 할 수 없나니 이는 자기가 하나님의 아들을 다시 십자가에 못박아 현저히 욕을 보임이라"(히 6 : 4-6)는 말씀을 들고 있다. 그러나 과연 중생한 사람이 타락할 수 있느냐는 문제를 놓고 생각해 볼 때 이 주장은 성경적으로 부합되지 않는다.

성경은 분명히 하나님의 택함을 입어 거듭나서 죄에 대하여 죽은 자는(롬 6 : 2 참조) 영원히 멸망할 수 없다고 가르치고 있다(요 6 : 37, 39, 10 : 27-28, 15 : 16; 요일 2 : 9, 5 : 18; 롬 8 : 29-30; 마 15 : 13 참조). 그러나 신자가 죄를 짓고 타락하는 것도 일반적인 경우와 특수한 경우가 있으니 전자는 도적질, 살인, 술 취함, 간음 같은 죄를 짓고 타락하는 것이고, 후자는 적극적으로 하나님의 은혜를 거부하고 복음에서 완전 이탈하여 타락하는 것이다. 이는 하나님을 전적으로 떠나는 것이요, 성령에 대하여 범죄하는 것이며 점차적으로 죄의 수렁으로 미끄러져 들어가 전적 파멸에 이르는 것이다(막 4 : 16-19; 마 15 : 13, 12 : 31-32 참조)

2) 죄의 특성

(1) 죄는 특수적 악이다

오늘날 많은 사람들이 "죄(罪, sin)"를 "악(惡, evil)"이라는 말로 대용(代用)하지만 이는 적합하지 못하다. 물론 악은 죄와 관계가 있으나 같지는 않다. 모든 죄가 악인 것만은 사실이지만 그러나 모든 악이 죄라고 말할 수는 없는 것이다. 왜냐하면 죄는 모든 악 중에서도 특수한 악이기 때문이다.

원래 악(헬, kakia)은 선에 대립하는 개념으로 넓은 의미로는 인간의 의지나 행위의 결과에 한하지 않고 우리에게 해로운 것, 바람직하지 않은 것, 예컨대 질병이나 천재(天災) 같은 자연적 현상, 혹은 정치나 법률 같은 것도 포함하는 개념이다. 그러나 죄는 우리가 책임질 수 없는 질병이나 천재 같은 자연적 현상 또는 연약성이나 불완전 같은 피동적으로 결과된 어떤 것(악)이 아니라, 하나님께 대하여 고의적으로 스스로 선택하여 행하는 악이다. 이는 곧 하나님의 의지에 대한 능동적인 반대이며 하나님의 율법에 대한 적극적인 위반이다. 그러므로 죄는 악 중의 특수악으로써 사람의 단순한 자유 선택의 결과가 아니라 악한 선택의 결과이다(창 3 : 1-6; 사 48 : 8; 롬 1 : 18-32; 요일 3 : 4 참조). 그러므로 악은 죄도 포함할 뿐만 아니라 인간의 무익, 유해(有害)한 행위(마 25 : 26), 그리고 질병, 고통, 슬픔, 불행, 죽음 등도 포함하는 것이다(시 41 : 8; 전 6 : 2).

> 마 25 : 26 그 주인이 대답하여 가로되 악하고 게으른 종아 나는 심지 않은 데서 거두고 헤치지 않은 데서 모으는 줄로 네가 알았느냐
>
> 시 41 : 8 이르기를 악한 병이 저에게 들었으니 이제 저가 눕고 다시 일지 못하리라 하오며
>
> 전 6 : 2 어떤 사람은 그 심령의 모든 소원에 부족함이 없어 재물과 부요와 존귀를 하나님께 받았으나 능히 누리게 하심을 얻지 못하였으므로 다른 사람이 누리나니 이것도 헛되어 악한 병이로다

(2) 죄는 절대적 악이다

윤리적 영역에서 선과 악의 대조는 절대적이다. 양자 사이에는 중간 상태가 존재하지 않는다. 그러기에 죄는 선과 악의 중간 상태가 아니며 보다 낮은 정도의 선도 아닌 적극적 악이다. 그러므로 사람은 항상 의에 거하지 않으면 악에 거하게 된다. 성경은 도덕적 중간성의 입장에 대하여 전혀 언급이 없다. 그러기에 전심으로 하나님을 사랑하지 않는 사람은 벌써 그것 때문에 악으로 특징 지어지는 것이다.

성경은 어떤 사람이 악인과 의인의 중립 상태에 놓여 있다는 것을 언급한 적이 없다. 다만 악인에게 의로 돌이킬 것을 촉구하고 의인이 악에 빠지는 것으로 자주 말하고 있다. 인간은 언제나 옳은 편(善)에 서 있든지 그릇된 편(惡)에 서 있든지, 둘 중 어느 한 편에 서 있게 되는 것뿐이다(마 10 : 32-33, 12 : 30; 눅 11 : 23; 약 2 : 10).

> 마 10 : 32-33 누구든지 사람 앞에서 나를 시인하면 나도 하늘에 계신 내 아버지 앞에서 저를 시인할 것이요 누구든지 사람 앞에서 나를 부인하면

나도 하늘에 계신 내 아버지 앞에서 저를 부인하리라

마 12 : 30   나와 함께 아니하는 자는 나를 반대하는 자요 나와 함께 모으지
아니하는 자는 헤치는 자니라

눅 11 : 23   나와 함께 아니하는 자는 나를 반대하는 자요 나와 함께 모으지
아니하는 자는 헤치는 자니라

약 2 : 10   누구든지 온 율법을 지키다가 그 하나에 거치면 모두 범한 자가
되나니

(3) 죄는 하나님과 그분의 의지에 관계되어 있다

근본적으로 죄는 하나님의 율법에 순응하지 않는 것이다. 성경은 항상 죄를 하나님과 그분의 율법(그것이 인간의 마음판에 기록된 것이든 모세에 의해 주어진 것이든 간에)에 연관시켜 말하고 있다(롬 1 : 32,2 : 12-14,4 : 15; 약 2 : 9; 요일 3 : 4). 그러므로 죄는 하나님의 율법에 대한 불순종이며 하나님의 성지(聖旨)에 위반되는 것으로 모든 죄는 항상 하나님과 그분의 의지에 관계되어진다. 그러기에 죄는 비록 사람이 자기 이웃에 대하여 행해진 악이라 하더라도 그것이 하나님과 관계가 되는 것이다. 왜냐하면 그 죄가 이웃에 대하여 행하여진 악이지만 근본적으로는 하나님의 율법에 대한 위반이기 때문이다(롬 1 : 32; 약 2 : 9-10; 요일 3 : 4).

롬 1 : 32   저희가 이 같은 일을 행하는 자는 사형에 해당하다고 하나님의
정하심을 알고도 자기들만 행할 뿐 아니라 또한 그 일을 행하는
자를 옳다 하느니라

롬 2 : 12-14   무릇 율법 없이 범죄한 자는 또한 율법 없이 망하고 무릇 율법이
있고 범죄한 자는 율법으로 말미암아 심판을 받으리라 하나님
앞에서는 율법을 듣는 자가 의인이 아니요 율법을 행하는 자라야
의롭다 하심을 얻으리니 율법 없는 이방인이 본성으로 율법의
일을 행할 때는 이 사람은 율법이 없어도 자기가 자기에게 율법이
되나니

롬 4 : 15   율법은 진노를 이루게 하나니 율법이 없는 곳에는 범함도 없느니라

요일 3 : 4   죄를 짓는 자마다 불법을 행하나니 죄는 불법이라

약 2 : 9-10   만일 너희가 외모로 사람을 취하면 죄를 짓는 것이니 율법이
                너희를 범죄자로 정하리라 누구든지 온 율법을 지키다가 그
                하나에 거치면 모두 범한 자가 되나니

⑷ 죄는 죄책과 오염을 내포하고 있다

❖ 죄책(罪責)

죄책이란 하나님의 공의에 관련된 것으로 죄에 대한 형벌을 의미한다. 죄는 의로우신 하나님의 율법과 성지(聖旨)의 위반으로, 그 죄인으로 하여금 하나님의 진노의 대상이 되게 하고 하나님의 형벌을 면할 수 없게 하는데 이를 가리켜 죄책이라 한다. 성경은 죄가 죄책(면할 수 없는 형벌)을 내포하고 있다는 사실을 분명히 말해 주고 있다(마 6 : 12; 롬 3 : 19,5 : 18; 엡 2 : 3).

마 6 : 12   우리가 우리에게 죄 지은 자를 사하여 준 것같이 우리 죄를 사하여
                주옵시고
롬 3 : 19   우가 알거니와 무릇 율법이 말하는 바는 율법 아래 있는 자들에게
                말하는 것이니 이는 모든 입을 막고 온 세상으로 하나님의 심판
                아래 있게 하려 함이니라
롬 5 : 18   그런즉 한 범죄로 많은 사람이 정죄에 이른 것같이 의의 한
                행동으로 말미암아 많은 사람이 의롭다 하심을 받아 생명에
                이르렀느니라
엡 2 : 3   전에는 우리도 다 그 가운데서 우리 육체의 욕심을 따라 지내며
                육체와 마음의 원하는 것을 하여 다른 이들과 같이 본질상 진노의
                자녀이었더니

❖ 오염(汚染)

죄는 오염이다. 죄는 언제나 죄책과 함께 오염을 동반한다. 그러므로 아담 안에서 범죄한 인간은 모두 죄의 오염으로 부패된 성질을 지니고 태어나게 된다. 성경은 죄의 오염에 대하여 분명히 말하고 있다(렘 17 : 9; 마 7 : 15-20; 롬 8 : 5-8; 엡 4 : 17-19; 시 51 : 5).

렘 17 : 9	만물보다 거짓되고 심히 부패한 것은 마음이라 누가 능히 이를 알리요마는
마 7 : 15-20	거짓 선지자들을 삼가라 양의 옷을 입고 너희에게 나아오나 속에는 노략질하는 이리라 그의 열매로 그들을 알지니 가시나무에서 포도를 또는 엉겅퀴에서 무화과를 따겠느냐 이와 같이 좋은 나무마다 아름다운 열매를 맺고 못된 나무가 나쁜 열매를 맺나니 좋은 나무가 나쁜 열매를 맺을 수 없고 못된 나무가 아름다운 열매를 맺을 수 없느니라 아름다운 열매를 맺지 아니하는 나무마다 찍혀 불에 던지우느니라 이러므로 그의 열매로 그들을 알리라
롬 8 : 5-8	육신을 좇는 자는 육신의 일을 영을 좇는 자는 영의 일을 생각하나니 육신의 생각은 사망이요 영의 생각은 생명과 평안이니라 육신의 생각은 하나님과 원수가 되나니 이는 하나님의 법에 굴복치 아니할 뿐 아니라 할 수도 없음이라 육신에 있는 자들은 하나님을 기쁘시게 할 수 없느니라
엡 4 : 17-19	그러므로 내가 이것을 말하며 주 안에서 증거하노니 이제부터는 이방인이 그 마음의 허망한 것으로 행함같이 너희는 행하지 말라 저희 총명이 어두워지고 저희 가운데 있는 무지함과 저희 마음이 굳어짐으로 말미암아 하나님의 생명에서 떠나 있도다 저희가 감각 없는 자 되어 자신을 방탕에 방임하여 모든 더러운 것을 욕심으로 행하되
시 51 : 5	내가 죄악 중에 출생하였음이여 모친이 죄 중에 나를 잉태하였나이다

(5) 죄의 자리는 마음이다

죄는 영혼의 어느 한 기능(faculty) 속에 있지 않고 마음(심정)에 머문다. 이 마음은 영혼의 중심 기관으로 여기서부터 생명이 발생되는 것이다(잠 4 : 23). 마음에 좌정한 죄의 영향과 감화의 작용이 지성(知性)과 감정(感情)과 의지(意志)에 퍼져서 신체를 포함한 그의 전인격(全人格)에 파급된다(잠 4 : 23; 렘 17 : 9; 마 15 : 19-20; 눅 6 : 45; 히 3 : 12).

| 잠 4 : 23 | 무릇 지킬 만한 것보다 더욱 네 마음을 지키라 생명의 근원이 이에서 남이니라 |

렘 17 : 9	만물보다 거짓되고 심히 부패한 것은 마음이라 누가 능히 이를 알리요마는
마 15 : 19-20	마음에서 나오는 것은 악한 생각과 살인과 간음과 음란과 도적질과 거짓 증거와 훼방이니 이런 것들이 사람을 더럽게 하는 것이요 씻지 않는 손으로 먹는 것은 사람을 더럽게 하지 못하느니라
눅 6 : 45	선한 사람은 마음의 쌓은 선에서 선을 내고 악한 자는 그 쌓은 악에서 악을 내나니 이는 마음의 가득한 것을 입으로 말함이니라
히 3 : 12	형제들아 너희가 삼가 혹 너희 중에 누가 믿지 아니하는 악심을 품고 살아 계신 하나님에게서 떨어질까 염려할 것이요

(6) 죄는 외부적 행위에만 존재하지 않는다

죄는 공공연한 외부적 행동은 물론 죄악된 습관이나 죄악된 마음의 상태 속에도 존재한다. 죄악된 마음의 상태는 죄악된 습관들의 기초이며, 죄악된 마음의 상태나 죄악된 습관들은 죄악된 행동을 낳게 되는 것이다. 그러므로 죄악된 마음과 죄악된 습관과 죄악된 행위는 삼자(三者)가 서로 연관되어 있는 것이다. 예수님은 "나무와 열매의 관계"를 들어 "악한 마음과 악한 행동의 관계성"을 교훈하셨다(마 12 : 33-35). 성경은 육체적 외부의 행동 뿐만 아니라 사람의 사상과 감정에도 죄가 존재한다는 것을 분명히 가르쳐 주고 있다(마 5 : 22,28; 롬 7 : 7; 갈 5 : 17,24).

마 5 : 22	나는 너희에게 이르노니 형제에게 노하는 자마다 심판을 받게 되고 형제를 대하여 라가라 하는 자는 공회에 잡히게 되고 미련한 놈이라 하는 자는 지옥 불에 들어가게 되리라
마 5 : 28	나는 너희에게 이르노니 여자를 보고 음욕을 품는 자마다 마음에 이미 간음하였느니라

3) 죄의 형태

성경은 죄의 여러 가지 형태(形態) 혹은 상태(狀態)에 관하여 다음과 같이 보여 주고 있다.

(1) 욕심을 따름

성경에 나타난 죄의 형태 중 하나는 "욕심(자기 이익을 구하는 마음)을 따르는 것"이다. 즉 죄인은 하나님의 뜻과 이웃의 이익을 생각하기 전에 먼저 자기의 이익을 구하여 자기 중심의 이기적 심정(利己的 心情)을 가지는 것이다(약 1 : 14-15,4 : 1-2; 엡 4 : 22; 시 39 : 6,57 : 7,62 : 10; 잠 1 : 9; 마 13 : 22; 빌 3 : 19).

약 1 : 14-15　　오직 각 사람이 시험을 받는 것은 자기 욕심에 끌려 미혹됨이니 욕심이 잉태한즉 죄를 낳고 죄가 장성한즉 사망을 낳느니라

(2) 육체의 정욕을 따름

성경은 죄의 형태가 성령의 소욕을 거스려 "육정(肉情)을 따르는 것"으로 표현하고 있다(갈 5 : 17-21). 언제나 육체의 소욕은 성령의 뜻과 전적으로 대립된다(갈 5 : 17). 그러기에 사람은 육정과 성령의 그 중간에서 양자 택일의 입장에 서게 된다. 그런데 여기서 죄인은 성령의 뜻(성령의 소원하는 바)을 거역하고 육체의 소욕을 따르는 것이다(벧후 2 : 10; 갈 5 : 17-21; 엡 2 : 1-3).

갈 5 : 17　　육체의 소욕은 성령을 거스리고 성령의 소욕은 육체를 거스리나니 이 둘이 서로 대적함으로 너희의 원하는 것을 하지 못하게 하려 함이니라

벧후 2 : 10　　육체를 따라 더러운 정욕 가운데서 행하며 주관하는 이를 멸시하는 자들에게 특별히 형벌하실 줄을 아시느니라 이들은 담대하고 고집하여 떨지 않고 영광 있는 자를 훼방하거니와

(3) 교만함

성경에 나타난 죄의 형태는 "교만함"이다. 성경은 죄인의 모습을 가리켜 교만한 자라고 표현하고 있다(롬 1 : 30). 여기서 "교만한 자"란 "높이 나타나는 자"라는 뜻으로 하나님과 이웃을 멸시하고 자기 우월감을 가지는 자를 가리킨다. 죄인은 하나님을 무시하며 자기를 높이고 다른 사람들을 낮게 보는 자고심(自高心)을 가지는 것이 특징이다(롬 1 : 30; 이하 참조 레 26 : 18-20; 신 8 : 14-17). 언제나

죄된 인간의 근성은 평안하게 되면 교만하여지고 교만하여지면 하나님을 잊어버리게 된다(신 8 : 12-18 참조).

롬 1 : 30   비방하는 자요 하나님의 미워하는 자요 능욕하는 자요 교만한
자요 자랑하는 자요 악을 도모하는 자요 부모를 거역하는 자요

(4) 불의함

성경은 또 죄의 형태를 "불의함"으로 표현하고 있다. 죄는 타인의 약점을 이용하여 자신의 이익을 삼으며 사람을 속이고 악을 도모하는 불의함이라고 한다(호 12 : 7; 암 8 : 5-6; 이하 참조 롬 1 : 29; 요일 1 : 9).

호 12 : 7   저는 상고여늘 손에 거짓 저울을 가지고 사취하기를 좋아하는도다
암 8 : 5-6   너희가 이르기를 월삭이 언제나 지나서 우리로 곡식을 팔게 하며
안식일이 언제나 지나서 우리로 밀을 내게 할고 에바를 작게 하여
세겔을 크게 하며 거짓 저울로 속이며 은으로 가난한 자를 사며
신 한 켤레로 궁핍한 자를 사며 잿밀을 팔자 하는도다

(5) 미워함

성경에 죄의 형태는 "미워함"으로 표현되고 있다. 죄는 형제를 미워하고(요일 3 : 15), 하나님을 미워한다(출 20 : 5, 시 68 : 1 참조). 성경은 미워하는 것은 곧 살인하는 죄와 동일하다고 가르치고 있다(요일 3 : 15, 4 : 20 참조). 또 미워함이란 사랑치 아니함이니, 사람이 하나님과 이웃을 사랑치 아니하는 것은 큰 죄가 된다. 그것은 "하나님 사랑과 이웃 사랑"이 계명 중에 가장 큰 계명이기 때문이다(막 12 : 30-31 참조; 마 19 : 19 참조; 레 19 : 18).

요일 3 : 15   그 형제를 미워하는 자마다 살인하는 자니 살인하는 자마다
영생이 그 속에 거하지 아니하는 것을 너희가 아는 바라
레 19 : 18   원수를 갚지 말며 동포를 원망하지 말며 이웃 사랑하기를 네 몸과
같이 하라 나는 여호와니라

(6) 어리석음

성경에 나타난 죄의 형태는 "어리석음"이다. 죄인은 어리석음으로 인하여 사리의 전후를 구별하지 못하고 스스로 지혜 있는 체하므로 어두움에 거하게 되는 것이다. 그리고 죄인의 어리석음은 바른 길을 찾지 못할 뿐만 아니라 유익되는 일을 버리고 재앙을 자초하며 악한 일을 선으로 알고 행하게 된다(잠 5 : 22-23; 롬 1 : 31; 시 69 : 5).

> 잠 5 : 22-23　악인은 자기의 악에 걸리며 그 죄의 줄에 매이나니 그는 훈계를 받지 아니함을 인하여 죽겠고 미련함이 많음을 인하여 혼미하게 되느니라
>
> 롬 1 : 31　우매한 자요 배약하는 자요 무정한 자요 무자비한 자라
>
> 시 69 : 5　하나님이여 나의 우매함을 아시오니 내 죄가 주의 앞에서 숨김이 없나이다

(7) 속임

성경에 나타난 죄의 형태는 "속임"이다. 즉 죄인은 자기의 궤계에 스스로 넘어지고 남을 속이다가 자기를 속이게 되며, 남에게 속지 않으려고 지혜롭게 하려다가 속음에 이르고, 잘못된 결과와 모순에 빠지게 된다(창 3 : 13; 롬 7 : 11; 살후 2 : 9-12 참조).

사람의 최초 범죄는 뱀이 하와를 속이고 하와는 뱀에게 속아서 하나님의 금하신 실과를 따먹고 그 결과 죽게 되었다(창 3 : 1-5 참조). 지금도 죄는 같은 방법으로 사람을 속이고 속은 그 사람을 죽게 한다. 그러므로 속임과 죽음은 범죄의 공식이며 이는 곧 모든 인류가 죄에 빠지는 경로(經路)요, 그 결과인 것이다(고후 11 : 14-15, 11 : 3, 2 : 11; 딤전 2 : 14, 고전 3 : 18; 약 1 : 22; 롬 3 : 13).

> 창 3 : 13　여호와 하나님이 여자에게 이르시되 네가 어찌하여 이렇게 하였느냐 여자가 가로되 뱀이 나를 꾀므로 내가 먹었나이다
>
> 롬 7 : 11　죄가 기회를 타서 계명으로 말미암아 나를 속이고 그것으로 나를 죽였는지라

고후 11 : 14-15   이것이 이상한 일이 아니라 사단도 자기를 광명의 천사로
가장하나니 그러므로 사단의 일군들도 자기를 의의 일군으로
가장하는 것이 또한 큰 일이 아니라 저희의 결국은 그 행위대로
되리라

고후 11 : 3   뱀이 그 간계로 이와를 미혹케 한 것같이 너희 마음이 그리스도를
향하는 진실함과 깨끗함에서 떠나 부패할까 두려워하노라

(8) 마음의 불안함

성경에 나타난 죄의 형태는 "마음의 불안함"이다. 죄인의 마음은 참평안이 없고
안정성과 만족이 없으며 불안하기만 하다(욥 15 : 20-24 참조; 사 48 : 22,57 :
20-21 참조; 마 12 : 43-45 참조; 계 21 : 8). 두려워하고 불안해 하면서도 끝내
회개치 않는 자는 지옥에 간다(계 21 : 8).

계 21 : 8   그러나 두려워하는 자들과 믿지 아니하는 자들과 흉악한 자들과
살인자들과 행음자들과 술객들과 우상 숭배자들과 모든 거짓말하는
자들은 불과 유황으로 타는 못에 참예하리니 이것이 둘째 사망이라

(9) 비관함

성경에 나타난 죄의 형태는 "비관함"이다. 죄에 속한 자는 세상과 자기의 신세
를 비관하고, 죽기를 원하고, 생의 가치를 알지 못하며, 삶의 의욕을 잃은 채 헤
매인다(시 38 : 17-18; 신 28 : 65-67 참조).

시 38 : 17-18   내가 넘어지게 되었고 나의 근심이 항상 내 앞에 있사오니 내
죄악을 고하고 내 죄를 슬퍼함이니이다

(10) 노예의 심정

성경에 나타난 죄의 형태는 "노예의 심정"이다. 사람이 죄가 있으면 두려워하고
떠는 마음에 자유가 없으며 결단력을 잃고 항상 두려움과 불안함뿐이며, 용기가
없어 미신이나 마귀에게 사로잡히게 된다(요 8 : 34; 롬 6 : 16; 고후 3 : 17).

요 8 : 34 　예수께서 대답하시되 진실로 진실로 너희에게 이르노니 죄를
　　　　　　범하는 자마다 죄의 종이라

롬 6 : 16 　너희 자신을 종으로 드려 누구에게 순종하든지 그 순종함을 받는
　　　　　　자의 종이 되는 줄을 너희가 알지 못하느냐 혹은 죄의 종으로
　　　　　　사망에 이르고 혹은 순종의 종으로 의에 이르느니라

고후 3 : 17 　주는 영이시니 주의 영이 계신 곳에는 자유함이 있느니라

⑾ 마음의 흐림

성경은 죄의 형태를 "마음의 흐림"으로 표현하고 있다. 죄가 있는 자는 마음의
눈이 혼미케 되는데 그것은 세상의 욕망들이 마음의 눈을 가리워 그리스도의 참
빛을 보지 못하게 하기 때문이다. 그러므로 죄인은 영적 소경이 되어 하나님과
영계를 보지 못하는 것이다(눅 11 : 35; 고후 4 : 4; 이하 참조 요 9 : 39-41; 엡
4 : 17- 20,5 : 11; 딤전 4 : 1-2; 잠 4 : 19; 사 60 : 2).

눅 11 : 35 　그러므로 네 속에 있는 빛이 어둡지 아니한가 보라

고후 4 : 4 　그 중에 이 세상 신이 믿지 아니하는 자들의 마음을 혼미케 하여
　　　　　　그리스도의 영광의 복음의 광채가 비취지 못하게 함이니
　　　　　　그리스도는 하나님의 형상이니라

⑿ 거짓됨

죄의 형태는 "거짓됨"으로 나타난다. 죄인은 거짓으로 꾸미고, 행동하고, 말하
고, 외식함으로 위선자가 된다(시 78 : 36; 렘 7 : 8-10; 이하 참조 마 23 : 4-7;
딛 1 : 16; 행 5 : 3).

시 78 : 36 　그러나 저희가 입으로 그에게 아첨하며 자기 혀로 그에게 거짓을
　　　　　　말하였으니

렘 7 : 8-10 　너희가 무익한 거짓말을 의뢰하는도다 너희가 도적질하며 살인하며
　　　　　　간음하며 거짓 맹세하며 바알에게 분향하며 너희의 알지 못하는
　　　　　　다른 신들을 좇으면서 내 이름으로 일컬음을 받는 이 집에 들어와서
　　　　　　내 앞에 서서 말하기를 우리가 구원을 얻었나이다 하느냐 이는

이 모든 가증한 일을 행하려 함이로다

(13) 마음이 완악함

성경에 죄의 형태는 "완고함"으로 표현하였다. 죄는 사람의 마음을 완고하게 만들며 완고해진 마음은 양심의 감각을 잃고 죄의식이나 진리에 대한 반응이 없음과 회개치 않는 것이 특징이다.

죄인 중에 완고성으로 인하여 죄의식이 없는 사람은 그 마음이 강퍅하여 옳은 것을 옳다고 인정하지 않을 뿐만 아니라 악을 고집하며 권면을 듣지 않고 바로 왕과 같이 죄에 거한다(삼상 15 : 23; 잠 29 : 1; 사 6 : 9-11 참조). 최대의 죄는 죄의식이 없는 것이라 했다.

> 삼상 15 : 23   이는 거역하는 것은 사술의 죄와 같고 완고한 것은 사신 우상에게
> 절하는 죄와 같음이라 왕이 여호와의 말씀을 버렸으므로
> 여호와께서도 왕을 버려 왕이 되지 못하게 하셨나이다
> 잠 29 : 1   자주 책망을 받으면서도 목이 곧은 사람은 갑자기 패망을 당하고
> 피하지 못하리라

(14) 고뇌함

성경에 죄의 상태는 "고뇌(苦惱)함"으로 나타나 있다. 죄인은 양심의 가책을 받아 괴롭고 심령의 만족이 없어 번뇌하는 중에 생명이 시들어 버리게 된다(시 6 : 6-7,31 : 9-10; 렘 45 : 3).

> 시 6 : 6-7   내가 탄식함으로 곤핍하여 밤마다 눈물로 내 침상을 띄우며 내
> 요를 적시나이다
> 시 31 : 9-10   여호와여 내 고통을 인하여 나를 긍휼히 여기소서 내가 근심으로
> 눈과 혼과 몸이 쇠하였나이다 내 생명은 슬픔으로 보내며 나의
> 해는 탄식으로 보냄이여 내 기력이 나의 죄악으로 약하며 나의
> 뼈가 쇠하도소이다
> 렘 45 : 3   네가 일찍 말하기를 슬프다 여호와께서 나의 고통에 슬픔을
> 더하셨으니 나는 나의 탄식으로 피곤하여 평안치 못하다

하도다 하셨고

(15) 빛되신 하나님을 두려워 함

성경에 죄의 상태는 "빛되신 하나님을 싫어하고 어두움을 좋아함"으로 나타나 있다. 죄인은 어두움에 속한 자로서 빛되신 하나님을 두려워하고, 의인을 두려워하며, 미워하고, 피하고, 고독에 빠진다(요 3 : 20; 이하 참조 롬 8 : 15; 딤후 1 : 7; 약 2 : 19). 죄를 행하는 사람은 그 행위에 대해 책망을 받을까 하여 빛되신 하나님 앞에 나오지 아니한다. 이는 아담과 하와가 범죄 후 그 몸을 숨긴 것과 같다(창 3 : 7-8 참조).

요 3 : 20   악을 행하는 자마다 빛을 미워하여 빛으로 오지 아니하나니 이는
그 행위가 드러날까 함이요

IV. 죄와 형벌
1. 형벌의 개념

하나님과의 관계에 있어서 죄는 매우 중요한 문제이다. 그 이유는 죄가 단순히 하나님의 법에 관련된 사실이 아니고 입법자(立法者)이신 하나님의 권위에 대한 침범이기 때문이다. 사람들이 죄를 경시해 버리는 경우가 많으나 하나님은 사람의 범죄를 매우 중대히 여겨 엄정히 처벌하시는 것이다. 왜냐하면 죄는 하나님의 법에 대한 위법일 뿐만 아니라 위대하신 입법주(율법의 수여자이신 거룩하신 하나님)에 대한 공격이며 반역이기 때문이다.

율법은 거룩하시고 공의로우신 하나님의 의지의 표현이다. 그러므로 범죄는 하나님의 보좌의 기초인 공의, 즉 침범할 수 없는 그 의에 대한 침범이며(시 97 : 2), 또한 범죄는 사람에게 온전히 거룩하게 될 것을 요구하시는(벧전 1 : 16) 흠이 없으신 하나님의 거룩하심(죄를 절대 허용치 않는)에 대한 모욕인 것이다(벧전 1 : 16; 레 11 : 44). 그러므로 범죄에는 하나님의 거룩하심의 옹호를 위한 공의의 반동(反動)으로 형벌이 가해진다. 그러므로 죄의 형벌은 하나님의 공의의 만족을 위해 시행되어지는 것이다. 성경은 하나님이 금생과 내세에서 죄를 벌하

신다는 것을 가르쳐 주고 있다(출 20 : 5; 계 20 : 12-15 참조).

시 97 : 2	구름과 흑암이 그에게 둘렸고 의와 공평이 그 보좌의 기초로다
벧전 1 : 16	기록하였으되 내가 거룩하니 너희도 거룩할지어다 하셨느니라
레 11 : 44	나는 여호와 너희 하나님이라 내가 거룩하니 너희도 몸을 구별하여 거룩하게 하고 땅에 기는 바 기어다니는 것으로 인하여 스스로 더럽히지 말라
출 20 : 5	그것들에게 절하지 말며 그것들을 섬기지 말라 나 여호와 너의 하나님은 질투하는 하나님인즉 나를 미워하는 자의 죄를 갚되 아버지로부터 아들에게로 삼 사 대까지 이르게 하거니와

2. 형벌의 구분

1) 자연적 형벌

이는 죄의 자연적 결과로써 초래되는 형벌(고악, 苦惡)로서 자연벌이라고도 한다. 즉 죄에는 자연히 수난과 손실이 따라와 형벌을 가하게 됨을 의미한다. 이 형벌은 자연적이고 필연적이어서 죄인이 피할래야 피할 수가 없다. 예컨대 게으른 자는 빈곤하게 된다거나, 술에 취하는 자는 자신과 자신의 가정의 파멸을 자초하게 된다거나, 음란한 자가 불치병에 걸린다거나, 부도덕한 자가 수치를 당하거나, 신용을 잃는 자가 대인 관계에서 처신이 어렵게 되는 것 등은 모두 다 죄에 대한 자연적인 형벌이다(욥 4 : 8; 시 9 : 15, 이하 참조 시 94 : 23; 잠 5 : 22,23 : 21,24 : 16,24).

자연벌은 한마디로 말해서 자연 법칙에 의하여 죄인에게 자연적으로 가해지는 벌이다. 그러나 자연 법칙은 하나님이 정하신 것으로써 자연 형벌은 곧 죄에 대한 하나님의 마음과 뜻의 표현이다. 그러므로 자연형벌도 사실상 하나님이 내리시는 벌이다.

욥 4 : 8	내가 보건대 악을 밭 갈고 독을 뿌리는 자는 그대로 거두나니
시 9 : 15	열방은 자기가 판 웅덩이에 빠짐이여 그 숨긴 그물에 자기 발이 걸렸도다

2) 적극적 형벌

이는 범죄의 성질로부터 자연적으로 결과되는 형벌이 아니라 하나님의 직접적인 행동에 의하여 부과되는 형벌이다. 하나님이 제정하신 법에 의하여 범죄자에게 직접 하나님이 부과하시는 형벌을 의미한다. 성경은 적극적 형벌의 형식에 대하여 언급하고 있다(출 32 : 33; 레 26 : 21; 민 15 : 31; 이하 참조 대상 10 : 13; 시 11 : 6, 75 : 8; 마 3 : 10; 사 1 : 24, 28; 마 24 : 51).

하나님은 이스라엘에게 세속적, 도덕적, 종교적 생활의 규범에 대한 상세한 법전을 주셨으며 거기에는 법이 위반되는 각 경우에 가해질 형벌들을 명백히 규정하셨다(출 20-23장 참조). 적극적 형벌은 자연적 형벌보다 더 통상적이며, 법정적(法定的)인 의미의 형벌이며, 입법자의 처분에 의한 형벌이다. 이 형벌을 받는 경우 그 죄인은 하나님의 적극적 증오의 대상이 되며 따라서 이것은 매우 무서운 형벌이 된다.

> 출 32 : 33　　여호와께서 모세에게 이르시되 누구든지 내게 범죄하면 그는 내가 내 책에서 지워 버리리라
>
> 레 26 : 21　　너희가 나를 거스려 내게 청종치 않을진대 내가 너희 죄대로 너희에게 칠 배나 더 재앙을 내릴 것이라
>
> 민 15 : 31　　그런 사람은 여호와의 말씀을 멸시하고 그 명령을 파괴하였은즉 그 죄악이 자기에게로 돌아가서 온전히 끊쳐지리라

3. 형벌의 목적

죄에 대한 형벌의 목적에 대하여 성경 학자들의 주장에는 다음 세 가지 설이 있다.

1) 하나님의 공의를 세우기 위함

죄는 하나님의 거룩에 대한 반역이며 공격이므로 하나님의 공의는 죄에 대하여 반발하며 하나님의 거룩의 옹호를 위하여 범죄에 대한 형벌을 강요하는 것이다. 그래서 거룩하신 하나님은 공의의 요구를 충족하고 공의를 온전히 세우기 위하여 죄에 대하여 벌을 내리시는 것이다.

성경에 하나님은 "… 공의로우시고 정직하시도다"(신 32 : 4)라고 하였고 또 "…
사람의 일을 따라 보응하사 각각 그 행위대로 얻게 하시나니"(욥 34 : 10-11)라고 하
였으며 "… 각 사람이 행한 대로 갚으심이니이다"(시 62 : 12)라고 하였다. 또 하나
님을 "… 공평과 정직을 땅에 행하는 자…"(렘 9 : 24)라고 하였으며 "각 사람의 행
위 대로 판단하시는 자"(벧전 1 : 17)라고 하였다. 이상의 말씀들은 하나님의 공의
가 죄에 대하여 형벌을 가하시는 원리를 설명해 주는 말씀들이다.

2) 죄인을 개선하기 위함

하나님이 죄에 대하여 형벌하심은 죄인의 죄의 성질을 전향하여 선을 행하도록
개선하기 위하여 사랑으로 징계하시고 채찍질하심이라는 것이다. 이는 곧 형벌은
하나님께서 죄인에게 진노하시는 것이 아니라 사랑하시며 그를 정화하여 다시 하
나님 아버지께로 돌아오게 할 목적으로 그에게 고난(형벌)을 부과하신다는 관념
이다. 그러나 이 주장은 형벌과 징계를 혼돈하는 견해이다.

징계는 죄인을 개선하려는 하나님의 사랑으로부터 출발하는 것이지만 형벌은
죄에 대하여 반발하는 하나님의 공의로부터 출발하는 것이다. 성경은 하나님이
한편으로는 자기 백성을 사랑하시므로 징계하신다고 가르치며(욥 5 : 17; 이하 참
조 시 6 : 1,94 : 12,118 : 18; 잠 3 : 11; 사 26 : 16; 히 12 : 5-8; 계 3 : 19) 또다
른 한편으로 행악자들을 미워하시므로 형벌하신다고 가르쳐 주고 있다(시 5 :
5,7 : 11; 나 1 : 2; 롬 1 : 18-19,2 : 5-6; 히 12 : 5-6 참조).

죄인의 개선이 형벌의 목적이라고 하면 "사형"은 죄인 개선의 희망과 기회를
배제하는 것이니 폐지되어야 할 것이다. 그리고 영원한 형벌(지옥)도 존재할 이
유가 없으니 지옥에 가는 영혼에게는 희망이 없으며 개선의 기회도 부여되지 않
기 때문이다. 더구나 최대의 범죄자인 사단은 개선의 희망이 전혀 없은즉 아무
형벌도 주지 않아야 할 것이 아니겠는가?

욥 5 : 17   볼지어다 하나님께 징계받는 자에게는 복이 있나니 그런즉 너는
전능자의 경책을 업신여기지 말지니라

3) 범죄를 방지하기 위함

죄에 대한 형벌이 다른 사람들의 유사한 범죄를 방지하며 사회를 보호할 목적으로 행해진다는 주장이다. 그러나 형벌의 집행이 국가와 사회에 유익한 결과를 낳게 된다는 것은 형벌 수행에서 오는 부수적 결과에 불과하며 그것은 결코 형벌의 근본적 목적이 될 수 없다.

형벌은 과거의 범죄책에 대한 보응으로써 방범(防犯)과 사회 안녕에 근본 목적이 있는 것이 아니다(출 20 : 5; 롬 6 : 23; 약 1 : 15).

> 출 20 : 5   그것들에게 절하지 말며 그것들을 섬기지 말라 나 여호와 너의
> 하나님은 질투하는 하나님인즉 나를 미워하는 자의 죄를 갚되
> 아비로부터 아들에게로 삼 사 대까지 이르게 하거니와
> 롬 6 : 23   죄의 삯은 사망이요 하나님은 은사는 그리스도 예수 우리 주 안에
> 있는 영생이니라
> 약 1 : 15   욕심이 잉태한즉 죄를 낳고 죄가 장성한 즉 사망을 낳느니라

4. 죄에 대한 실제적 형벌

1) 생활의 수난

인간이 범죄하여 죄가 세상에 들어옴으로부터 생의 고통이 생겼다(창 3 : 16-17 참조). 인생고의 수난은 죄에 대한 형벌의 한 부분이다(시 90 : 10; 마 11 : 28).

> 시 90 : 10   우리의 년수가 칠십이요 강건하면 팔십이라도 그 년수의 자랑은
> 수고와 슬픔 뿐이요 신속히 가니 우리가 날아가나이다
> 마 11 : 28   수고하고 무거운 짐진 자들아 다 내게로 오라 내가 너희를 쉬게
> 하리라

2) 죽음

하나님이 에덴의 낙원에서 사람에게 경고하신 죄에 대한 형벌은 죽음이다. 그러기에 성경은 인간의 사망은 죄로 말미암아 비롯되었고(롬 5 : 12), 사망은 곧 죄에 대한 형벌이라고 가르치고 있다(롬 6 : 23; 약 1 : 23).

롬 5 : 12   이러므로 한 사람으로 말미암아 죄가 세상에 들어오고 죄로
             말미암아 사망이 왔나니 이와 같이 모든 사람이 죄를 지었으므로
             사망이 모든 사람에게 이르렀느니라

롬 6 : 23   죄의 삯은 사망이요 하나님의 은사는 그리스도 예수 우리 주 안에
             있는 영생이니라

약 1 : 23   누구든지 도를 듣고 행하지 아니하면 그는 거울로 자기의 생긴
             얼굴을 보는 사람과 같으니

(1) 육체적 죽음

죽음은 육체와 영혼의 분리를 의미하며 이는 죄의 형벌의 한 부분임을 의미한다. 하나님께서 "… 네가 먹는 날에는 정녕(반드시) 죽으리라"(창 2 : 17), "… 너는 흙이니(흙에서 났으니) 흙으로 돌아갈 것이니라"(창 3 : 19)고 하신 말씀이 그 증거이다(롬 5 : 12-21 참조).

(2) 영적 사망

영적 죽음은 범죄한 영혼이 하나님으로부터 교제가 단절됨을 의미한다. 성경의 사망이란 명사는 도덕적이고 영적인 의미로도 사용되고 있는 것이다. 영적 사망에는 하나님과의 정상적 관계의 단절의 결과로 양심의 고통, 심령상 평화의 상실, 영의 비애 등을 포함한다(마 8 : 22; 눅 15 : 24,32).

마 8 : 22   예수께서 가라사대 죽은 자들로 저희 죽은 자를 장사하게 하고
             너는 나를 좇으라 하시니라

눅 15 : 24   이 내 아들은 죽었다가 다시 살아났으며 내가 잃었다가 다시
             얻었노라 하니 저희가 즐거워하더라

눅 15 : 32   이 네 동생은 죽었다가 살았으며 내가 잃었다가 얻었기로 우리가
             즐거워하고 기뻐하는 것이 마땅하다 하니라

(3) 영원한 사망

이것은 영적 죽음의 절정이며 완성이라 할 수 있다(마 25 : 46; 막 9 : 43-48 참

조, 살후 1 : 9). 이는 생명과 즐거움(행복)의 근원이신 하나님으로부터의 완전 분리이며 가장 두려운 의미에서의 죽음인 둘째 사망이다(계 20 : 14,14 : 7).

시조 아담이 죄를 범하므로 생명과 즐거움이 있는 낙원으로부터 격리된 것처럼 인간들 중에 끝내 예수 그리스도의 십자가의 대속을 믿지 아니하는 자들은 생명과 즐거움의 근원이신 하나님으로부터 영원히 격리되어 지옥에 처하게 되는 것이다(마 25 : 41; 딤전 6 : 9).

마 25 : 46   저희는 영벌에 의인들은 영생에 들어가리라 하시니라
살후 1 : 9   이런 자들이 주의 얼굴과 그의 힘의 영광을 떠나 영원한 멸망의
          형벌을 받으리로다
계 20 : 14   사망과 음부도 불 못에 던지우니 이것은 둘째 사망 곧 불 못이라
계 14 : 7   그가 큰 음성으로 가로되 하나님을 두려워하며 그에게 영광을
          돌리라 이는 그의 심판하실 시간이 이르렀음이니 하늘과 땅과
          바다와 물들의 근원을 만드신 이를 경배하라 하더라
마 25 : 41   또 원편에 있는 자들에게 이르시되 저주를 받은 자들아 나를
          떠나 마귀와 그 사자들을 위하여 예비된 영영한 불에 들어가라
딤전 6 : 9   부하려 하는 자들은 시험과 올무와 여러 가지 어리석고 해로운
          정욕에 떨어지나니 곧 사람으로 침륜과 멸망에 빠지게 하는
          것이라

제 13 장
하나님의 은혜 언약

하나님은 언약의 하나님이시다.

에덴에서 타락한 인간을 구원하기 위해

인류의 시조 아담과 "구속의 약속"(창 3 : 15)을 하셨고,

홍수 심판 후에는 노아와 "종족 보존의 약속"(창 9 : 9)을 하셨으며

그 후에는 아브라함과 "선택된 민족의 복"(창 12 : 2)을 약속하셨다.

쉽게 풀어쓴

기독교 신학

은혜 언약 안에 있는 인간

Ⅰ. 은혜 언약의 개념
1. 타락한 인간을 구원하기 위한 은혜로운 조치

　은혜 언약이라 함은 하나님을 배반하고 타락한 인간을(창 3 : 6) 구원하기 위한 하나님의 은혜로운 조치로서의 언약을 의미한다. 은혜 언약은 하나님이 사람을 그의 범죄로 결과된 죄책(罪責), 즉 도덕적 부패와 재난과 사망과 영벌로부터(롬 5 : 12) 은혜로 구원하시기로 작정하신 조치이다.

　창 3 : 6　　　여자가 그 나무를 본즉 보암직도 하고 지혜롭게 할 만큼 탐스럽기도
　　　　　　　한 나무인지라 여자가 그 실과를 따먹고 자기와 함께 한 남편에게도
　　　　　　　주매 그도 먹은지라
　롬 5 : 12　　이러므로 한 사람으로 말미암아 죄가 세상에 들어오고 죄로
　　　　　　　말미암아 사망이 왔나니 이와 같이 모든 사람이 죄를 지었으므로
　　　　　　　사망이 모든 사람에게 이르렀느니라

2. 공로 없이 구원받도록 한 은혜로운 약속

　행위 언약(창 2 : 17)의 파약(선악과를 따먹음)으로(창 3 : 6) 인간은 완전히 타락하고 부패하였다. 따라서 하나님은 인간에게 다시금 선한 것을 기대하실 수 없게 되었다. 그러나 은혜로우시고 긍휼이 많으신 하나님은 이러한 선을 행할 능력이 없는 상태에 있는 인간을 상대로 은혜로운 언약을 체결하셨으니, 즉 행위 언약에서는 인간의 자력으로 언약의 요구 조건들에 응하게 하셨으나 은혜 언약에서는 그리스도의 무상 대속(無償代贖)과 대신 수법(代身守法)에 의하여 인간은 아무 공로 없이 구원을 받도록 규정하신 것이다(벧전 2 : 24; 이하 참조 요일 3 : 5;

갈 3 : 13; 고전 15 : 3-4; 엡 2 : 8). 그러므로 사람은 아무 공로 없이 언약에 규정된 모든 행복을 하나님의 은사(선물)로 받게 되기 때문에 이 언약을 가리켜 은혜 언약이라 하는 것이다.

창 2 : 17	선악을 알게 하는 나무의 실과는 먹지 말라 네가 먹는 날에는 정녕 죽으리라 하시니라
창 3 : 6	여자가 그 나무를 본즉 먹음직도 하고 보암직도 하고 지혜롭게 할만큼 탐스럽기도 한 나무인지라 여자가 그 실과를 따먹고 자기와 함께 한 남편에게도 주매 그가 먹은지라
벧전 2 : 24	친히 나무에 달려 그 몸으로 우리 죄를 담당하셨으니 이는 우리로 죄에 대하여 죽고 의에 대하여 살게 하심이라 저가 채쩍에 맞음으로 너희는 나음을 얻었나니

II. 속죄의 언약
1. 속죄의 언약이란?

속죄 언약이란 범죄하고 타락한 인간의 구원에 관하여 성부(聖父)와 성자(聖子) 사이에 체결된 언약이다. 하나님이 범죄한 인간의 속죄에 관한 언약을 먼저 그리스도와 맺고 이를 기초로 하여 은혜 언약을 체결하신 사실이 성경에 나타나 있다.

속죄 언약에서 성부는 삼위일체의 대표가 되시고 성자는 인류(하나님의 백성)의 대표가 되어 계약을 체결하신 것이다(롬 5 : 12-21; 고전 15 : 21-22, 47-49 참조). 그리고 이 계약에서 성자는 성부가 자신에게 주신 사람들에 대하여 의무와 책임을 맡으시고(요 6 : 37; 벧전 2 : 24), 성부는 그분의 속죄의 사역을 위하여 필요로 하는 모든 것을 성자에게 약속하신 것이다(딛 1 : 2). 이 속죄 언약은 은혜 언약의 견고한 기초가 되는 것이다.

고전 15 : 21-22	사망이 사람으로 말미암았으니 죽은 자의 부활도 사람으로 말미암는도다 아담 안에서 모든 사람이 죽은 것같이 그리스도 안에서 모든 사람이 삶을 얻으리라

요 6 : 37   아버지께서 내게 주시는 자는 다 내게로 올 것이요 내게 오는 자는
내가 결코 내어쫓지 아니하리라

벧전 2 : 24   친히 나무에 달려 그 몸으로 우리 죄를 담당하셨으니 이는 우리로
죄에 대하여 죽고 의에 대하여 살게 하심이라 저가 채찍에
맞음으로 너희는 나음을 얻었나니

딛 1 : 2   영생의 소망을 인함이라 이 영생은 거짓이 없으신 하나님이
영원한 때 전부터 약속하신 것인데

2. 속죄 언약의 성경 근거

1) 하나님의 인류 대속의 계획과 섭리는 영원 전에 작정된 것이며 이는 또한
언약의 성질을 가지고 있음을 성경은 보여 주고 있다(딛 1 : 2-3; 엡 1 : 4, 3 : 11
참조; 살후 2 : 13; 이하 참조 딤후 1 : 9; 약 2 : 5; 벧전 1 : 2).

딛 1 : 2-3   영생의 소망을 인함이라 이 영생은 거짓이 없으신 하나님이
영원한 때 전부터 약속하신 것인데 자기 때에 자기의 말씀을
전도로 나타내셨으니 이 전도는 우리 구주 하나님의 명대로 내게
맡기신 것이라

살후 2 : 13   주의 사랑하시는 형제들아 우리가 항상 너희를 위하여 마땅히
하나님께 감사할 것은 하나님이 처음부터 너희를 택하사 성령의
거룩하게 하심과 진리를 믿음으로 구원을 얻게 하심이니

2) 그리스도는 자기가 인류의 구속주로서 이 세상에 오시기 전에 벌써 성부와
자기 사이에 인류 구속의 약속이 맺어졌음을 말씀하셨고 또한 자신이 성부로부
터 받은 사명(임무)에 대하여 거듭 말씀하셨다(요 5 : 30, 43, 이하 참조 요 6 :
38-40, 17 : 4-12).

요 5 : 30   내가 아무것도 스스로 할 수 없노라 듣는 대로 심판하노니 나는
나의 원대로 하려 하지 않고 나를 보내신 이의 원대로 하려는 고로
내 심판은 의로우니라

요 5 : 43   나는 내 아버지의 이름으로 왔으매 너희가 영접지 아니하나 만일

다른 사람이 자기 이름으로 오면 영접하리라

3) 성경에 그리스도가 언약의 머리(대표)로 표현되어 있으며(롬 5 : 12-21 참조: 고전 15 : 22), 메시야와 연결된 언약의 관념을 표현한 귀절들이 있다(시 89 : 3-4; 사 42 : 6). 그리고 메시야가 언약적 용어로써 하나님을 자기의 하나님이라 말씀한 귀절이 있다(시 22 : 1-2, 40 : 8).

고전 15 : 22 아담 안에서 모든 사람이 죽은 것같이 그리스도 안에서 모든 사람이 삶을 얻으리라

시 89 : 3-4 주께서 이르시되 내가 나의 택한 자와 언약을 맺으며 내 종 다윗에게 맹세하기를 내가 네 자손을 영원히 견고히 하며 네 위를 대대에 세우리라 하였다 하셨나이다(셀라)

사 42 : 6 나 여호와가 의로 너를 불렀은즉 내가 네 손을 잡아 너를 보호하며 너를 세워 백성의 언약과 이방의 빛이 되게 하리니

시 22 : 1-2 내 하나님이여 내 하나님이여 어찌 나를 버리셨나이까 어찌 나를 멀리하여 돕지 아니하옵시며 내 신음하는 소리를 듣지 아니하시나이까 내 하나님이여 내가 낮에도 부르짖고 밤에도 잠잠치 아니하오나 응답지 아니하시나이다

4) 성경에 속죄 언약의 요소들(당사자, 약속, 조건)이 표현되어 있다. 즉 시편 2편 7-9절에는 언약의 당사자와 약속이 언급되어 있으며(행 13 : 33; 히 1 : 5, 5 : 5 참조), 시편 40편 6-9절에는 언약의 조건으로 메시야는 성부의 뜻을 이루시기 위하여 속죄의 제물이 되기로 준비되어 있음이 표현되었다(히 10 : 5-7).

시 2 : 7-9 내가 영을 전하노라 여호와께서 내게 이르시되 너는 내 아들이라 오늘날 내가 너를 낳았도다 내게 구하라 내가 열방을 유업으로 주리니 네 소유가 땅 끝까지 이르리로다 네가 철장으로 저희를 깨뜨림이여 질그릇같이 부수리라 하시도다

행 13 : 33 곧 하나님이 예수를 일으키사 우리 자녀들에게 이 약속을 이루게 하셨다 함이라 시편 둘째 편에 기록된 바와 같이 너는 내 아들이라

오늘 너를 낳았다 하셨고

히 10 : 5-7   그러므로 세상에 임하실 때에 가라사대 하나님이 제사와 예물을
원치 아니하시고 오직 나를 위하여 한 몸을 예비하셨도다 전체로
번제함과 속죄제는 기뻐하지 아니하시나니 이에 내가 말하기를
하나님이여 보시옵소서 두루마리 책에 나를 가리켜 기록한 것과
같이 하나님의 뜻을 행하러 왔나이다 하시니라

3. 속죄 언약의 요소

하나님은 먼저 죄인 구속에 관한 언약을 그리스도와 맺으시고 이를 기초로 하
여 은혜 언약을 체결하셨다. 하나님은 은혜 언약에 의하여 창세 전에 그리스도 안
에서 자기 백성을 선택하셨다(엡 1 : 4; 딤후 1 : 9). 그리고 피택자들은 성부에 의
하여 성자에게 주어졌으며(요 6 : 37-40), 그들은 성령의 역사로 믿고(고전 12 : 3;
요 6 : 44), 중생하고(요 3 : 5) 성화되어 구원얻도록 예정되었다(살후 2 : 13).

인류의 구속 경륜에 있어서 이같은 삼위(三位)의 유기적 관계는 성부, 성자,
성령 삼위의 자연 협정에 의하여 취하여지는 것임이 분명하다. 성경에 계시된 속
죄 언약의 요소를 열거하면 다음과 같다.

엡 1 : 4   곧 창세 전에 그리스도 안에서 우리를 택하사 우리로 사랑 안에서
그 앞에 거룩하고 흠이 없게 하시려고

딤후 1 : 9   하나님이 우리를 구원하사 거룩하신 부르심으로 부르심은 우리의
행위대로 하심이 아니요 오직 자기 뜻과 영원한 때 전부터
그리스도 예수 안에서 우리에게 주신 은혜대로 하심이라

고전 12 : 3   그러므로 내가 너희에게 알게 하노니 하나님의 영으로 말하는
자는 누구든지 예수를 저주할 자라 하지 않고 또 성령으로
아니하고는 누구든지 예수를 주시라 할 수 없느니라

요 6 : 44   나를 보내신 아버지께서 이끌지 아니하면 아무라도 내게 올 수
없으니 오는 그를 내가 마지막 날에 다시 살리리라

요 3 : 5   예수께서 대답하시되 진실로 진실로 네게 이르노니 사람이 물과
성령으로 나지 아니하면 하나님 나라에 들어갈 수 없느니라

살후 2 : 13   주의 사랑하시는 형제들아 우리가 항상 너희를 위하여 마땅히

> **하나님께 감사할 것은 하나님이 처음부터 너희를 택하사 성령의**
> **가룩하게 하심과 진리를 믿음으로 구원을 얻게 하심이니**

1) 당사자(當事者)

속죄 언약의 당사자는 전술한 바와 같이 삼위의 대표자이신 성부(聖父)와 인간 (하나님의 백성)의 대표자이신 성자(聖子, 예수)이시다(롬 5 : 12-21 참조; 고전 15 : 22). 성경에 아담과 그리스도의 대비(對比)는 그리스도가 속죄 언약의 당사자라는 점을 의미하는 것이다.

성경은 예수님(메시야)은 하나님의 속죄 언약에 직접 관련되어 있음을 보여 주고 있다(사 53 : 10-11, 42 : 6; 이하 참조 시 31 : 13; 요 10 : 17-18; 시 89 : 3).

고전 15 : 22   아담 안에서 모든 사람이 죽은 것같이 그리스도 안에서 모든 사람이
　　　　　　　삶을 얻으리라
사 53 : 10-11 여호와께서 그로 상함을 받게 하시기를 원하사 질고를 당케
　　　　　　　하셨은즉 그 영혼을 속건 제물로 드리기에 이르면 그가 그 씨를
　　　　　　　보게 되며 그 날은 길 것이요 또 그의 손으로 여호와의 뜻을
　　　　　　　성취하리로다 가라사대 그가 자기 영혼의 수고한 것을 보고 만족히
　　　　　　　여길 것이라 나의 의로운 종이 자기 지식으로 많은 사람을 의롭게
　　　　　　　하며 또 그들의 죄악을 친히 담당하리라
사 42 : 6   나 여호와가 의로 너를 불렀은즉 내가 네 손을 잡아 너를 보호하며
　　　　　　　너를 세워 백성의 언약과 이방의 빛이 되게 하리니

2) 보증(保證)

(1) 보증의 의미

계약상의 보증이란 양편 당사자들의 법적 의무 이행에 대하여 책임을 지기로 나서는 것을 의미한다. 그러므로 보증인(保證人)이란 다른 사람의 법적 의무를 대신 책임지는 사람을 가리킨다.

속죄 언약의 보증인은 그리스도 예수님이시다. 속죄 언약에서 그리스도의 법적 위치 또는 사역은 이중(二重)적이니 그분은 언약의 당사자(언약의 머리)도 되시

고 언약의 보증인도 되시는 것이다(히 7 : 22). 그래서 속죄 언약에서 죄인(인류)의 보증인이신 그리스도는 죄인이 아니면서도 죄인의 위치를 취하시고 죄인이 받아야 할 형벌을 몸소 받으심으로써 그들의 죄를 대속하셨으며, 자기 백성에 대한 율법의 형벌적 요구에 완전히 응하셨던 것이다(고전 15 : 45).

이처럼 죄인의 보증이 되신 그리스도는 범죄한 인간의 자리를 대신 취하시므로 제2의 아담(혹은 마지막 아담)이 되신 것이다(사 53 : 4-7; 마 8 : 17; 롬 5 : 17-21 참조).

히 7 : 22	이와 같이 예수는 더 좋은 언약의 보증이 되셨느니라
고전 15 : 45	기록된 바 첫 사람 아담은 산 영이 되었다 함과 같이 마지막 아담은 살려 주는 영이 되었나니
사 53 : 4-7	그는 실로 우리의 질고를 지고 우리의 슬픔을 당하였거늘 우리는 생각하기를 그는 징벌을 받아서 하나님에게 맞으며 고난을 당한다 하였노라 그가 찔림은 우리의 허물을 인함이요 그가 상함은 우리의 죄악을 인함이라 그가 징계를 받음으로 우리가 평화를 누리고 그가 채찍에 맞음으로 우리가 나음을 입었도다 우리는 다 양 같아서 그릇 행하여 각기 제 길로 갔거늘 여호와께서는 우리 무리의 죄악을 그에게 담당시키셨도다 그가 곤욕을 당하여 괴로울 때에도 그 입을 열지 아니하였음이여 마치 도수장으로 끌려가는 어린양과 털 깎는 자 앞에 잠잠한 양같이 그 입을 열지 아니하였도다
마 8 : 17	이는 선지자 이사야로 하신 말씀에 우리 연약한 것을 친히 담당하시고 병을 짊어지셨도다 함을 이루려 하심이더라

(2) 보증의 필요

행위 언약 설정 당시에는 사람이 무죄이며 하나님께 가까이 있어서 언약의 요구를 이행할 수 있었으므로 보증이 불필요했으나 사람이 타락하여 죄인된 후에는 그의 행위 역량이 신임될 수 없으므로 보증이 필요하기 때문에 제2당사자이신 그리스도가 보증을 겸하게 된 것이다.

3) 조건
속죄 언약에서 당사자이신 성부와 성자가 맡으실 사역 조건은 다음과 같다.

(1) 성자가 취할 조건
속죄 언약에서 성자가 취할 조건은 성자가 성육신(成肉身)하여 인간(죄인)대신 율법을 지키고 고난을 받아 죽으심으로써 구속(救贖)을 실현하는 것이었다. 이 언약에 있어서 인간의 보증이며 또한 대표자이신 성자 그리스도에게 성부 하나님이 요구하신 구체적인 조건들은 다음과 같다.

❖ 인성을 취하실 것
성자는 인간 세계에 강생(降生)하시되 여인에게서 탄생하시어 인성(人性)을 취하실 것이며 비록 인성과 함께 현세적 연약을 취하시되 죄는 없이 나실 것이었다 (갈 4 : 4-5; 히 2 : 10-11, 14-15, 4 : 15, 10 : 5).

갈 4 : 4-5	때가 차매 하나님이 그 아들을 보내사 여자에게서 나게 하시고 율법 아래 나게 하신 것은 율법 아래 있는 자들을 속량하시고 우리로 아들의 명분을 얻게 하려 하심이라
히 2 : 10-11	만물이 인하고 만물이 말미암은 자에게는 많은 아들을 이끌어 영광에 들어가게 하시는 일에 저희 구원의 주를 고난으로 말미암아 온전케 하심이 합당하도다 거룩하게 하시는 자와 거룩하게 함을 입은 자들이 다 하나에서 난지라 그러므로 형제라 부르시기를 부끄러워 아니하시고
히 2 : 14-15	자녀들은 혈육에 함께 속하였으매 그도 또한 한 모양으로 혈육에 함께 속하심은 사망으로 말미암아 사망의 세력을 잡은 자 곧 마귀를 없이 하시며 또 죽기를 무서워하므로 일생에 매여 종노릇하는 모든 자들을 놓아 주려 하심이니
히 4 : 15	우리에게 있는 대제사장은 우리 연약함을 체휼하지 아니하는 자가 아니요 모든 일에 우리와 한결같이 시험을 받은 자로되 죄는 없으시니라
히 10 : 5	그러므로 세상에 임하실 때에 가라사대 하나님이 제사와 예물을

원치 아니하시고 오직 나를 위하여 한 몸을 예비하셨도다

❖ 율법 아래 처하실 것

율법 위에 있는 성자가 자기를 율법 아래 두심으로써 하나님의 율법에 완전 순종하시고 모든 의를 성취하시는 것이었다. 즉 무죄한 성자가 율법의 형벌의 요구 하에 나시고 죄의 값(죽음)을 지불하시어 율법을 완전히 성취하실 것이 요구되었다(시 40 : 8; 마 5 : 17-18; 요 8 : 29,9 : 4-5 참조).

성부 하나님은 이 조건에서 성자에게 행위 언약의 완전 이행을 실현할 것을 요구하셨으니, 즉 행위 언약을 위반한 인간의 죄에 대한 형벌을 대신 받으심으로써 공로를 세우게 하신 것이다(갈 3 : 10-13). 그리고 아울러 인간은 이를 믿음으로써 그리스도 안에서 그리스도의 공로(행위)에 참여하게 되는 것이었다(히 5 : 7-9; 갈 3 : 26-27; 요 10 : 28,17 : 19-22; 롬 6 : 3-7 참조).

시 40 : 8	나의 하나님이여 내가 주의 뜻 행하기를 즐기오니 주의 법이 나의 심중에 있나이다 하였나이다
마 5 : 17-18	내가 율법이나 선지자나 폐하러 온 줄로 생각지 말라 폐하러 온 것이 아니요 완전케 하려 함이로라 진실로 너희에게 이르노니 천지가 없어지기 전에는 율법의 일 점 일 획이라도 반드시 없어지지 아니하고 다 이루리라
갈 3 : 10-13	무릇 율법 행위에 속한 자들은 저주 아래 있나니 기록된 바 누구든지 율법 책에 기록된 대로 온갖 일을 항상 행하지 아니하는 자는 저주 아래 있는 자라 하였음이라 또 하나님 앞에서 아무나 율법으로 말미암아 의롭게 되지 못할 것이 분명하니 이는 의인이 믿음으로 살리라 하였음이니라 율법은 믿음에서 난 것이 아니라 이를 행하는 자는 그 가운데서 살리라 하였느니라 그리스도께서 우리를 위하여 저주를 받은 바 되사 율법의 저주에서 우리를 속량 하셨으니 기록된 바 나무에 달린 자마다 저주 아래 있는 자라 하였음이라

❖ 구속의 사역을 실시하실 것

그리스도는 교회의 머리로서 성령의 능력의 역사를 통하여 자기 백성을 회개
(회심)케 하며, 중생시키며, 신앙을 부여하며, 성결케 하여 그들의 삶을 하나님께
거룩히 드리게 함으로써 구속의 사역을 실시하는 것이 또 하나의 취할 조건이었
다(요 16 : 13-15, 17 : 19-22 참조).

(2) 성부가 취할 조건

속죄 언약에서 성자가 성부의 요구 조건에 응함에 대하여 성부가 시행하기로
약속한 요건들은 다음과 같다.

❖ 성결한 육체를 준비하심

성부는 죄 없는 성자(예수님)에게 죄로 더럽혀지지 않은 인간의 몸을 준비하시
어 그분의 적당한 장막을 삼으시게 하실 것을 약속하셨다(눅 1 : 35; 히 10 : 5).
성자가 지상에 오시어 인생의 고난에 참여하시고 속죄의 제물로 죽으시고 영광스
럽게 부활하시기 위하여는 인간의 몸이 필요하셨던 것이다(히 4 : 15).

눅 1 : 35	천사가 대답하여 가로되 성령이 네게 임하시고 지극히 높으신 이의 능력이 너를 덮으시리니 이러므로 나실 바 거룩한 자는 하나님의 아들이라 일컬으리라
히 10 : 5	그러므로 세상에 임하실 때에 가라사대 하나님이 제사와 예물을 원치 아니하시고 오직 나를 위하여 한 몸을 예비하셨도다
히 4 : 15	우리에게 있는 대제사장은 우리 연약함을 체휼하지 아니하는 자가 아니요 모든 일에 우리와 한결 같이 시험을 받은 자로되 죄는 없으시니라

❖ 성령을 충만하게 부어 주심

성부는 성자에게 한량없는 성령을 부어 주심으로써 메시야직의 자격을 부여하
실 것과 은혜와 진리가 충만하게 하실 것을 약속하셨다(사 42 : 1-2, 61 : 1; 요
3 : 34 참조). 이는 예수 그리스도가 죄인들에게 복음을 전하며 구속을 베풀기에

유능하게 하기 위함이었다. 이 약속은 특별히 세례받으실 때에 시행되어 그때 그를 메시야로 임직한 것이다(눅 3 : 21-22; 마 3 : 16-17; 요 1 : 32-34).

사 42 : 1-2 내가 붙드는 나의 종 내 마음에 기뻐하는 나의 택한 사람을 보라
내가 나의 신을 그에게 주었은즉 그가 이방에 공의를 베풀리라
그는 외치지 아니하며 목소리를 높이지 아니하며 그 소리로
거리에 들리게 아니하며

사 61 : 1 주 여호와의 신이 내게 임하셨으니 이는 여호와께서 내게 기름을
부으사 가난한 자에게 아름다운 소식을 전하게 하려 하심이라
나를 보내사 마음이 상한 자를 고치며 포로된 자에게 자유를,
갇힌 자에게 놓임을 전파하며

눅 3 : 21-22 백성이 다 세례를 받을쌔 예수도 세례를 받으시고 기도하실 때에
하늘이 열리며 성령이 형체로 비둘기 같이 그의 위에 강림하시더니
하늘로서 소리가 나기를 너는 내 사랑하는 아들이라 내가 너를
기뻐하노라 하시니라

마 3 : 16-17 예수께서 세례를 받으시고 곧 물에서 올라 오실쌔 하늘이 열리고
하나님의 성령이 비둘기 같이 내려 자기 위에 임하심을 보시더니
하늘로서 소리가 있어 말씀하시되 이는 내 사랑하는 아들이요
내 기뻐하는 자라 하시니라

요 1 : 32-34 요한이 또 증거하여 가로되 내가 보매 성령이 비둘기 같이 하늘로서
내려와서 그의 위에 머물렀더라 나도 그를 알지 못하였으나 나를
보내어 물로 세례를 주라 하신 그이가 나에게 말씀하시되 성령이
내려서 누구 위에든지 머무는 것을 보거든 그가 곧 성령으로 세례를
주는 이인줄 알라 하셨기에 내가 보고 그가 하나님의 아들이심을
증거하였노라 하니라

❖ 성자의 사역을 지원하심

성부는 성자로 하여금 그의 사역을 온전히 수행하도록 지원하여 성자로 하여금 사망 권세를 이기고 사단을 박멸케 하시며 신국 건설(神國建設)을 성공케 하실 것을 약속하셨다(사 42 : 6-7; 눅 22 : 43).

사 42 : 6-7　　　나 여호와가 의로 너를 불렀은즉 내가 네 손을 잡아 너를 보호하며
　　　　　　　　너를 세워 백성의 언약과 이방의 빛이 되게 하리니 네가 소경의
　　　　　　　　눈을 밝히며 갇힌 자를 옥에서 이끌어 내며 흑암에 처한 자를
　　　　　　　　간에서 나오게 하리라

눅 22 : 43　　　사자가 하늘로부터 예수께 나타나 힘을 돕더라

❖ 모든 권세를 위탁하심

성부는 성자를 사망의 권세에서 구출하신 후 그를 하늘 나라에까지 들어올리시
어 성부의 우편에 앉게 하실 뿐 아니라, 천상과 천하에 있는 모든 권세를 맡기실
것을 약속하셨다(마 28 : 18; 행 2 : 25- 28 참조; 빌 2 : 9-11).

마 28 : 18　　　예수께서 나아와 일러 가라사대 하늘과 땅의 모든 권세를 내게
　　　　　　　　주셨으니

빌 2 : 9-11　　　이러므로 하나님이 그를 지극히 높여 모든 이름 위에 뛰어난
　　　　　　　　이름을 주사 하늘에 있는 자들과 땅에 있는 자들과 땅 아래 있는
　　　　　　　　자들로 모든 무릎을 예수의 이름에 꿇게 하시고 모든 입으로
　　　　　　　　예수 그리스도를 주라 시인하여 하나님 아버지께 영광을 돌리게
　　　　　　　　하셨느니라

❖ 보혜사를 보내 주심

성부는 그리스도가 완성하신 속죄의 보상으로써 보혜사 성령을 파송하시어 그
의 교회를 교훈, 지도, 보호케 하실 것을 약속하셨다(요 14 : 26,15 : 26, 이하 참
조 요 16 : 13-14,6 : 37,39-40,44-45).

요 14 : 26　　　보혜사 곧 아버지께서 내 이름으로 보내실 성령 그가 너희에게
　　　　　　　　모든 것을 가르치시고 내가 너희에게 말한 모든 것을 생각나게
　　　　　　　　하시리라

요 15 : 26　　　내가 아버지께로서 너희에게 보낼 보혜사 곧 아버지께로서
　　　　　　　　나오시는 진리의 성령이 오실 때에 그가 나를 증거하실 것이요

❖ 메시야 왕국의 확장

성부는 성자의 사역의 성취 결과로 그 씨(영적 후손)를 주시어(사 53 : 10) 아
무라도 능히 셀 수 없는 큰 무리가 되게 하심으로써(계 7 : 9) 수없이 많은 백성
이 구속에 참여하게 되고 궁극에 가서는 메시야 왕국이 세계 만국을 포함하게 하
실 것을 약속하셨다(시 22 : 27, 72 : 17 참조).

사 53 : 10	여호와께서 그로 상함을 받게 하시기를 원하사 질고를 당케 하셨은즉 그 영혼을 속건 제물로 드리기에 이르면 그가 그 씨를 보게 되며 그 날은 길 것이요 또 그의 손으로 여호와의 뜻을 성취하리로다
계 7 : 9	이 일 후에 내가 보니 각 나라와 족속과 백성과 방언에서 아무라도 능히 셀 수 없는 큰 무리가 흰 옷을 입고 손에 종려 가지를 들고 보좌 앞과 어린 양 앞에 서서
시 22 : 27	땅의 모든 끝이 여호와를 기억하고 돌아오며 열방의 모든 족속이 주의 앞에 경배하리니

❖ 영광의 자리에 올라감

성자의 구속 사업이 성취되면 성육신하신 성자는 높임을 받고 영광의 보좌에
앉게 되며 그분의 백성들이 아울러 높임을 받고 영화의 자리에 나아가게 될 것을
약속하셨다(빌 2 : 9-11; 요 6 : 30, 40, 17 : 5).

빌 2 : 9-11	이러므로 하나님이 그를 지극히 높여 모든 이름 위에 뛰어난 이름을 주사 하늘에 있는 자들과 땅에 있는 자들과 땅 아래 있는 자들로 모든 무릎을 예수의 이름에 꿇게 하시고 모든 입으로 예수 그리스도를 주라 시인하여 하나님 아버지께 영광을 돌리게 하셨느니라
요 6 : 30	저희가 묻되 그러면 우리로 보고 당신을 믿게 행하시는 표적이 무엇이니이까 하시는 일이 무엇이니이까
요 6 : 40	내 아버지의 뜻은 아들을 보고 믿는 자마다 영생을 얻는 이것이니 마지막 날에 내가 이를 다시 살리리라 하시니라

요 17 : 5   아버지여 창세 전에 내가 아버지와 함께 가졌던 영화로써 지금도
              아버지와 함께 나를 영화롭게 하옵소서

❖ 하나님이 영광을 받으심

성자의 속죄의 사역을 통하여 성부의 완전하신 영광이 사람과 천사들에게 나타
나서 하나님의 존귀와 영광을 크게 찬미하게 될 것이며 하나님은 모든 영광을 크
게 받으실 것이 약속되었다(엡 1 : 6,12,14; 요 17 : 5).

엡 1 : 6   이는 그의 사랑하시는 자 안에서 우리에게 거저 주시는 바 그의
              은혜의 영광을 찬미하게 하려는 것이라
엡 1 : 12   이는 그리스도 안에서 전부터 바라던 우리로 그의 영광의 찬송이
              되게 하려 하심이라
엡 1 : 14   이는 우리의 기업에 보증이 되사 그 얻으신 것을 구속하시고 그의
              영광을 찬미하게 하려 하심이라
요 17 : 5   아버지여 창세 전에 내가 아버지와 함께 가졌던 영화로써 지금도
              아버지와 함께 나를 영화롭게 하옵소서

III. 은혜 언약의 내용과 특성
1. 은혜 언약의 내용

성부는 성자와의 속죄의 언약에 기초하여 인간의 죄를 용서하시고 그들과의 친
교(평화)를 하시며(롬 5 : 10; 요일 2 : 2; 엡 2 : 14-18; 골 1 : 22) 그들에게 영원
한 생명과 복락을 은혜로 주실 것을 약속하셨으니 이것이 곧 은혜 언약이다.

본래 하나님은 인간을 상대로 행위 언약을 세우셨으나 언약의 머리인 아담이
행위 언약을 지키지 못한 연고로 이 언약은 파기되고 결국 인간의 영생 복락의
길을 열어 주지 못하고 말았다. 뿐만 아니라 인간이 행위 언약을 위반한 결과로
초래된 정죄와 저주는 하나님의 은혜로 제거되지 않는 한 영구히 그대로 있게 되
었다.

그런데 하나님은 인간을 그 정죄와 저주에서 구속하시려고 새로이 은혜로운 언
약을 세우셨으니 이 언약의 핵심은 죄인이 공로 없이 오직 믿음으로 구원을 얻고

하나님의 자녀가 되는 것이며, 또한 이에 필요한 믿음도 하나님이 거저 주시는 선물이기 때문에(요 1 : 12; 엡 2 : 8; 요 5 : 24; 롬 3 : 24 참조) 인간은 그저 이 은혜 언약을 받아들이고 순응하기만 하면 구원을 얻게 되는 것이다(렘 31 : 31; 히 8 : 10, 이하 참조 32 : 38-40; 겔 34 : 23-25; 고후 6 : 16-18). 그러므로 이 언약은 공로의 성격을 띤 요구가 전혀 없는 것이 특징이다.

　이 언약에서는 하나님이 인간에게 요구하시는 언약에 따른 조건이 성부와 성자와의 속죄 언약의 약속에 의해 충당될 뿐만 아니라 하나님이 인간에게 요구하실 모든 것을 인간에게 먼저 주시기로 약속하시고 주시기 때문이다. 다만 하나님은 인간들이 이 언약의 은혜로운 약속을 믿고 받아들여 새생명의 은혜 안에 들어가고 그 받은 바 은혜의 새생명의 원리대로 순종하며 하나님께 헌신하기를 바라시는 것이다.

롬 5 : 10　　곧 우리가 원수되었을 때에 그 아들의 죽으심으로 말미암아
　　　　　　하나님으로 더불어 화목되었은즉 화목된 자로서는 더욱 그의
　　　　　　살으심을 인하여 구원을 얻을 것이니라
렘 31 : 31　나 여호와가 말하노라 보라 날이 이르리니 내가 이스라엘 집과
　　　　　　유다 집에 새 언약을 세우리라
히 8 : 10　 또 주께서 가라사대 그날 후에 내가 이스라엘 집으로 세울 언약이
　　　　　　이것이니 내 법을 저희 생각에 두고 저희 마음에 이것을 기록하리라
　　　　　　나는 저희에게 하나님이 되고 저희는 내게 백성이 되리라

2. 은혜 언약의 특성
1) 은혜성(恩惠性)

　은혜 언약은 명칭 그대로 은혜적인 것이 그 특성이다. 하나님은 인간과의 언약에서 성자로 하여금 그 언약의 보증이 되게 하시어 인간대신 공의의 요구에 응하게 하셨다(히 7 : 22). 그리고 성령의 사역으로 사람이 언약의 조건에 능히 응하게 하신 것이다(엡 2 : 8). 그리고 이 언약은 하나님의 은혜로 발기되고, 집행되고, 결과되니 이야말로 시종 은혜적이다.

히 7 : 22   이와 같이 예수는 더 좋은 언약의 보증이 되셨느니라
엡 2 : 8   너희가 그 은혜를 인하여 믿음으로 말미암아 구원을 얻었나니
          이것이 너희에게서 난 것이 아니요 하나님의 선물이라

2) 삼위일체성

은혜 언약 안에는 삼위의 하나님이 역사하신다. 즉 언약의 기원(起源)은 성부의 선택적 사랑과 은혜에 있으며 사법적 근거는 성자의 보증에 있으며 성령의 감동과 감화의 역사에 의하여 죄인된 인간들에게서 언약이 실현되어지는 것이다. 그러므로 성경에 "··· 아버지께서 ··· 창세 전에 그리스도 안에서 우리를 택하사"(엡 1 : 3-4), "우리가 그리스도 안에서 그의 은혜의 풍성함을 따라 그의 피로 말미암아 구속 곧 죄사함을 받았으니"(엡 1 : 7), "··· 약속의 성령으로 인치심을 받았으니"(엡 1 : 13)라고 하였다. 그리고 구속함을 받은 사람들은 "하나님 아버지의 미리 아심을 따라 성령의 거룩하게 하심으로 순종함과 예수 그리스도의 피뿌림을 얻기 위하여 택하심을 입은 자들···"(벧전 1 : 2)이라고 하였다.

3) 영원성

이 언약은 영원히 지속되기 때문에 파기될 수 없는 언약이다(창 17 : 19, 삼하 23 : 5, 히 13 : 20). 그리고 이 언약은 영원히 변치 않을 것을 하나님이 보증하시기 때문에 신성불가침(神聖不可侵)이다(히 6 : 17).

하나님은 신실하시기 때문에 인간의 믿음과 순종이 계속되는 한 그분의 은혜는 변함이 없으시며 이 언약을 영원히 성실하게 지키실 것이니 성부의 택함을 입은 자들에게 이 언약이 완전히 적용되어 구원이 실현되어질 것이다.

창 17 : 19   하나님이 가라사대 아니라 네 아내 사라가 정녕 네게 아들을
            낳으리니 너는 그 이름을 이삭이라 하라 내가 그와 내 언약을
            세우리니 그의 후손에게 영원한 언약이 되리라
히 6 : 17   하나님은 약속을 기업으로 받는 자들에게 그 뜻이 변치 아니함을
            충분히 나타내시려고 그 일에 맹세로 보증하셨나니
삼하 23 : 5   내 집이 하나님 앞에 이 같지 아니하냐 하나님이 나로 더불어 영원한
            언약을 세우사 만사에 구비하고 견고케 하셨으니 나의 모든 구원과

나의 모든 소원을 어찌 이루지 아니하시랴

히 13 : 20　　양의 큰 목자이신 우리 주 예수를 영원한 언약의 피로 죽은 자
가운데서 이끌어 내신 평강의 하나님이

4) 특수성

은혜 언약은 특수적(제한적)이요 보편적이 아니다. 그것은 언약이 성부께서 미리 아시고 성자의 형상을 본받게 하기 위하여 미리 정하신 자(피택자)들에게서만 실현되어지기 때문이다(롬 8 : 29; 엡 1 : 4).

성경은 영생을 주시기로 작정된 자들만이 은혜 언약을 받아들이고 그 혜택을 누리게 된다는 것을 분명히 보여 주고 있다(행 13 : 48; 롬 9 : 8 참조). 그러나 이 언약은 유대인에게만 국한되지 않고 모든 민족에 대한 언약이 된다는 점에서는 보편적이라 할 수 있다(롬 1 : 14-16 참조).

롬 8 : 29　　하나님이 미리 아신 자들로 또한 그 아들의 형상을 본받게 하기
위하여 미리 정하셨으니 이는 그로 많은 형제 중에서 맏아들이
되게 하려 하심이니라

엡 1 : 4　　곧 창세 전에 그리스도 안에서 우리를 택하사 우리로 사랑 안에서
그 앞에 거룩하고 흠이 없게 하시려고

행 13 : 48　　이방인들이 듣고 기뻐하여 하나님의 말씀을 찬송하며 영생을
주시기로 작정된 자는 다 믿더라

5) 동일성

이 언약은 그 이행의 형태는 변하지만 모든 시대에서 근본적으로는 동일한 언약이다. 즉 은혜 언약의 내용을 나타내고 있는 복음은 구약 시대와 신약 시대의 시산석 차이는 있어도 근본적으로 동일하다(창 3 : 15, 이하 참조 창 17 : 7; 출 19 : 5; 신 29 : 13; 삼하 7 : 14; 렘 31 : 33; 히 8 : 10; 갈 1 : 8-9,3 : 8).

이 언약은 구약 시대나 신약 시대에 있어서 동일한 것이니 아브라함이 받은 언약이나 신약의 성도들이 받은 언약이 동일하며 아브라함이 약속의 실현으로 구원받은 방법이나, 신약 성도들이 언약의 실현으로 구원얻은 방법은 동일한 것이다(롬 4 : 9-25; 갈 3 : 7-9,17-18; 마 22 : 32 참조). 그리고 언약의 중보자는 어제

나 오늘이나 영원까지 동일하신 것이다(히 13:8; 행 4:12). 인류 구속의 언약이 하나인 것같이 구원의 복음도 하나뿐임이 분명하다. 인류 구원의 복음은 은혜 언약의 계시에 지나지 않는다. 은혜 언약은 처음부터 끝까지 단일한 것으로 은혜 언약의 계시인 구원의 복음은 이미 모형적 약속에서 언급되었고(창 3:15), 아브라함에게 전파되었으며(갈 3:8) 모든 인류에게 선포된 것이다(요 3:16).

> 창 3:15   내가 너로 여자와 원수가 되게 하고 너의 후손도 여자의 후손과
>   원수가 되게 하리니 여자의 후손은 네 머리를 상하게 할 것이요
>   너는 그의 발꿈치를 상하게 할 것이니라 하시고
> 갈 3:7-9   그런즉 믿음으로 말미암은 자들은 아브라함의 아들인줄 알지어다
>   또 하나님이 이방을 믿음으로 말미암아 의로 정하실 것을 성경이
>   미리 알고 먼저 아브라함에게 복음을 전하되 모든 이방이 너를
>   인하여 복을 받으리라 하였으니 그러므로 믿음으로 말미암은 자는
>   믿음이 있는 아브라함과 함께 복을 받느니라
> 히 13:8   예수 그리스도는 어제나 오늘이나 영원토록 동일하시니라
> 행 4:12   다른 이로서는 구원을 얻을 수 없나니 천하 인간에 구원을
>   얻을만한 다른 이름을 우리에게 주신 일이 없음이니라 하였더라
> 요 3:16   하나님이 세상을 이처럼 사랑하사 독생자를 주셨으니 이는 저를
>   믿는 자마다 멸망치 않고 영생을 얻게 하려 하심이니라

6) 조건적이면서 무조건적임

이 언약은 조건적이면서 또 한편으로는 무조건적인 것이 특징이다.

(1) 조건적이라 함은 이 언약이 예수님의 보증을 전제로 해서 실현된다는 점이다. 즉 예수님은 이 언약에서 인간대신 행위의 완성을 요구당하셨다. 그리고 인간편에서는 신앙을 조건으로 한다는 점에서 조건적이라 할 수 있다.

(2) 무조건적이라 함은 이 언약에는 인간의 공로로 간주될 수 있는 조건이 없다는 점이다. 즉 이 언약에서 인간의 공로가 전혀 요구되지 않는다. 죄인이 회개하고 믿도록 촉구되지만 엄밀히 따지면 신앙은 조건이 될 수 없다는 것이다. 그 이유

는 생명의 언약에 들어오는 죄인은 이미 회개하고 믿도록 부름받았기 때문이다 (롬 8 : 29). 그리고 성도의 회개와 신앙도 하나님이 베풀어 주시는 은혜의 사역에 의하여 되어지는 것이니만큼 공로가 될 수 없다(엡 1 : 8-9,2 : 8).

엡 1 : 8-9	이는 그가 모든 지혜와 총명으로 우리에게 넘치게 하사 그 뜻의 비밀을 우리에게 알리셨으니 곧 그 기쁘심을 따라 그리스도 안에서 때가 찬 경륜을 위하여 예정하신 것이니
엡 2 : 8	너희가 그 은혜를 인하여 믿음으로 말미암아 구원을 얻었나니 이것이 너희에게서 난 것이 아니요 하나님의 선물이라

7) 일방적 서약

언약은 두 당사자 사이에 맺어지는 협약이다. 그러나 은혜 언약은 일방적인 성격이 있다. 즉 은혜 언약에는 인간의 협약자의 자격이 인정되지 않고, 하나님이 일방적으로 그분의 은혜와 복을 인간에게 부여하시고자 하시는 계획의 성격을 띠고 있는 것이다. 더욱이 하나님은 이 언약에서 자신이 요구하시는 모든 것을 인간에게 아낌없이 주시는 것이다. 은혜 언약은 하나님 편에서 자유로우시며 절대 주권적인 것이기 때문에 이것은 하나님의 서약이라고도 할 수 있다(히 9 : 16-17).

히 9 : 16-17	유언은 유언한 자가 죽어야 되나니 유언은 그 사람이 죽은 후에야 견고한즉 유언한 자가 살았을 때에는 언제든지 효력이 없느니라

제 14 장
그리스도론

예수 그리스도는 인류의 구주시다.

예수 그리스도는 모든 그리스도인의 신앙의 대상으로서

기독교는 그리스도를 구주와 하나님의 아들로 믿고

그리스도에 의해 죄사함과 영원한 생명이 주어지는 것으로 믿는다.

그리스도의 명칭

성경에서 그리스도에게 적용된 이름들은 여러 가지이다. "하나님의 아들, 인자, 영광의 주, 메시야, 중보자, 주(主), 선지자, 제사장, 왕" 등이 그것이다. 이와 같은 다양한 명칭들은 여러 가지 면에서 그리스도의 존재를 말해 주고 있다.

그리스도에 대한 이상의 여러 명칭 중에서 다음 다섯 이름, 즉 "예수, 그리스도, 인자(人子), 하나님의 아들, 주(主)"에 대해서만 생각해 보기로 한다.

I. 예수(Jesus)

"예수"는 히브리어로 "여호수아(יְהוֹשֻׁעַ)"이다(수 1 : 1; 슥 3 : 1). 이 호칭에 대한 뜻은 마태복음 1장 21절에 천사가 해석하였다. 즉 "자기 백성을 저희 죄에서 구원할 자"라는 뜻이라 하였다. 구약에 눈의 아들 여호수아(하나님의 백성을 성지로 인도함)와 사닥의 아들 여호수아(하나님의 백성의 죄를 짊어진 대제사장)는 예수 그리스도의 그림자이다(수 1 : 1; 슥 3 : 1).

수 1 : 1   여호와의 종 모세가 죽은 후에 여호와께서 모세의 시종 눈의 아들 여호수아에게 일러 가라사대

슥 3 : 1   대제사장 여호수아는 여호와의 사자 앞에 섰고 사단은 그의 우편에 서서 그를 대적하는 것을 여호와께 보이시니라

II. 그리스도(Christ)
1. 그리스도의 뜻

"그리스도"란 헬라어로 "크리스토스(Χριστος)"이다. 즉 그 뜻은 "기름 부음을

받은 자"라는 뜻이다. 신약의 "그리스도"는 구약의 "메시야"란 이름과 같은 뜻이며 "메시야"는 아람어의 "메시하(מְשִׁיחָא, 기름 부음을 받은 자)"에서 유래된 것으로 이는 하나님에 의해 성별(聖別)된 자를 뜻하고 있다. 신약에서 "그리스도"란 말은 히브리어의 "메시야"를 헬라어로 번역한 것이다.

2. 기름 부음을 받은 자

구약 시대에는 왕(삼상 12 : 3)과 제사장(레 4 : 5), 선지자(왕상 19 : 16)가 기름 부음을 받았다(출 29 : 7 참조; 레 4 : 3 참조; 삼상 9 : 16, 이하 참조 삼상 10 : 1; 삼하 19 : 10). 그러므로 구약에는 제사장과 선지자뿐만 아니라 "왕"도 "여호와의 기름 부음을 받은 자"로 불렸다(삼상 24 : 6). 구약에 선지자가 기름 부음을 받은 실례(實例)는 단 한번뿐이다(왕상 19 : 16). 그러나 시편 105편 15절과 이사야 61장 1절도 선지자의 "기름 부음을 받음"과 관련된 듯하다.

삼상 12 : 3   내가 여기 있나니 여호와 앞과 그 기름 부음을 받은 자 앞에서 내게
대하여 증거하라 내가 뉘 소를 취하였느냐 뉘 나귀를 취하였느냐
누구를 속였느냐 누구를 압제하였느냐 내 눈을 흐리게 하는
뇌물을 뉘 손에서 취하였느냐 그리하였으면 내가 그것을 너희에게
갚으리라

레 4 : 5   기름 부음을 받은 제사장은 그 수송아지의 피를 가지고 회막에
들어가서

삼상 9 : 16   내일 이 맘 때에 내가 베냐민 땅에서 한 사람을 네게 보내리니 너는
그에게 기름을 부어 내 백성 이스라엘의 지도자를 삼으라 그가
내 백성을 블레셋 사람의 손에서 구원하리라 내 백성의 부르짖음이
내게 상달하였으므로 내가 그들을 돌아보았노라 하시더니

삼상 24 : 6   자기 사람들에게 이르되 내가 손을 들어 여호와의 기름 부음을
받은 내 주를 치는 것은 여호와의 금하시는 것이니 그는 여호와의
기름 부음을 받은 자가 됨이니라 하고

왕상 19 : 16   너는 또 님시의 아들 예후에게 기름을 부어 이스라엘 왕이 되게
하고 또 아벨므홀라 사밧의 아들 엘리사에게 기름을 부어 너를
대신하여 선지자가 되게 하라

1) 주유식(注油式)

(1) 주유에 사용된 기름

성경에 주유식에 사용된 기름은 올리브(Olive)유(油)로서, 올리브유의 용도는 조리용(왕상 17 : 14; 레 2 : 1-2 참조), 등화용(마 25 : 1; 출 25 : 6 참조), 의약용(사 1 : 6; 막 6 : 13; 눅 10 : 34; 약 5 : 14), 혹은 손님을 영접하고 환대하는 예의로 사용되는 것(눅 7 : 46; 시 23 : 5; 요 12 : 3) 외에 특별히 왕이나 제사장 및 선지자를 성별하고(삼상 10 : 1; 출 30 : 30; 레 8 : 12 참조), 또는 성기(聖器)를 성별하는 주유용으로 사용하였다(레 8 : 10-11 참조).

왕상 17 : 14	이스라엘 하나님 여호와의 말씀이 나 여호와가 비를 지면에 내리는 날까지 그 통의 가루는 다하지 아니하고 그 병의 기름은 없어지지 아니하리라 하셨느니라
마 25 : 1	그 때에 천국은 마치 등을 들고 신랑을 맞으러 나간 열 처녀와 같다 하리니
사 1 : 6	발바닥에서 머리까지 성한 곳이 없이 상한 것과 터진 것과 새로 맞은 흔적 뿐이어 늘 그것을 짜며 싸매며 기름으로 유하게 함을 받지 못하였도다
막 6 : 13	많은 귀신을 쫓아내며 많은 병인에게 기름을 발라 고치더라
눅 10 : 34	가까이 가서 기름과 포도주를 그 상처에 붓고 싸매고 자기 짐승에 태워 주막으로 데리고 가서 돌보아 주고
약 5 : 14	너희 중에 병든 자가 있느냐 저는 교회의 장로들을 청할 것이요 그들은 주의 이름으로 기름을 바르며 위하여 기도할지니라
눅 7 : 46	너는 내 머리에 감람유도 붓지 아니하였으되 저는 향유를 내 발에 부었느니라
시 23 : 5	주께서 내 원수의 목전에서 내게 상을 베푸시고 기름으로 내 머리에 바르셨으니 내 잔이 넘치나이다
요 12 : 3	마리아는 지극히 비싼 향유 곧 순전한 나드 한 근을 가져다가 예수의 발에 붓고 자기 머리털로 그의 발을 씻으니 향유 냄새가 집에 가득하더라
삼상 10 : 1	이에 사무엘이 기름병을 취하여 사울의 머리에 붓고 입맞추어 가로되 여호와께서 네게 기름을 부으사 그 기업의 지도자를 삼지

아니하셨느냐

출 30 : 30   너는 아론과 그 아들들에게 기름을 발라 그들을 거룩하게 하고
그들로 내게 제사장 직분을 행하게 하고

(2) 주유의 의미

❖ 성별을 의미함

성경에 "기름 부음"의 예식은 사람이나 물건에 기름을 부어 거룩하게 구별하는
것을 의미한다. 야곱은 벧엘에서 돌기둥을 세우고 거기에 기름을 붓고, 그 곳 이름
을 하나님의 집(벧엘)이라 불렀으며(창 28 : 18), 회막이나 성물(聖物)은 "기름 부
음"으로 거룩히 구별되었던 것이다(출 30 : 22-30 참조; 레 8 : 12,30; 시 132 : 10).

창 28 : 18   야곱이 아침에 일찍이 일어나 베개하였던 돌을 가져 기둥으로
세우고 그 위에 기름을 붓고

레 8 : 12   또 관유로 아론의 머리에 부어 발라 거룩하게 하고

레 8 : 30   모세가 관유와 단 위의 피를 취하여 아론과 그 옷과 그 아들들과
그 아들들의 옷에 뿌려서 아론과 그 옷과 그 아들들과 그 아들들의
옷을 거룩하게 하고

시 132 : 10   주의 종 다윗을 위하여 주의 기름 받은 자의 얼굴을 물리치지
마옵소서

❖ 임직의 의미

성경에 "기름 부음"은 특별한 사명을 위하여 하나님의 선택을 받고 그 직위에
임직(任職)되는 것을 의미한다(삼상 10 : 1; 출 30 : 30; 왕상 19 : 16).

삼상 10 : 1   이에 사무엘이 기름병을 취하여 사울의 머리에 붓고 입맞추어
가로되 여호와께서 네게 기름을 부으사 그 기업의 지도자를 삼지
아니하셨느냐

출 30 : 30   너는 아론과 그 아들들에게 기름을 발라 그들을 거룩하게 하고
그들로 내게 제사장 직분을 행하게 하고

왕상 19 : 16   너는 또 님시의 아들 예후에게 기름을 부어 이스라엘 왕이 되게

하고 또 아벨므홀라 사밧의 아들 엘리사에게 기름을 부어 너를 대신하여 선지자가 되게 하라

❖ 특별 관계를 의미함

특별한 사명을 위하여 하나님의 선택을 받고 "기름 부음을 받은 자"는 하나님과의 특별한 영적 관계가 성립됨을 의미한다. 그러므로 기름 부음을 받은 자는 사람이 손을 대지 못하도록 엄히 규정하고 있다(대상 16 : 22; 창 20 : 7; 애 4 : 16; 시 89 : 38). 구약 시대에 왕은 주유에 의하여 여호와 하나님께 기름 부음 받은 자로서 일반 백성과 달리 구별되고, 신성한 신분이 보장되었다(삼상 26 : 9).

대상 16 : 22	이르시기를 나의 기름 부은 자를 만지지 말며 나의 선지자를 상하지 말라 하셨도다
창 20 : 7	이제 그 사람의 아내를 돌려 보내라 그는 선지자라 그가 너를 위하여 기도하리니 네가 살려니와 네가 돌려 보내지 않으면 너와 네게 속한 자가 다 정녕 죽을 줄 알지니라
애 4 : 16	여호와께서 노하여 흩으시고 다시 권고치 아니하시리니 저희가 제사장들을 높이지 아니하였으며 장로들을 대접지 아니하였음이로다
시 89 : 38	그러나 주께서 주의 기름 부음 받은 자를 노하사 물리쳐 버리셨으며
삼상 26 : 9	다윗이 아비새에게 이르되 죽이지 말라 누구든지 손을 들어 여호와의 기름 부음을 받은 자를 치면 죄가 없겠느냐

❖ 성령 부음을 의미함

주유식에 사용되는 기름은 영적으로 하나님의 성령을 상징하는 것으로 특수한 직에 임직하는 자에게 기름을 부음은 곧 하나님의 성령이 그에게 부이짐을 의미한나(삼상 16 : 13; 이하 참조 사 61 : 1; 슥 4 : 1-6). 하나님께 헌신할 자에게 헌신의 기호(記號)로 기름을 부음으로써 성령이 그 사람에게 임하여 그 심령을 감동하고 고무하는 것으로 성경은 가르치고 있다(삼상 10 : 1, 6, 10, 16 : 13-14 참조).

삼상 16 : 13	사무엘이 기름 뿔을 취하여 그 형제 중에서 그에게 부었더니

	이 날 이후로 다윗이 여호와의 신에게 크게 감동되니라 사무엘이 떠나서 라마로 가니라
삼상 10 : 1	이에 사무엘이 기름병을 취하여 사울의 머리에 붓고 입맞추어 가로되 여호와께서 네게 기름을 부으사 그 기업의 지도자를 삼지 아니하셨느냐
삼상 10 : 6	네게는 여호와의 신이 크게 임하리니 너도 그들과 함께 예언을 하고 변하여 새 사람이 되리라
삼상 10 : 10	그들이 산에 이를 때에 선지자의 무리가 그를 영접하고 하나님의 신이 사울에게 크게 임하므로 그가 그들 중에서 예언을 하니

III. 인자(人子)

성경에 "인자(Son of Man)"라는 명칭은 예수님이 스스로 사용하신 자칭호(自稱號)이다. 최초에는 제자들과의 대화에서 사용되었다(요 1 : 51). "인자"의 칭호는 그리스도의 인성을 나타내는 것으로, 첫 아담(인류의 시조)이 사람으로 불린 것처럼 둘째 아담(예수, 고전 15 : 45)도 "사람의 아들"로 자칭하셨던 것이다(막 2 : 10, 이하 참조 막 8 : 31; 마 13 : 37; 눅 19 : 10). 그러나 예수님은 자신을 가리켜 "인자"라 자칭함에 대하여 제자들은 예수님을 "하나님의 아들"(마 16 : 16) 혹은, 그리스도라 칭하였다(요 12 : 34). 이는 곧 메시야의 신인 양성(神人兩性)을 표현한 것이다. 사도들은 "그리스도"를 "인자"로 호칭한 경우가 성경에 많다(행 7 : 56; 계 1 : 13,14 : 14 참조). 구약에도 재림하시는 메시야의 예언에서 그리스도를 "인자"라 호칭하였다(시 80 : 17; 단 7 : 13-14 참조).

성경에 인자의 칭호는 대체로 그리스도의 다음 세 가지 사건과 관련해서 사용되었다. 즉 ① 예수의 초림(구세주 출생, 눅 19 : 10 참조; 막 2 : 10; 마 13 : 37 참조) ② 예수의 고난(대속의 수난, 막 9 : 31, 이하 참조 막 8 : 31,10 : 45; 눅 9 : 22; 막 14 : 41; 사 53장) ③ 예수의 재림(심판주 강림, 마 24 : 30,25 : 31,26 : 64; 계 1 : 13,14 : 14; 단 7 : 13-14) 등이다.

요 1 : 51	또 가라사대 진실로 진실로 너희에게 이르노니 하늘이 열리고 하나님의 사자들이 인자 위에 오르락 내리락 하는 것을 보리라

	하시니라
고전 15 : 45	기록된 바 첫 사람 아담은 산 영이 되었다 함과 같이 마지막 아담은 살려 주는 영이 되었나니
막 2 : 10	그러나 인자가 땅에서 죄를 사하는 권세가 있는 줄을 너희로 알게 하려 하노라 하시고 중풍병자에게 말씀하시되
마 16 : 16	시몬 베드로가 대답하여 가로되 주는 그리스도시요 살아계신 하나님의 아들이시니이다
요 12 : 34	이에 무리가 대답하되 우리는 율법에서 그리스도가 영원히 계신다 함을 들었거늘 너는 어찌하여 인자가 들려야 하리라 하느냐 이 인자는 누구냐
행 7 : 56	말하되 보라 하늘이 열리고 인자가 하나님 우편에 서신 것을 보노라 한대
시 80 : 17	주의 우편에 있는 자 곧 주를 위하여 힘있게 하신 인자의 위에 주의 손을 얹으소서
막 9 : 31	이는 제자들을 가르치시며 또 인자가 사람들의 손에 넘기워 죽임을 당하고 죽은 지 삼일 만에 살아나리라는 것을 말씀하시는 연고더라
마 24 : 30	그 때에 인자의 징조가 하늘에서 보이겠고 그 때에 땅의 모든 족속들이 통곡하며 그들이 인자가 구름을 타고 능력과 큰 영광으로 오는 것을 보리라

IV. 하나님의 아들

성경에 그리스도를 "하나님의 아들(Son of God)"이라 함은 인자와 같이 그리스도의 별명으로써 그분의 신성을 의미한다(마 8 : 29). 즉 "인자"는 예수님의 인성(메시야 곧 다윗의 아들)을 나타내는 호칭이며(마 1 : 1), "하나님의 아들"은 예수님의 신성(하나님의 아들)을 나타내는 호칭인 것이다(마 16 : 16; 눅 1 : 32). "하나님의 아들"이라는 메시야의 이름은 다음 몇 가지 중요한 의미를 지니고 있다.

마 8 : 29	이에 저희가 소리질러 가로되 하나님의 아들이여 우리와 당신과 무슨 상관이 있나이까 때가 이르기 전에 우리를 괴롭게 하려고 여기 오셨나이까 하더니
마 1 : 1	아브라함과 다윗의 자손 예수 그리스도의 세계라

| 마 16 : 16 | 시몬 베드로가 대답하여 가로되 주는 그리스도시요 살아 계신 하나님의 아들이시니이다 |
| 눅 1 : 32 | 저가 큰 자가 되고 지극히 높으신 이의 아들이라 일컬을 것이요 주 하나님께서 그 조상 다윗의 위를 저에게 주시리니 |

1. 탄생의 의미

"하나님의 아들"이란 호칭은 성육신하신 예수 그리스도가 성령으로 인하여 잉태되시고 거룩하신 자로서 곧 하나님의 아들이심을 표현하는 것이다(눅 1 : 35).

| 눅 1 : 35 | 천사가 대답하여 가로되 성령이 네게 임하시고 지극히 높으신 이의 능력이 너를 덮으시리니 이러므로 나실 바 거룩한 자는 하나님의 아들이라 일컬으리라 |

2. 직위적 의미

"하나님의 아들"이라는 호칭은 그리스도의 직위적 혹은 메시야적 의미로 사용된 것이다. 즉 메시야이신 예수님은 하나님의 후사 또는 대표자로서의 의미로 하나님의 아들이라고 호칭한 것이다(마 8 : 29, 24 : 36; 막 13 : 32).

마 8 : 29	이에 저희가 소리질러 가로되 하나님의 아들이여 우리와 당신과 무슨 상관이 있나이까 때가 이르기 전에 우리를 괴롭게 하려고 여기 오셨나이까 하더니
마 24 : 36	그러나 그 날과 그 때는 아무도 모르나니 하늘의 천사들도, 아들도 모르고 오직 아버지만 아시느니라
막 13 : 32	그러나 그 날과 그 때는 아무도 모르나니 하늘에 있는 천사들도, 아들도 모르고 아버지만 아시느니라

3. 삼위일체적 의미

"하나님의 아들"이라는 호칭은 예수 그리스도가 삼위일체의 제2위이신 성자가 되심을 표현하기 위한 것이다(마 11 : 27, 14 : 28-33, 16 : 16, 21 : 33-46, 22 : 41-46, 26 : 63).

마 11 : 27	내 아버지께서 모든 것을 내게 주셨으니 아버지 외에는 아들을 아는 자가 없고 아들과 또 아들의 소원대로 계시를 받는 자 외에는 아버지를 아는 자가 없느니라
마 16 : 16	시몬 베드로가 대답하여 가로되 주는 그리스도시요 살아 계신 하나님의 아들이시니이다
마 26 : 63	예수께서 잠잠하시거늘 대제사장이 가로되 내가 너로 살아 계신 하나님께 맹세하게 하노니 네가 하나님의 아들 그리스도인지 우리에게 말하라

V. 주(主)

성경에 "주(The name Lord)"는 신성의 대명사로서 그리스도에 대하여 이 호칭을 사용할 경우에는 그분의 신격과 영적 최고의 권위를 표현하는 것이다. 주(主)는 사실상 하나님의 명칭과 동일한 것이다(마 7 : 22; 눅 5 : 8 참조; 행 2 : 36; 이하 참조 고전 12 : 3; 빌 2 : 11). 신약에 "주"라는 명칭을 하나님과 그리스도에게 같이 적용하여 신성의 대명사로 사용한 예가 있다.

마가복음 12장 36절에 "다윗이 성령에 감동하여 친히 말하되 '주께서 내 주께' 이르시되 내가 네 원수를 네 발아래 둘 때까지 내 우편에 앉았으라 하셨도다"하였다. 여기 "주께서 내 주께"는 히브리 원전에는 "여호와께서 내 주께"라고 되어 있다. 특히 그리스도께서 부활하신 후, 그분에게 적용된 "주"라는 명칭은 그리스도가 교회의 소유주요, 통치자라는 사실을 나타내기 위하여 사용되었다(행 2 : 36; 고전 12 : 3; 빌 2 : 9-11; 엡 5 : 22-23; 마 28 : 18 참조). 그러나 그리스도의 부활 전에도 그리스도의 신격(神格)을 표현하는 대명사로 "주"라고 호칭한 경우가 있다(마 7 : 22; 눅 5 : 8 참조).

| 행 2 : 36 | 그런즉 이스라엘 온 집이 정녕 알지니 너희가 십자가에 못박은 이 예수를 하나님이 주와 그리스도가 되게 하셨느니라 하니라 |
| 마 7 : 22 | 그 날에 많은 사람이 나더러 이르되 주여 주여 우리가 주의 이름으로 선지자 노릇하며 주의 이름으로 귀신을 쫓아내며 주의 이름으로 많은 권능을 행치 아니하였나이까 하리니 |

그리스도의 본성

성경은 도성 인신(道成人身)하신 그리스도에게 신인 양성(神人兩性), 즉 본성적으로 "참하나님"과 "참인간"의 두 속성이 있으심을 가르치고 있다(요 1 : 1-2, 14).

요 1 : 1-2   태초에 말씀이 계시니라 이 말씀이 하나님과 함께 계셨으니 이
             말씀은 곧 하나님이시니라 그가 태초에 하나님과 함께 계셨고
요 1 : 14   말씀이 육신이 되어 우리 가운데 거하시매 우리가 그 영광을 보니
             아버지의 독생자의 영광이요 은혜와 진리가 충만하더라

Ⅰ. 그리스도의 신성(神性)

성경에 그리스도는 곧 하나님이시라고 하였다(롬 9 : 5; 이하 참조 요 10 : 30, 14 : 9; 사 9 : 6). 우리가 그리스도의 신성을 믿는 것은 매우 중요하다. 그것은 그리스도의 신성을 고백함이 하나님과의 영적 교제의 기본적 요소이며(요일 4 : 15), 구원과도 관계가 있는 때문이다(롬 10 : 9; 요일 4 : 14). 예수님 자신이 당신의 신성(神性)에 대하여 "··· 내가 하나님께로 나서 왔음이라···"고 표현하셨다(요 8 : 42).

롬 9 : 5   조상들도 저희 것이요 육신으로 하면 그리스도가 저희에게서
             나셨으니 저는 만물 위에 계셔 세세에 찬양을 받으실
             하나님이시니라 아멘
요일 4 : 15   누구든지 예수를 하나님의 아들이라 시인하면 하나님이 저 안에
             거하시고 저도 하나님 안에 거하느니라
롬 10 : 9   네가 만일 네 입으로 예수를 주로 시인하며 또 하나님께서 그를

요일 4 : 14   죽은 자 가운데서 살리신 것을 네 마음에 믿으면 구원을 얻으리니
아버지가 아들을 세상에 구주로 보내신 것을 우리가 보았고 또
증거하노니

1. 그리스도의 신성에 대한 증거

1) 성경에 기록된 증거

성경은 구약과 신약이 다같이 그리스도께서 하나님의 신성을 가지고 계심을 밝히 증거하고 있다.

(1) 구약에서

구약은 장차 오실 메시야(그리스도)에 관한 예언을 통하여 그리스도의 신성 혹은 신격(神格)을 분명하게 가르쳐 주고 있다(사 9 : 6; 이하 참조 렘 23 : 6; 단 7 : 13; 미 5 : 2; 슥 13 : 7; 말 3 : 1). 그리고 특히 시편 기자는 그리스도는 하나님과 동일하신 주(主)라고 기록하였다(시 110 : 1).

사 9 : 6   이는 한 아기가 우리에게 났고 한 아들을 우리에게 주신 바
되었는데 그 어깨에는 정사를 메었고 그 이름은 기묘자라, 모사라,
전능하신 하나님이라, 영존하시는 아버지라, 평강의 왕이라 할
것임이라

시 110 : 1   여호와께서 내 주에게 말씀하시기를 내가 네 원수로 네 발등상
되게 하기까지 너는 내 우편에 앉으라 하셨도다

(2) 신약에서

❖ 요한복음에서

요한복음에는 여러 곳에 그리스도의 숭고한 신격과 신성에 대하여 언급하고 있다(요 1 : 1-3, 14, 18, 이하 참조 요 25-27, 2 : 24-25, 3 : 16-18, 35-36, 4 : 14-15, 5 : 18, 20-22, 25-27, 11 : 41-44).

요 1 : 1-3   태초에 말씀이 계시니라 이 말씀이 하나님과 함께 계셨으니 이

말씀은 곧 하나님이시니라 그가 태초에 하나님과 함께 계셨고
만물이 그로 말미암아 지은바 되었으니 지은 것이 하나도 그가
없이는 된 것이 없느니라

요 1 : 14   말씀이 육신이 되어 우리 가운데 거하시매 우리가 그 영광을 보니
아버지의 독생자의 영광이요 은혜와 진리가 충만하더라

요 1 : 18   본래 하나님을 본 사람이 없으되 아버지 품 속에 있는 독생하신
하나님이 나타내셨느니라

❖ 바울 서신과 히브리서에서

① 바울 서신에서

바울 서신에는 여러 곳에 그리스도의 신성과 신격에 대하여 언급되어 있
다(롬 1 : 7,9 : 5; 이하 참조 고전 1 : 1-3,2 : 8; 고후 5 : 10; 갈 2 : 20,4 : 4; 빌
2 : 6; 골 2 : 9; 딤전 3 : 16).

롬 1 : 7   로마에 있어 하나님의 사랑하심을 입고 성도로 부르심을 입은
모든 자에게 하나님 우리 아버지와 주 예수 그리스도로 좇아
은혜와 평강이 있기를 원하노라

롬 9 : 5   조상들도 저희 것이요 육신으로 하면 그리스도가 저희에게서
나셨으니 저는 만물 위에 계셔 세세에 찬양을 받으실
하나님이시니라 아멘

② 히브리서에서

히브리서 기자는 그리스도의 신성을 증거함에 있어 그분이 "천사보다 뛰
어나고"(히 1 : 4-6, 13-14), "창조주이시며"(히 1 : 10), "변치 않으시며"(히 1 :
12), "영원하시고"(히 1 : 11), "의로우신 분"(히 1 : 9)이라고 강조하였다. 그리고
하나님께서도 그리스도를 "하나님"이라 부르셨다고 하였다(히 1 : 8).

히 1 : 4-6   저가 천사보다 얼마큼 뛰어남은 저희보다 더욱 아름다운 이름을
기업으로 얻으심이니 하나님께서 어느 때에 천사 중 누구에게
네가 내 아들이라 오늘날 내가 너를 낳았다 하셨으며 또다시 나는

그에게 아버지가 되고 그는 내게 아들이 되리라 하셨느뇨 또
맏아들을 이끌어 세상에 다시 들어오게 하실 때에 하나님의 모든
천사가 저에게 경배할지어다 말씀하시며

❖ 공관 복음에서
공관 복음은 여러 곳에서 참된 역사적 예수님의 모습을 보여줌과 동시에 그리
스도의 신성과 신격을 명백히 증거하고 있다(마 5 : 17, 9 : 6, 이하 참조 마 11 :
1-6, 27, 14 : 33, 16 : 16-17, 25 : 31, 28 : 18; 막 8 : 38).

마 5 : 17   내가 율법이나 선지자나 폐하러 온 줄로 생각지 말라 폐하러 온
             것이 아니요 완전케 하려 함이로라
마 9 : 6   그러나 인자가 세상에서 죄를 사하는 권세가 있는 줄을 너희로
             알게 하려 하노라 하시고 중풍병자에게 말씀하시되 일어나 네
             침상을 가지고 집으로 가라 하시니

2) 칭호에 나타난 증거
성경에 나타난 그리스도의 여러 가지 칭호들이 그분의 신성을 나타내고 있다.

(1) 로고스(λοτος)
❖ 로고스는 곧 하나님이심
로고스는 "말씀"이란 뜻이다. 그런데 성경에 "그리스도"를 "말씀"(요 1 : 1)
혹은, "생명의 말씀"(요일 1 : 1)이라고 칭하였으며, "태초에 '··· 말씀'이 하나님과
함께 계셨으니 이 '말씀'은 곧 하나님이시시라"(요 1 : 1)고 하였다.

요일 1 : 1   태초부터 있는 생명의 말씀에 관하여는 우리가 들은 바요 눈으로
             본 바요 주목하고 우리 손으로 만진 바라

❖ 그리스도의 선재성(先在性)
"태초에 말씀이 계시니라 이 말씀이 하나님과 함께 계셨으니 이 말씀은 곧 하나

님이시니라"(요 1 : 1)하였으니, 그리스도는 만물 이전에 선재(先在)하신 분이며, 근본적인 면에서 그분은 시간적으로 하나님과 선후(先後)의 관계가 아니라 처음부터 같이 계시는 하나님과 동일한 분이시다(요 1 : 1-3).

| 요 1 : 1-3 | 태초에 말씀이 계시니라 이 말씀이 하나님과 함께 계셨으니 이 말씀은 곧 하나님이시니라 그가 태초에 하나님과 함께 계셨고 만물이 그로 말미암아 지은바 되었으니 지은 것이 하나도 그가 없이는 된 것이 없느니라 |

❖ 그리스도의 선재에 대한 증거
① 하나님과 함께 계심
성경에 그리스도는 "태초에 하나님과 함께 계셨으니"이라고 하였다(요 1 : 1). 이는 그리스도가 창세 전에(요 17 : 5) 선재(先在)하셨던 사실을 보여 주고 있다(골 1 : 15; 빌 2 : 6).

요 1 : 1	태초에 말씀이 계시니라 이 말씀이 하나님과 함께 계셨으니 이 말씀은 곧 하나님이시니라
요 17 : 5	아버지여 창세 전에 내가 아버지와 함께 가졌던 영화로써 지금도 아버지와 함께 나를 영화롭게 하옵소서
골 1 : 15	그는 보이지 아니하시는 하나님의 형상이요 모든 창조물보다 먼저 나신 자니
빌 2 : 6	그는 근본 하나님의 본체시나 하나님과 동등 됨을 취할 것으로 여기지 아니하시고

② 창조에 참여하심
성경은 그리스도께서 창조의 사역에 참여하셨다고 증거한다(요 1 : 3,10 참조). 이는 곧 그분의 창세 전 선재(先在)를 밝히고 있는 것이다. 특히 성경은 하나님께서 인류를 창조하시기 전에 더불어 도모(圖謀)하셨으며(창 1 : 26 참조) 그리스도가 천지 창조의 사역에 하나님과 함께 참여하셨음을 밝히고 있다(골 1 :

16; 잠 8 : 30).

요 1 : 3	만물이 그로 말미암아 지은바 되었으니 지은 것이 하나도 그가 없이는 된 것이 없느니라
골 1 : 16	만물이 그에게 창조되되 하늘과 땅에서 보이는 것들과 보이지 않는 것들과 혹은 보좌들이나 주관들이나 정사들이나 권세들이나 만물이 다 그로 말미암고 그를 위하여 창조되었고
잠 8 : 30	내가 그 곁에 있어서 창조자가 되어 날마다 그 기뻐하신 바가 되었으며 항상 그 앞에서 즐거워하였으며

❖ 구약의 계시에 활동하심

구약 시대에 "여호와의 사자"라는 이름으로 나타난 천사는 여호와와 동일시 되기도 하고 그분으로부터 구별되기도 하는데, 이는 그 "여호와의 사자"의 나타남 은 삼위 중 제2위의 출현으로 인정되고 있다(창 16 : 7-13, 18 : 1-21, 19 : 1-28; 말 3 : 1 참조).

그리스도는 구약 시대에 천사의 모양으로, 혹은 사람의 모양으로 출현하시어 인간에게 중요한 계시를 행하셨으니 이는 곧 그분의 선재의 사실을 증명하는 것 이다(창 19 : 7-14, 참조 창 22 : 11, 18, 이하 참조 창 31 : 11, 13; 출 3 : 2-5, 14; 19, 23 : 20, 32 : 34; 민 22 : 25-35; 삿 6 : 11-23; 대상 21 : 9-27).

말 3 : 1	만군의 여호와가 이르노라 보라 내가 사자를 보내리니 그가 내 앞에서 길을 예비할 것이요 또 너희의 구하는 바 주가 홀연히 그 전에 임하리니 곧 너희의 사모하는 바 언약의 사자가 임할 것이라
창 22 : 11	여호와의 사자가 하늘에서부터 그를 불러 가라사대 아브라함아 아브라함아 하시는지라 아브라함이 가로되 내가 여기 있나이다 하매
창 22 : 18	또 네 씨로 말미암아 천하 만민이 복을 얻으리니 이는 네가 나의 말을 준행하였음이니라 하셨다 하니라

❖ 하늘에서 강림하심

성경은 그리스도가 하늘에서 강림(降臨)하셨다고 선언함으로써 그분의 선재의 사실을 증거하고 있다(요 3 : 13,31, 이하 참조 요 13 : 3,16 : 28; 고전 15 : 47).

요 3 : 13   **하늘에서 내려온 자 곧 인자 외에는 하늘에 올라간 자가 없느니라**

요 3 : 31   **위로부터 오시는 이는 만물 위에 계시고 땅에서 난 이는 땅에**
                        속하여 땅에 속한 것을 말하느니라 하늘로서 오시는 이는 만물
                        위에 계시나니

❖ 그리스도의 자증하심

그리스도께서 친히 말씀하시기를 "아브라함이 나기 전부터 내가 있느니라"고 하셨으니(요 8 : 58) 이는 곧 자신의 선재의 사실을 자증(自證)하신 것이다.

요 8 : 58   **예수께서 가라사대 진실로 진실로 너희에게 이르노니 아브라함이**
                        나기 전부터 내가 있느니라 하시니

(2) 하나님의 아들

사람의 아들은 인간인 것처럼 하나님의 아들은 신(神)이시다. 그런데 성경이 그리스도를 하나님의 아들이라 칭하였으니 이는 곧 그분의 신성을 의미하는 것이다(눅 1 : 32,22 : 70; 마 16 : 16, 이하 참조 14 : 33; 요일 5 : 20).

눅 1 : 32   **저가 큰 자가 되고 지극히 높으신 이의 아들이라 일컬을 것이요**
                        주 하나님께서 그 조상 다윗의 위를 저에게 주시리니

눅 22 : 70   **다 가로되 그러면 네가 하나님의 아들이냐 대답하시되 너희 말과**
                        같이 내가 그니라

마 16 : 16   **시몬 베드로가 대답하여 가로되 주는 그리스도시요 살아 계신**
                        하나님의 아들이시니이다

(3) 알파와 오메가

헬라어인 "알파와 오메가"는 헬라어 알파벳의 첫 자 "α"와 마지막 자 "Ω"를 지칭하는 것으로써 "처음"과 "마지막"이라는 뜻이다. 이는 현세의 창조자이시고 장래에 현세를 심판으로 종결하실 하나님, 즉 시간적으로 무시무종(無始無終)하신 영원한 하나님의 대명사이다.

성경에 보면 하나님을 "알파와 오메가"로 호칭하였고(계 1 : 8, 21 : 6) 또 그리스도를 "알파와 오메가"라고 호칭하였다(계 22 : 13 참조). 그리고 하나님을 가리켜 "처음과 나중"이라고 하였고(계 1 : 8, 17; 사 41 : 4, 44 : 6) 또 그리스도를 가리켜 "처음과 나중"이라고 하였다(계 22 : 12-13 참조). 이와 같이 그리스도에게 대하여 하나님의 호칭과 동일한 호칭이 적용된 것은 하나님과 동일한 그리스도의 신성과 신격을 의미하며 성부와 성자의 동일성을 표현한 것이다.

계 1 : 8　　　주 하나님이 가라사대 나는 알파와 오메가라 이제도 있고 전에도 있었고 장차 올 자요 전능한 자라 하시더라

계 21 : 6　　　또 내게 말씀하시되 이루었도다 나는 알파와 오메가요 처음과 나중이라 내가 생명수 샘물로 목마른 자에게 값 없이 주리니

(4) 주(主)

본래 "주"라는 호칭은 여호와 하나님께만 사용하는 신성의 대명사이다. 그런데 성경 여러 곳에서 그리스도에 대하여도 "주"라는 칭호를 적용하였다. 이는 그리스도가 하나님과 같은 신성과 신격을 가지고 계심을 의미하는 것이다(마 7 : 22; 막 12 : 36; 눅 5 : 8, 2 : 11; 행 9 : 17, 10 : 36; 고전 2 : 8, 12 : 3; 빌 2 : 11; 말 3 : 1).

마 7 : 22　　　그 날에 많은 사람이 나더러 이르되 주여 주여 우리가 주의 이름으로 선지자 노릇하며 주의 이름으로 귀신을 쫓아내며 주의 이름으로 많은 권능을 행치 아니하였나이까 하리니

막 12 : 36　　　다윗이 성령에 감동하여 친히 말하되 주께서 내 주께 이르시되 내가 네 원수를 네 발 아래 둘 때까지 내 우편에 앉았으라 하셨도다 하였느니라

눅 5 : 8　　　시몬 베드로가 이를 보고 예수의 무릎 아래 엎드려 가로되 주여 나를 떠나소서 나는 죄인이로소이다 하니

(5) 전능하신 하나님

구약에서는 장차 세상에 나실 그리스도(메시야)를 가리켜 "기묘자, 모사, 전능하신 하나님, 영존하시는 아버지, 평강의 왕"이라고 호칭하였다(사 9 : 6). 그리스도를 "전능하신 하나님" 혹은 "영존하시는 아버지"라고 호칭한 것은 그리스도가 삼위일체 중 한 분으로서 성부 하나님과 일체이심을 나타낸 것이다(요 14 : 7-9).

> 사 9 : 6 　이는 한 아기가 우리에게 났고 한 아들을 우리에게 주신 바 되었는데 그 어깨에는 정사를 메었고 그 이름은 기묘자라 모사라 전능하신 하나님이라 영존하시는 아버지라 평강의 왕이라 할 것임이라

(6) 하나님

신약도 여러 곳에서 그리스도에 대하여 "하나님"이라고 호칭하였다. 그 한 예를 들면 "… 그리스도가 저희에게서 나셨으니 저는 만물 위에 계셔 세세에 찬양을 받으실 하나님이시니라"(롬 9 : 5)고 한 것이다. 이 밖에도 그리스도를 하나님이라 호칭한 경우가 많다(요 20 : 28; 요일 5 : 20; 이하 참조 히 1 : 8; 마 1 : 23; 딛 2 : 13; 골 1 : 15-17; 빌 2 : 6).

> 요 20 : 28 　도마가 대답하여 가로되 나의 주시며 나의 하나님이시니이다
>
> 요일 5 : 20 　또 아는 것은 하나님의 아들이 이르러 우리에게 지각을 주사 우리로 참된 자를 알게 하신 것과 또한 우리가 참된 자 곧 그의 아들 예수 그리스도 안에 있는 것이니 그는 참 하나님이시요 영생이시라

3) 하나님과 예수님 및 사도들의 증언

(1) 하나님의 증언

히브리서 기자는 그리스도의 신성을 강조하면서 그리스도가 천사보다 뛰어나고(히 1 : 4-6, 13-14) 그분은 또 창조주이시고(히 1 : 10), 변치 않으시는 분으로(히 1 : 12) 영원하시며(히 1 : 11) 의로우신 분이라 하였다(히 1 : 9). 그리고 하나님께서는 그분을 가리켜 "아들"이라 혹은 "하나님"이라 부르셨다고 하였다(히 1 : 8).

히 1 : 4-6	저가 천사보다 얼마큼 뛰어남은 저희보다 더욱 아름다운 이름을 기업으로 얻으심이니 하나님께서 어느 때에 천사 중 누구에게 네가 내 아들이라 오늘날 내가 너를 낳았다 하셨으며 또 다시 나는 그에게 아버지가 되고 그는 내게 아들이 되리라 하셨느뇨 또 맏아들을 이끌어 세상에 다시 들어오게 하실 때에 하나님의 모든 천사가 저에게 경배할지어다
히 1 : 13-14	어느 때에 천사 중 누구에게 내가 네 원수로 네 발등상 되게 하기까지 너는 내 우편에 앉았으라 하셨느뇨 모든 천사들은 부리는 영으로서 구원얻을 후사들을 위하여 섬기라고 보내심이 아니뇨

(2) 예수님의 증언

❖ 자신을 하나님과 동등으로 삼으심

성경은 유대인들이 예수님을 죽이고자 하는 이유는 그분이 "··· 안식일만 범할 뿐 아니라 하나님을 자기의 '친아버지'라 하여 자기를 하나님과 동등으로 삼으심이러라"고 하였다(요 5 : 18, 10 : 33).

요 5 : 18	유대인들이 이를 인하여 더욱 예수를 죽이고자 하니 이는 안식일만 범할 뿐 아니라 하나님을 자기의 친아버지라 하여 자기를 하나님과 동등으로 삼으심이러라
요 10 : 33	유대인들이 대답하되 선한 일을 인하여 우리가 너를 돌로 치려는 것이 아니라 참람함을 인함이니 네가 사람이 되어 자칭 하나님이라 함이로라

❖ 자신은 하나님과 일체라 하심

예수님은 증거하시기를 "나와 아버지는 하나이니라"(요 10 : 30)고 하셨다. 이는 곧 예수님이 삼위일체 중 한 분으로서 성부 하나님과 본질적으로 일체되심을 의미하는 것이다. 그리고 예수님은 또 증거하시기를 성부와 성자는 일체이시기 때문에 성자(예수)를 아는 것은 곧 성부를 아는 것이요, 성자를 본 것은 곧 성부를 본 것이라고 하셨다(요 14 : 7, 9-10).

요 14 : 7	너희가 나를 알았더면 내 아버지도 알았으리로다 이제부터는
	너희가 그를 알았고 또 보았느니라
요 14 : 9-10	예수께서 가라사대 빌립아 내가 이렇게 오래 너희와 함께 있으되
	네가 나를 알지 못하느냐 나를 본 자는 아버지를 보았거늘 어찌하여
	아버지를 보이라 하느냐 나는 아버지 안에 있고 아버지는 내 안에
	계신 것을 네가 믿지 아니하느냐 내가 너희에게 이르는 말이
	스스로 하는 것이 아니라 아버지께서 내 안에 계셔 그의 일을
	하시는 것이라

(3) 사도들의 증언

제자들 중에 "도마"는 부활하신 예수님을 바라보며 "나의 주시며 나의 하나님이
시니이다"(요 20 : 28)라고 하였으며 또, "베드로"는 "주는 그리스도시요 살아 계신
하나님의 아들이시니이다"(마 16 : 16)라고 고백하였다.

4) 그리스도의 속성에 나타난 증거

(1) 영원성

성경에 그리스도는 모든 것이 존재하기 전(영원)에 이미 성부와 같이 계셨으며
(요 1 : 1) 그리스도는 영원하시니 곧 무시무종(無始無終)하시고 처음과 나중이시
라고 하였다(계 22 : 13). 이밖에도 성경 여러 곳에 그리스도의 영원성에 대하여
기록되어 있다(사 9 : 6; 요 17 : 5, 이하 참조 요 8 : 58; 요일 1 : 1-2).

요 1 : 1	태초에 말씀이 계시니라 이 말씀이 하나님과 함께 계셨으니 이
	말씀은 곧 하나님이시니라
계 22 : 13	나는 알파와 오메가요 처음과 나중이요 시작과 끝이라
사 9 : 6	이는 한 아기가 우리에게 났고 한 아들을 우리에게 주신 바
	되었는데 그 어깨에는 정사를 메었고 그 이름은 기묘자라 모사라
	전능하신 하나님이라 영존하시는 아버지라 평강의 왕이라 할
	것임이라
요 17 : 5	아버지여 창세 전에 내가 아버지와 함께 가졌던 영화로써 지금도
	아버지와 함께 나를 영화롭게 하옵소서

⑵ 불변성

성경에 "예수 그리스도는 어제나 오늘이나 영원토록 동일하시니라"(히 13 : 8)고
하였다. 그리스도의 이같은 불변성은 곧 하나님의 속성인 것이다.

⑶ 편재성(遍在性)

그리스도는 "두 세 사람이 내 이름으로 모인 곳에는 나도 그들 중에 있느니라"(마
18 : 20)고 하셨고, 또 "… 볼지어다 내가 세상 끝 날까지 너희와 항상 함께 있으리
라"(마 28 : 20)고 하셨다. 이상의 말씀은 그리스도의 교회적 임재와 함께 그분의
편재성을 의미하는 것이다.

⑷ 전능성(全能性)

성경은 그리스도가 신적 권세와 능력을 보유하고 계심과, 그분은 곧 전능하신
하나님이시라는 사실을 증거한다(사 9 : 6; 롬 9 : 5).

사 9 : 6	이는 한 아기가 우리에게 났고 한 아들을 우리에게 주신 바 되었는데
	그 어깨에는 정사를 메었고 그 이름은 기묘자라 모사라 전능하신
	하나님이라 영존하시는 아버지라 평강의 왕이라 할 것임이라
롬 9 : 5	조상들도 저희 것이요 육신으로 하면 그리스도가 저희에게서
	나셨으니 저는 만물 위에 계셔 세세에 찬양을 받으실
	하나님이시니라 아멘

❖ 창조주이심

그리스도는 전능하신 하나님이시며(사 9 : 6) 성부와 함께 만물을 창조하신 창
조주이시다(히 1 : 2; 요 1 : 3).

사 9 : 6	이는 한 아기가 우리에게 났고 한 아들을 우리에게 주신 바 되었는데
	그 어깨에는 정사를 메었고 그 이름은 기묘자라 모사라 전능하신
	하나님이라 영존하시는 아버지라 평강의 왕이라 할 것임이라
히 1 : 2	이 모든 날 마지막에 아들로 우리에게 말씀하셨으니 이 아들을

만유의 후사로 세우시고 또 저로 말미암아 모든 세계를
지으셨느니라

요 1 : 3　　만물이 그로 말미암아 지은 바 되었으니 지은 것이 하나도 그가
없이는 된 것이 없느니라

❖ 만병을 고치심

성경은 예수 그리스도는 어떤 병이든지 다 고치시는 만병의 대의사라고 증거한
다(마 8 : 2-3; 이하 참조 눅 7 : 14-15, 8 : 54-55; 마 8 : 16).

마 8 : 2-3　　한 문둥병자가 나아와 절하고 가로되 주여 원하시면 저를 깨끗케
하실 수 있나이다 하거늘 예수께서 손을 내밀어 저에게 대시며
가라사대 내가 원하노니 깨끗함을 받으라 하신대 즉시 그의
문둥병이 깨끗하여진지라

❖ 살리시는 능력

예수 그리스도는 죽은 사람을 살리는 능력이 있으시다(눅 7 : 14-15, 이하 참조
눅 8 : 54-55; 요 11 : 43-44).

눅 7 : 14-15　　가까이 오사 그 관에 손을 대시니 멘 자들이 서는지라 예수께서
가라사대 청년아 내가 네게 말하노니 일어나라 하시매 죽었던
자가 일어 앉고 말도 하거늘 예수께서 그를 어미에게 주신대

❖ 부활의 능력

예수 그리스도는 부활의 능력이 있다. 그러므로 예수님께서 '나는 부활이요 생
명이니 나를 믿는 자는 죽어도 살겠고 무릇 살아서 나를 믿는 자는 영원히 죽지 아니
하리니'(요 11 : 25-26)라고 하셨다. 그리스도는 우리에게 생명을 주실 수 있고,
또 우리를 부활시킬 수 있는 능력을 가지고 계신다(요 5 : 25, 6 : 44).

요 5 : 25　　진실로 진실로 너희에게 이르노니 죽은 자들이 하나님의 아들의
음성을 들을 때가 오나니 곧 이 때라 듣는 자는 살아나리라

요 6 : 44　　나를 보내신 아버지께서 이끌지 아니하면 아무라도 내게 올 수
　　　　　　없으니 오는 그를 내가 마지막 날에 다시 살리리라

❖ 마귀를 내어쫓으심

그리스도는 영물이며, 초인적 능력을 가진 마귀를 내어쫓는 권능을 가지고 계
신다(마 8 : 28-29,8 : 16; 막 3 : 15,6 : 7; 눅 4 : 35-36; 엡 1 : 20-23).

마 8 : 28-29　　또 예수께서 건너편 가다라 지방에 가시매 귀신들린 자 둘이
　　　　　　　　무덤 사이에서 나와 예수를 만나니 저희는 심히 사나와 아무도
　　　　　　　　그 길로 지나갈 수 없을 만하더라 이에 저희가 소리 질러 가로되
　　　　　　　　하나님의 아들이여 우리와 당신과 무슨 상관이 있나이까 때가
　　　　　　　　이르기 전에 우리를 괴롭게 하려고 여기 오셨나이까 하더니

❖ 부지(扶持)의 능력

성경에 말씀으로 만물을 창조하신 그리스도는 다시 그 말씀으로 지으신 만물을
붙드시고 섭리하신다고 하였다. 이는 그리스도가 그분의 신적 능력으로 만물의
생성과 도태를 섭리하시고 부지하심을 의미하는 것이다(히 1 : 3; 느 9 : 6; 시
36 : 6 참조).

히 1 : 3　　이는 하나님의 영광의 광채시요 그 본체의 형상이시라 그의
　　　　　　능력의 말씀으로 만물을 붙드시며 죄를 정결케 하는 일을 하시고
　　　　　　높은 곳에 계신 위엄의 우편에 앉으셨느니라
느 9 : 6　　오직 주는 여호와시라 하늘과 하늘들의 하늘과 일월 성신과 땅과
　　　　　　땅 위의 만물과 바다와 그 가운데 모든 것을 지으시고 다
　　　　　　보존하시오니 모든 천군이 주께 경배하나이다

❖ 심판의 권능

예수님께서 심판의 권능이 있으심을 성경이 말하고 있다(요 5 : 27). 재림하시
는 그리스도는 심판의 주로서 산 자와 죽은 자를 심판하시게 된다(딤후 4 : 1).

요 5 : 27   또 인자됨을 인하여 심판하는 권세를 주셨느니라

딤후 4 : 1   하나님 앞과 산 자와 죽은 자를 심판하실 그리스도 예수 앞에서
             그의 나타나실 것과 그의 나라를 두고 엄히 명하노니

❖ 변화의 능력

성경에 그리스도는 "만물을 자기에게 복종케 하실 수 있는 자의 역사로 우리의 낮은 몸을 자기 영광의 몸의 형체와 같이 변케 하시리라"고 하였다(빌 3 : 21). 그리스도는 변화의 능력을 가지고 장차 우리의 천한 몸을 변화산상에서 세 제자가 본 주님의 영광의 몸과 같이, 또는 부활하신 후 여러 제자들이 본 주님의 부활의 몸과 같이 변하게 하실 것이다(고전 15 : 51-52).

고전 15 : 51-52 보라 내가 너희에게 비밀을 말하노니 우리가 다 잠잘 것이 아니요
               마지막 나팔에 순식간에 홀연히 다 변화하리니 나팔 소리가 나매
               죽은 자들이 썩지 아니할 것으로 다시 살고 우리도 변화하리라

❖ 사죄(赦罪)의 권능

그리스도는 중풍병자에게 "네 죄사함을 받았느니라"고 하신 후 자신의 처사를 참람하다고 생각하는 서기관들을 향하여 "인자가 세상에서 죄를 사하는 권세가 있는 줄을 너희로 알게 하려 하노라…"(마 9 : 6)고 하셨다. 이는 사죄의 권능이 하늘에 계신 하나님께만 있는 줄 알고 있는 서기관들에게 하나님의 사죄권(赦罪權)이 성부 하나님과 일체이신 그리스도 예수에 의하여 세상에서 행사되고 있음을 알게 하려 하셨던 것이다(막 2 : 10; 마 9 : 2-6 참조).

막 2 : 10   그러나 인자가 땅에서 죄를 사하는 권세가 있는 줄을 너희로 알게
            하려 하노라 하시고 중풍병자에게 말씀하시되

❖ 전지(全知)하심

그리스도는 무소부지(無所不知)하시니 이것이 곧 그분의 전지성이요, 하나님의 속성이다(왕상 8 : 39; 이하 참조 렘 17 : 10; 겔 11 : 5). 그리스도의 전지성은 그

분이 사람의 생각(마 17 : 25; 요 2 : 25 참조)과 생활(요 4 : 8 참조)과 사건(요
11 : 11 참조)을 미리 아심에서 나타났다.

> **왕상 8 : 39**　　주는 계신 곳 하늘에서 들으시고 사유하시며 각 사람의 마음을
> 아시오니 그 모든 행위대로 행하사 갚으시옵소서 주만 홀로
> 인생의 마음을 다 아심이니이다

II. 그리스도의 인성(人性)

성경은 그리스도의 본성이 신성(神性)이신 동시에 또한 인성(人性)이심을 가르
치고 있다. 그리스도는 본래 하나님(성자)으로서 사람의 육체를 덧입고 세상에
오신 것이다. 그래서 그리스도는 신성(하나님의 본성)과 인성(사람의 본성)의 두
본성을 가지셨다. 이를 가리켜 그리스도의 신인양성(神人兩性)이라 한다.

그리스도의 신인양성이란, 그리스도는 "완전한 하나님이시며, 또 완전한 사람이
시라"(perfect God and perfect Man)는 의미이다. 즉 한 인격자이신 그리스도
안에 신성과 인성이 신비적 방법으로 공재(共在)하면서 두 본성은 각기 독특성을
유지하는 동시에 타자(他者)와 유리(遊離)되거나 분리(分離)된 상태에 있지 않고,
완전히 하나의 인격 안에 통합이 되어 있으면서 동시에 두 본성은 그대로 유지되
어 완전한 하나님이시요, 완전한 사람으로서 존재하신다는 것이다. 그러나 그리
스도의 신인 양성의 교리에 대하여 의문을 제기하는 사람들이 있으니 그것은 한
인격자이신 그리스도 안에 신성과 인성이 있다고 하면 두 본성이 충돌하거나, 아
니면 어느 한 본성이 다른 본성에 흡수되거나 할 것이 아니냐는 것이다. 그리고
두 본성이 혼합되어 신성도 아니고 인성도 아닌 중간 상태, 즉 하나님도 아니요
사람도 아닌 중간적 존재(中間的 存在) 또는 제3자적 존재(第三者的 存在)를 낳
게 될 것이 아니냐는 것이다.

이러한 의문점은 하나님의 완전한 지혜와 절대적 권능을 믿음으로 해소된다.
즉 한 인격 안에 두 본성이 있으면서 혼동되거나 변하거나 충돌함이 없이 또 유
리되거나 분리되지 않는 이러한 존재 양식은 무한히 신비로운 것이다. 그러나 이
신비는 절대적 권능과 무한한 지혜를 가지신 하나님으로서는 얼마든지 가능한 일

이다. 그리스도가 인성과 신성의 두 본성을 가져야만 했던 것은 그리스도는 구속 사역에 있어서 죄인을 대표하고 범죄한 인간이 받을 형벌을 대신 받기 위하여는 반드시 인류 중 한 사람이 되셔야 했고(롬 5 : 19; 고전 15 : 45; 히 10 : 19-20) 또 하나님과 인간의 화해를 위하여 중보의 사역을 담당하기 위하여는 인성과 신성도 둘 다 가지셔야 했던 것이다(딤전 2 : 5; 히 9 : 15,8 : 6,7 : 22 참조).

롬 5 : 19	한 사람의 순종치 아니함으로 많은 사람이 죄인 된 것같이 한 사람의 순종하심으로 많은 사람이 의인이 되리라
고전 15 : 45	기록된 바 첫 사람 아담은 산 영이 되었다 함과 같이 마지막 아담은 살려 주는 영이 되었나니
히 10 : 19-20	그러므로 형제들아 우리가 예수의 피를 힘입어 성소에 들어갈 담력을 얻었나니 그 길은 우리를 위하여 휘장 가운데로 열어 놓으신 새롭고 산 길이요 휘장은 곧 저의 육체니라
딤전 2 : 5	하나님은 한 분이시요 또 하나님과 사람 사이에 중보도 한 분이시니 곧 사람이신 그리스도 예수라

1. 그리스도의 인성에 대한 증거

1) 인간적 체질을 가지심

(1) 육신으로 탄생하심

성경은 그리스도가 성령에 의하여 초자연적으로 잉태되었지만 평범한 인간과 마찬가지로 마리아의 몸을 빌어 육신을 입고 세상에 탄생하셨다고 한다(요 1 : 14; 딤전 3 : 16; 요일 4 : 2).

하나님(성자)이신 그리스도가 인간의 육체를 입고 세상에 탄생하신 것을 성육신(成肉身, Incarnation) 또는 도성 인신(道成人身), 화신(化身), 수육(受肉)이라고도 한다. 이는 "말씀의 성육신" 혹은 "하나님의 아들의 수육"이라는 뜻이다. 성육신이란 말은 라틴어 "in"과 "caro"의 합성 명사로서 "육신 안에 형성되다"의 뜻으로 영원하신 하나님이 육신을 취하셔서 사람이 되심, 즉 하나님의 아들 예수 그리스도의 수육 화신(受肉化身)을 가리키는 말이다. 인간을 대속하기 위하여 성육신하신 그리스도는 참인간이었음에도 불구하고 그분에게는 죄가 없었다(눅 1 : 35; 이하 참조 요 8 : 46,14 : 30; 고후 5 : 21; 히 4 : 15,9 : 14; 벧전 2 : 22; 요일 3 : 5).

요 1 : 14   말씀이 육신이 되어 우리 가운데 거하시매 우리가 그 영광을 보니
                 아버지의 독생자의 영광이요 은혜와 진리가 충만하더라

딤전 3 : 16   크도다 경건의 비밀이여 그렇지 않다 하는 이 없도다 그는
                 육신으로 나타난 바 되시고 영으로 의롭다 하심을 입으시고
                 천사들에게 보이시고 만국에서 전파되시고 세상에서 믿은 바
                 되시고 영광 가운데서 올리우셨음이니라

요일 4 : 2   하나님의 영은 이것으로 알지니 곧 예수 그리스도께서 육체로
                 오신 것을 시인하는 영마다 하나님께 속한 것이요

눅 1 : 35   천사가 대답하여 가로되 성령이 네게 임하시고 지극히 높으신
                 이의 능력이 너를 덮으시리니 이러므로 나실 바 거룩한 자는
                 하나님의 아들이라 일컬으리라

(2) 일반적 법칙에 따라 발육하심

그리스도는 세상에 탄생하시어 인간의 일반적 원리와 법칙에 따라 발육과 성장을 하셨다고 성경은 그리스도의 발육과 성장의 모습에 대하여 "해산할 날이 차서 맏아들을 낳아 강보로 싸서 구유에 뉘었으니…"(눅 2 : 6-7)라고 하였고, 또 "아기가 자라며 강하여지고 지혜가 충족하며…"(눅 2 : 40)라고 하였으며 "예수는 그 지혜와 그 키가 자라나며 하나님과 사람에게 더 사랑스러워 가시더라"(눅 2 : 52)고 하였다. 그리스도는 평범한 인간과 마찬가지로 인간의 일반적 원리와 법칙에 따라 발육과 성장을 하셨음이 분명하다.

(3) 부활 후에도 육체를 가지심

주님의 부활에 대하여 회의를 품고 있는 도마의 마음을 아신 주님은(요 20 : 25) 그에게 이르시되 "… 네 손을 내밀어 내 옆구리에 넣어 보라…"(요 20 : 27)고 하셨고 또 부활하신 주님을 보고 혹 유령을 본 것이 아닌가 하고 두려워하며 의심하는 제자들에게 "내 손과 발을 보고 나인 줄 알라 또 나를 만져보라 영은 살과 뼈가 없으되 너희 보는 바와 같이 나는 있느니라"(눅 24 : 39)고 하셨다. 그리스도께

서 부활 후에도 육체를 가지고 계셨음이 분명하다.

요 20 : 25　　　다른 제자들이 그에게 이르되 우리가 주를 보았노라 하니 도마가
　　　　　　　가로되 내가 그 손의 못자국을 보며 내 손가락을 그 못자국에
　　　　　　　넣으며 내 손을 그 옆구리에 넣어 보지 않고는 믿지 아니하겠노라
　　　　　　　하니라

(4) 육체로 재림하시게 됨

성육신으로 육체를 덧입고 초림(初臨)하신 예수님은 부활 후에도 육체를 가지
셨고 그 육체를 입으신 채로 승천하셨으며, 장차 재림하실 때에도 역시 육체를
가지신 채로 오실 것이다(행 1 : 10-11; 마 26 : 64; 행 7 : 55-56).

행 1 : 10-11　　올라가실 때에 제자들이 자세히 하늘을 쳐다보고 있는데 흰 옷
　　　　　　　입은 두 사람이 저희 곁에 서서 가로되 갈릴리 사람들아 어찌하여
　　　　　　　서서 하늘을 쳐다보느냐 너희 가운데서 하늘로 올리우신 이
　　　　　　　예수는 하늘로 가심을 본 그대로 오시리라 하였느니라
마 26 : 64　　　예수께서 가라사대 네가 말하였느니라 그러나 내가 너희에게
　　　　　　　이르노니 이 후에 인자가 권능의 우편에 앉은 것과 하늘 구름을
　　　　　　　타고 오는 것을 너희가 보리라 하시니
행 7 : 55-56　　스데반이 성령이 충만하여 하늘을 우러러 주목하여 하나님의
　　　　　　　영광과 및 예수께서 하나님 우편에 서신 것을 보고 말하되 보라
　　　　　　　하늘이 열리고 인자가 하나님 우편에 서신 것을 보노라 한대

(5) 육신의 모친과 형제들

그리스도는 육신의 모친에 의하여 탄생하셨으며(눅 2 : 5-7; 마 1 : 16; 갈 4 :
4) 육신의 형제와 자매들(야고보, 요셉, 유다, 시몬 및 누이들)이 있었다(막 6 :
3; 이하 참조 마 13 : 55; 갈 1 : 19). 주의 형제들은 처음에는 주를 믿지 않다가
(요 7 : 5; 마 12 : 46 참조) 주의 부활을 목격한 후에야 믿게 되었고(고전 15 : 7
참조) 오순절 때에는 성도들과 합심하여 기도하였고 사도들과 협력하여 같이 일
하였다고 한다(행 1 : 14; 고전 9 : 5 참조).

눅 2 : 5-7	그 정혼한 마리아와 함께 호적하러 올라가니 마리아가 이미 잉태 되었더라 거기 있을 그 때에 해산할 날이 차서 맏아들을 낳아 강보로 싸서 구유에 뉘었으니 이는 사관에 있을 곳이 없음이러라
마 1 : 16	야곱은 마리아의 남편 요셉을 낳았으니 마리아에게서 그리스도라 칭하는 예수가 나시니라
갈 4 : 4	때가 차매 하나님이 그 아들을 보내사 여자에게서 나게 하시고 율법 아래 나게 하신 것은
막 6 : 3	이 사람이 마리아의 아들 목수가 아니냐 야고보와 요셉과 유다와 시몬의 형제가 아니냐 그 누이들이 우리와 함께 여기 있지 아니하냐 하고 예수를 배척한지라

2) 인간적 제한을 가지심

(1) 육신적 제한

❖ 피곤을 느끼심

성경에서는 예수님께서 행로(行路)에 "피곤하셨다"라고 하였다(요 4 : 6). 그리
스도께서 "피곤하셨다"함은 그분이 참인간이시기 때문에 육신적 제한을 받으셨던
것을 의미한다. 만일 그리스도의 본성이 신성(하나님)뿐이었다면 피곤을 느끼지
않으셨을 것이다. 영원하신 하나님의 신성(神性)에는 피곤함이 있을 수 없기 때
문이다(사 40 : 28).

요 4 : 6	거기 또 야곱의 우물이 있더라 예수께서 행로에 곤하여 우물 곁에 그대로 앉으시니 때가 제 육 시쯤 되었더라
사 40 : 28	너는 알지 못하였느냐 듣지 못하였느냐 영원하신 하나님 여호와, 땅 끝까지 창조하신 자는 피곤치 아니하시며 곤비치 아니하시며 명철이 한이 없으시며

❖ 주무심

성경에서는 그리스도께서 "풍랑 중의 배의 고물에서 베개를 베시고 주무셨다"라
고 하였다(막 4 : 38; 마 8 : 24). 참인간이신 주님은 일정한 거처가 없으시기 때
문에(마 8 : 20) 안면(安眠)의 기회도 없으시므로 그분의 인성이 수면의 부족을

느끼셨을 것이다. 그분의 본성이 만일 신성뿐이셨다고 하면 주무시지도 아니하셨을 것이다. 인간이 아니신 하나님께는 수면이 필요 없기 때문이다(시 121 : 3-4).

막 4 : 38   예수께서는 고물에서 베개를 베시고 주무시더니 깨우며 제자들이
            가로되 선생님이여 우리의 죽게 된 것을 돌아보지 아니하시나이까
            하니

마 8 : 24   바다에 큰 놀이 일어나 물결이 배에 덮이게 되었으되 예수는
            주무시는지라

마 8 : 20   예수께서 이르시되 여우도 굴이 있고 공중의 새도 거처가 있으되
            오직 인자는 머리 둘 곳이 없다 하시더라

시 121 : 3-4 여호와께서 너로 실족지 않게 하시며 너를 지키시는 자가 졸지
            아니하시리로다 이스라엘을 지키시는 자는 졸지도 아니하고
            주무시지도 아니하시리로다

❖ 목마르심

행로(行路)에 시달려 피곤하고 목마르신 그리스도께서 사마리아 여인에게 "물을 좀 달라"고 간청하셨고(요 4 : 6-7), 또 십자가의 수난 중에 "내가 목마르다"라고 하셨다(요 19 : 28). 이는 인성을 가지신 주님께서 많은 출혈로 심한 갈증을 느끼게 되셨던 것이다.

요 4 : 6-7   거기 또 야곱의 우물이 있더라 예수께서 행로에 곤하여 우물 곁에
            그대로 앉으시니 때가 제 육시쯤 되었더라 사마리아 여자 하나가
            물을 길러 왔으매 예수께서 물을 좀 달라 하시니

요 19 : 28   이 후에 예수께서 모든 일이 이미 이룬 줄 아시고 성경으로 응하게
            하려 하사 가라사대 내가 목마르다 하시니

❖ 시장하심

그리스도께서 "이른 아침에 성으로 들어오실 때에 시장하신지라"(마 21 : 18)고 하였다. 이는 그분의 인성을 표현하는 것이다. 그리스도께서 목마르시고(요 4 : 7) 주리시고(눅 4 : 2; 마 4 : 2) 피곤을 느끼신 것은 그분의 인성 때문이었다(요 4 : 6).

마 21 : 18	이른 아침에 성으로 들어오실 때에 시장하신지라
요 4 : 7	사마리아 여자 하나가 물을 길러 왔으매 예수께서 물을 좀 달라 하시니
눅 4 : 2	마귀에게 시험을 받으시더라 이 모든 날에 아무 것도 잡수시지 아니하시니 날수가 다하매 주리신지라
마 4 : 2	사십 일을 밤낮으로 금식하신 후에 주리신지라
요 4 : 6	거기 또 야곱의 우물이 있더라 예수께서 행로에 곤하여 우물 곁에 그대로 앉으시니 때가 제 육 시쯤 되었더라

❖ 고통을 느끼심

예수 그리스도께서 십자가의 수난과 죽음을 앞에 놓고 심적 고통을 당하시며 힘쓰고 애써 기도하실 때에 땀에 피가 섞여 흘러내림 같았다고 하였다(눅 22 : 44; 마 26 : 38; 요 12 : 27). 참인간이신 그리스도께서 세상에 계실 때에 그분의 인성으로 인하여 심적으로, 육체적으로 고통을 체험하신 것이다(히 4 : 15).

눅 22 : 44	예수께서 힘쓰고 애써 더욱 간절히 기도하시니 땀이 땅에 떨어지는 피방울같이 되더라
마 26 : 38	이에 말씀하시되 내 마음이 심히 고민하여 죽게 되었으니 너희는 여기 머물러 나와 함께 깨어 있으라 하시고
요 12 : 27	지금 내 마음이 민망하니 무슨 말을 하리요 아버지여 나를 구원하여 이때를 면하게 하여 주옵소서 그러나 내가 이를 위하여 이때에 왔나이다
히 4 : 15	우리에게 있는 대제사장은 우리 연약함을 체휼하지 아니하는 자가 아니요 모든 일에 우리와 한결같이 시험을 받은 자로되 죄는 없으시니라

❖ 죽으심

육체로 태어난 인간은 누구나 다 한번 죽게 되는데, 이것은 하나님께서 정하신 법칙이다(히 9 : 27). 그러므로 육신을 가지신 그리스도께서도 죽으신 것이다(고전 15 : 3; 마 27 : 58; 요 19 : 30).

히 9 : 27	한번 죽는 것은 사람에게 정하신 것이요 그 후에는 심판이 있으리니
고전 15 : 3	내가 받은 것을 먼저 너희에게 전하였노니 이는 성경대로 그리스도께서 우리 죄를 위하여 죽으시고
마 27 : 58	빌라도에게 가서 예수의 시체를 달라 하니 이에 빌라도가 내어 주라 분부하거늘
요 19 : 30	예수께서 신 포도주를 받으신 후 가라사대 다 이루었다 하시고 머리를 숙이시고 영혼이 돌아가시니라

(2) 지혜와 도덕적 제한

❖ 지혜의 제한

그리스도께서 참인간이신지라 육체의 성장과 더불어 그 지혜도 점진적으로 성장하셨던 것이다(눅 2 : 40, 2 : 52).

| 눅 2 : 40 | 아기가 자라며 강하여지고 지혜가 충족하며 하나님의 은혜가 그 위에 있더라 |
| 눅 2 : 52 | 예수는 그 지혜와 그 키가 자라가며 하나님과 사람에게 더 사랑스러워 가시더라 |

❖ 도덕적 제한

그리스도께서 우리의 "연약함"을 "체휼하셨다"라고 하였다(히 4 : 15). 여기서 "연약함"이란 말은 원어에 복수적인 개념으로, 즉 그리스도는 인간의 온갖 연약한 점을 체험하셨다는 뜻이다. 그리고 이 "연약함"은 도덕적, 육체적 약함으로서 범죄의 원인이 되는 것이다. 그러나 그리스도는 "우리 연약함을 체휼한 자"이나 죄는 없으시다(히 4 : 15).

참인간이신 그리스도께서는(히 2 : 17) 인간적 "연약함" 때문에 인간이 받는 모든 시험을 다 받으셨지만(히 4 : 15; 마 4 : 1-11 참조) 죄는 하나도 없으셨다. 특히 그리스도께서는 40일 금식 후에 사단에게 인간의 3대 기본적 욕망(육신적 물질 문제, 정신적 명예 문제, 영적인 종교 문제)에 대하여 시험을 받으셨지만 절대로 죄를 짓지는 않으셨다(마 4 : 1-11). 그리스도께서 받으신 시험은 밖에서 온 것이요, 그분의 내적인 죄의 욕망에서 일어난 것이 아니었기 때문에 죄를 결과 (結果)하지는 않으셨던 것이다(약 1 : 14-15).

히 4 : 15	우리에게 있는 대제사장은 우리 연약함을 체휼하지 아니하는 자가 아니요 모든 일에 우리와 한결같이 시험을 받은 자로되 죄는 없으시니라
히 2 : 17	그러므로 저가 범사에 형제들과 같이 되심이 마땅하도다 이는 하나님의 일에 자비하고 충성된 대제사장이 되어 백성의 죄를 구속하려 하심이라
약 1 : 14-15	오직 각 사람이 시험을 받는 것은 자기 욕심에 끌려 미혹됨이니 욕심이 잉태한즉 죄를 낳고 죄가 장성한즉 사망을 낳느니라

Ⅲ. 그리스도의 성결(聖潔)

1. 그리스도의 무죄성(無罪性)

그리스도는 그 생애에서 시종 여일(始終如一) 완전 무죄(完全無罪)한 인성을 유지하셨다. 그것은 그분이 능히 범죄를 피할 수 있었고, 또 성결하신 그 성품이 전혀 범죄하실 수가 없었던 것이다.

1) 원죄의 유전이 없으심

성령의 역사로 동정녀의 몸에 잉태되어 탄생하신 예수님은 원죄의 유전이 없는 순결 무죄의 상태였다. 그것은 성령에 의하여 초자연적으로 잉태됐기 때문에 인간의 일반적 생리(生理)의 법칙에 따라 잉태되는 경우에 필연적으로 수반되는 원죄의 유전이 이루어지지 못한 것이다.

성경에 천사가 마리아에게 "성령이 네게 임하시고 지극히 높으신 이의 능력이 너를 덮으시리니 이러므로 나실 바 거룩한 자(성결하시고 무죄하신 예수)는 하나님의 아들이라 일컬으리라"(눅 1 : 35)고 하였다. 이는 그리스도의 성령 잉태로 인한 그의 성결 무죄성(聖潔無罪性)을 표현한 것이다. 그리스도의 탄생은 인간의 통상적 생육 방식(生育方式)을 따르지 아니하였다. 즉 제3위(성령)의 역사로 제2위(성자)가 동정녀의 복중(腹中)에서 인성(육체)을 취하여 입으신 것이며, 이때 육신의 모친(마리아)은 피동적이었으니 그녀의 복중에서 성자가 인성을 취하여 입으신 것은 전혀 지극히 높으신 이의 능력에 의하였던 것이다(눅 1 : 35; 마 1 : 20).

> 눅 1 : 35　　천사가 대답하여 가로되 성령이 네게 임하시고 지극히 높으신
> 　　　　　　이의 능력이 너를 덮으시리니 이러므로 나실 바 거룩한 자는
> 　　　　　　하나님의 아들이라 일컬으리라
> 마 1 : 20　　이 일을 생각할 때에 주의 사자가 현몽하여 가로되 다윗의 자손
> 　　　　　　요셉아 네 아내 마리아 데려오기를 무서워 말라 저에게 잉태된
> 　　　　　　자는 성령으로 된 것이라

2) 성경이 증거함

성경이 그리스도의 무죄성을 증거하고 있다. 하나님이 죄를 알지도 못하신 바 아들(성자)로 죄인(인간)의 대표(머리)를 삼으셨기에 그분이 재판적으로는 "죄를 삼으신 바" 되셨으나 도덕적, 윤리적으로는 원죄(原罪)와 본죄(本罪)로부터 완전히 자유하시어 죄를 알지도 못하신 자였다고 한다. 즉 그리스도가 참인간으로서 "… 모든 일에 시험을 받았으나 죄는 없으시고"(히 4 : 15), "죄를 범치 아니하시고 그 입에는 궤사도 없으시며"(벧전 2 : 22), "… 그에게는 죄가 없느니라"(요일 3 : 5)고 하였고, "영원하신 성령으로 말미암아 흠 없는 자기를 하나님께 드린 그리스도의 피가…"(히 9 : 14)라고 하였다.

2. 그리스도의 성결하신 사실

1) 유죄 의식(有罪意識)이 없으심

그리스도는 그분의 생애에서 한번도 죄를 의식하거나 유죄를 느끼는 말씀이나 표현을 하신 적이 없으셨다. 또 자기 죄 때문에 고통을 받으시거나 그것을 제거하려고 노력하신 일도 없으시다(요일 3 : 5). 그리스도는 도무지 자기의 도덕적 오류를 자백하거나 사죄를 위하여 기도하시거나 제사를 드리신 일이 없다. 다만 다른 사람을 위하여 "아버지여 저희를 사하여 주옵소서…"(눅 23 : 34)라고 기도하셨고 오히려 자기를 대적하는 무리들에게 자기를 "정죄할 수 있느냐"고 반박하셨다(요 8 : 46).

그리스도가 그분의 전 생애를 통하여 유죄 의식을 갖거나 사죄의 기도를 한 흔적이 전혀 없다는 것은 곧 그분의 성결함과 무죄함을 반증하는 것이다.

요일 3 : 5	그가 우리 죄를 없이 하려고 나타내신 바 된 것을 너희가 아나니 그에게는 죄가 없느니라
요 8 : 46	너희 중에 누가 나를 죄로 책 잡겠느냐 내가 진리를 말하매 어찌하여 나를 믿지 아니하느냐

2) 성경이 성결하심을 증거함

성경은 그리스도가 성결하신 사실을 증거한다. 즉 "그리스도의 죄 없으심"(히 7 : 26), "흠 없고 점 없는 어린양"(벧전 1 : 19 참조), "거룩한 종 예수"(행 4 : 27, 30), "그의 깨끗하심"(요일 3 : 3) 등의 표현이 바로 그것이다. 마귀들도 예수님을 가리켜 "하나님의 거룩한 자"(막 1 : 24; 눅 4 : 34)라고 소리질렀으며 예수님의 재판관이었던 본디오 빌라도가 "나는 그에게서 아무 죄도 찾지 못하노라"고 증거하였다(요 18 : 38).

히 7 : 26	이러한 대제사장은 우리에게 합당하니 거룩하고 악이 없고 더러움이 없고 죄인에게서 떠나 계시고 하늘보다 높이 되신 자라
벧전 1 : 19	오직 흠 없고 점 없는 어린양 같은 그리스도의 보배로운 피로 한 것이니라
행 4 : 27	과연 헤롯과 본디오 빌라도는 이방인과 이스라엘 백성과 합동하여 하나님의 기름 부으신 거룩한 종 예수를 거스려
행 4 : 30	손을 내밀어 병을 낫게 하옵시고 표적과 기사가 거룩한 종 예수의 이름으로 이루어지게 하옵소서 하더라
요일 3 : 3	주를 향하여 이 소망을 가진 자마다 그의 깨끗하심과 같이 자기를 깨끗하게 하느니라
막 1 : 24	나사렛 예수여 우리가 당신과 무슨 상관이 있나이까 우리를 멸하러 왔나이까 나는 당신이 누구인줄 아노니 하나님의 거룩한 자니이다
눅 4 : 34	아 나사렛 예수여 우리가 당신과 무슨 상관이 있나이까 우리를

멸하러 왔나이까 나는 당신이 누구인줄 아노니 하나님의 거룩한
자니이다
요 18 : 38   빌라도가 가로되 진리가 무엇이냐 하더라 이 말을 하고 다시
유대인들에게 나가서 이르되 나는 그에게서 아무 죄도 찾지
못하노라

3. 그리스도의 성결의 표현
1) 의를 사랑하고 불법을 미워하심

성경은 천사보다 우월하신 그리스도의 성결한 성품이 지상의 생애에서 "의를
사랑하고 불의를 미워하심"으로 나타났다고 한다(히 1 : 9).

히 1 : 9   네가 의를 사랑하고 불법을 미워하였으니 그러므로 하나님 곧
너의 하나님이 즐거움의 기름을 네게 부어 네 동류들보다 승하게
하셨도다 하였고

2) 죄와 거짓을 행치 않으심

그리스도의 성결하심은 지상의 그의 생애에서 "죄를 범치 아니하시고 그 입에 궤
사가 없으심"으로 나타났다(벧전 2 : 22; 사 53 : 9).

벧전 2 : 22   저는 죄를 범치 아니하시고 그 입에 궤사도 없으시며
사 53 : 9   그는 강포를 행치 아니하였고 그 입에 궤사가 없었으나 그 무덤이
악인과 함께 되었으며 그 묘실이 부자와 함께 되었도다

3) 성부를 기쁘시게 하심

그리스도가 요단강에서 세례를 받으시고 물에서 올라오실 때 하늘에서 음성이
들려오기를 "이는 내 사랑하는 아들이요 내 기뻐하는 자라"고 하였다(마 3 : 17; 막
1 : 11; 눅 3 : 22). 그리스도의 생애 중에 하늘의 음성은 세 번 나타났다. 즉 공
생애 시초에 세례받으실 때와(막 1 : 11) 변화 산상에서와(눅 9 : 35; 막 9 : 7) 수
난 기간에(요 12 : 28) 나타났던 것이다.

예수님은 공생애의 출발에서, 중간에서, 그리고 공생애의 절정인 십자가 앞에서 이 같은 성부의 음성(내 사랑하는 아들이요, 내 기뻐하는 자라)을 반복하여 들으셨다. 이는 성결하신 그리스도의 지상 생애가 시종 하나님을 기쁘시게 하는 생활의 연속이었음을 알 수 있다(요 12 : 49-50 참조).

마 3 : 17	하늘로서 소리가 있어 말씀하시되 이는 내 사랑하는 아들이요 내 기뻐하는 자라 하시니라
막 1 : 11	하늘로서 소리가 나기를 너는 내 사랑하는 아들이라 내가 너를 기뻐하노라 하시니라
눅 3 : 22	성령이 형체로 비둘기 같이 그의 위에 강림하시더니 하늘로서 소리가 나기를 너는 내 사랑하는 아들이라 내가 너를 기뻐하노라 하시니라
눅 9 : 35	구름 속에서 소리가 나서 가로되 이는 나의 아들 곧 택함을 받은 자니 너희는 저의 말을 들으라 하고
막 9 : 7	마침 구름이 와서 저희를 덮으며 구름 속에서 소리가 나되 이는 내 사랑하는 아들이니 너희는 저의 말을 들으라 하는지라
요 12 : 28	아버지여 아버지의 이름을 영광스럽게 하옵소서 하시니 이에 하늘에서 소리가 나서 가로되 내가 이미 영광스럽게 하였고 또 다시 영광스럽게 하리라 하신대

4) 시험을 이기심

인성(人性)을 취하신 그리스도는 지상 생애를 통하여 인간의 온갖 연약한 점으로 인하여 시험을 받으셨으나(범죄의 원인이 되는) 그것을 극복하셨던 것이다. 그러기에 죄는 없으셨다(히 4 : 15; 마 4 : 3-11 참조).

| 히 4 : 15 | 우리에게 있는 대제사장은 우리 연약함을 체휼하지 아니하는 자가 아니요 모든 일에 우리와 한결같이 시험을 받은 자로되 죄는 없으시니라 |

5) 죄를 엄책하심

그리스도는 서기관과 바리새인들의 불의와 죄에 대하여 엄한 책망과 무서운 형벌을 선고하셨다(마 23 : 13-33 참조). 그리고 사랑하는 제자 베드로가 예수님에 대한 인간적 사랑으로 하나님의 계획에 반하는 간청을 드렸을 때 예수님은 엄중한 책망을 하셨다(마 16 : 22-23). 이와 같은 사실은 모두 다 그분의 성결한 성품의 표현이었던 것이다.

> 마 16 : 22-23　베드로가 예수를 붙들고 간하여 가로되 주여 그리 마옵소서 이
> 　　　　　　　일이 결코 주에게 미치지 아니하리이다 예수께서 돌이키시며
> 　　　　　　　베드로에게 이르시되 사단아 내 뒤로 물러가라 너는 나를
> 　　　　　　　넘어지게 하는 자로다 네가 하나님의 일을 생각지 아니하고
> 　　　　　　　도리어 사람의 일을 생각하는도다 하시고

6) 온전할 것을 명하심

예수님이 성결하시니 그분의 제자된 자들도 성결해야 할 것은 당연지사이다(요일 3 : 3). 그러기에 예수님은 그분의 제자들에게 "하나님의 온전하심과 같이 너희도 온전하라"고 명하셨던 것이다(마 5 : 48). 구약에도 성도에게 "하나님처럼 완전하라"고 하였으며(신 18 : 13) 또, "하나님처럼 거룩하라"고 하였다(레 11 : 44-45; 벧전 1 : 15-16).

> 요일 3 : 3　　주를 향하여 이 소망을 가진 자마다 그의 깨끗하심과 같이 자기를
> 　　　　　　　깨끗하게 하느니라
> 마 5 : 48　　그러므로 하늘에 계신 너희 아버지의 온전하심과 같이 너희도
> 　　　　　　　온전하라
> 신 18 : 13　　너는 네 하나님 여호와 앞에 완전하라

Ⅳ. 그리스도의 사랑

성경에 보면 그리스도의 사랑은 두 가지 면으로 나타나 있다. 그것은 성부 하나님께 대한 사랑과 인류에 대한 사랑이다.

1. 성부에 대한 사랑

1) 그리스도는 성부를 사랑함

성경은 성자의 성부 하나님께 대한 사랑을 보여 주고 있다. 성자 예수님께서 십자가의 죽음을 앞에 놓고 말씀하시기를 "오직 내가 아버지를 사랑하는 것과 아버지의 명하신 대로 행하는 것을 세상으로 알게 하려 함이로라"(요 14 : 31)고 하셨다. 이 말씀을 음미하면 그리스도의 십자가의 죽으심은 사단의 권능 때문이 아니라, 그분의 성부에 대한 사랑과 복종의 결과인 것을 알 수 있다.

그리스도의 죽음은 누구에게 강압당하신 것이 아니요, 그분이 성부 하나님을 사랑하시는 연고로 성부의 뜻에 복종하여 스스로 죽으시고 다시 사신 것이다(요 10 : 17-18; 마 26 : 53-54; 요 18 : 11). 그리고 생명의 주가 되시는 그리스도이셨기에 그분은 스스로 자기 생명을 버리실 수도 있었고, 또 스스로 죽은 자 중에서 다시 사신 것이다(요 10 : 17-18).

요 10 : 17-18	아버지께서 나를 사랑하시는 것은 내가 다시 목숨을 얻기 위하여 목숨을 버림이라 이를 내게서 빼앗는 자가 있는 것이 아니라 내가 스스로 버리노라 나는 버릴 권세도 있고 다시 얻을 권세도 있으니 이 계명은 내 아버지에게서 받았노라 하시니라
마 26 : 53-54	너는 내가 내 아버지께 구하여 지금 열두 영 더되는 천사를 보내시게 할 수 없는 줄로 아느냐 내가 만일 그렇게 하면 이런 일이 있으리라 한 성경이 어떻게 이루어지리요 하시더라
요 18 : 11	예수께서 베드로더러 이르시되 검을 집에 꽂으라 아버지께서 주신 잔을 내가 마시지 아니하겠느냐 하시니라

2) 성부를 사랑하신 증거

(1) 성부께 복종하심

성자는 성부의 뜻에 절대 복종하심으로써 성부에 대한 사랑을 나타내셨다(요 6 : 38-39; 빌 2 : 8; 요 14 : 31). 그분이 성부의 계명을 모두 지킨 것은 곧 성부를 사랑하신 증거이다(요 8 : 55, 15 : 10; 요일 5 : 3).

요 6 : 38-39	내가 하늘로서 내려온 것은 내 뜻을 행하려 함이 아니요 나를 보내신 이의 뜻을 행하려 함이니라 …
빌 2 : 8	사람의 모양으로 나타나셨으매 자기를 낮추시고 죽기까지 복종하셨으니 곧 십자가에 죽으심이라
요 14 : 31	오직 내가 아버지를 사랑하는 것과 아버지의 명하신 대로 행하는 것을 세상으로 알게 하려 함이로라 일어나라 여기를 떠나자 하시니라
요 8 : 55	너희는 그를 알지 못하되 나는 아노니 만일 내가 알지 못한다 하면 나도 너희 같이 거짓말장이가 되리라 나는 그를 알고 또 그의 말씀을 지키노라
요 15 : 10	내가 아버지의 계명을 지켜 그의 사랑 안에 거하는 것같이 너희도 내 계명을 지키면 내 사랑 안에 거하리라
요일 5 : 3	하나님을 사랑하는 것은 이것이니 우리가 그의 계명들을 지키는 것이라 그의 계명들은 무거운 것이 아니로다

(2) 성부의 뜻대로만 하심

성자는 모든 일을 자의(自意)로 하시지 않고 성부의 뜻대로만 행하셨다. 이는 그분이 성부를 사랑하신 연고이다(요 5 : 30, 8 : 29; 빌 2 : 8; 요 14 : 31). 그리스도는 성부를 사랑하시는 연고로 성부의 뜻에 복종코자 십자가의 희생을 감수하셨다(마 26 : 39). 성자는 성부를 사랑하시기 때문에 성부가 자기에게 맡기신 일을 모두 완수하셨다(요 17 : 4, 19 : 30).

요 5 : 30	내가 아무것도 스스로 할 수 없노라 듣는 대로 심판하노니 나는 나의 원대로 하려 하지 않고 나를 보내신 이의 원대로 하려는 고로 내 심판은 의로우니라
요 8 : 29	나를 보내신 이가 나와 함께 하시도다 내가 항상 그의 기뻐하시는 일을 행하므로 나를 혼자 두지 아니하셨느니라
빌 2 : 8	사람의 모양으로 나타나셨으매 자기를 낮추시고 죽기까지 복종하셨으니 곧 십자가에 죽으심이라
요 14 : 31	오직 내가 아버지를 사랑하는 것과 아버지의 명하신 대로 행하는 것을 세상으로 알게 하려 함이로라 일어나라 여기를 떠나자

하시니라

마 26 : 39   조금 나아가사 얼굴을 땅에 대시고 엎드려 기도하여 가라사대
내 아버지여 만일 할 만하시거든 이 잔을 내게서 지나가게
하옵소서 그러나 나의 원대로 마옵시고 아버지의 원대로 하옵소서
하시고

요 17 : 4   아버지께서 내게 하라고 주신 일을 내가 이루어 아버지를 이
세상에서 영화롭게 하였사오니

요 19 : 30   예수께서 신 포도주를 받으신 후 가라사대 다 이루었다 하시고
머리를 숙이시고 영혼이 돌아가시니라

(3) 성부의 영광만 구하심

성경에 "그리스도는 하나님의 보내신 자이므로 하나님의 영광을 구하고 그러므로 그 속에 불의가 없다"라고 하였다(요 7 : 18,12 : 28,14 : 13; 눅 23 : 47). 성자는 어디까지나 성부께서 영광 받으시기만을 구하였으니 이는 그분이 성부를 사랑하셨기 때문이다.

요 7 : 18   스스로 말하는 자는 자기 영광만 구하되 보내신 이의 영광을
구하는 자는 참되니 그 속에 불의가 없느니라

요 12 : 28   아버지여 아버지의 이름을 영광스럽게 하옵소서 하시니 이에
하늘에서 소리가 나서 가로되 내가 이미 영광스럽게 하였고
또다시 영광스럽게 하리라 하신대

요 14 : 13   너희가 내 이름으로 무엇을 구하든지 내가 시행하리니 이는
아버지로 하여금 아들을 인하여 영광을 얻으시게 하려 함이라

눅 23 : 47   백부장이 그 된 일을 보고 하나님께 영광을 돌려 가로되 이 사람은
정녕 의인이었도다 하고

2. 인류에 대한 사랑
1) 인류에 대한 사랑의 대상 구분
(1) 몸된 교회를 사랑하심
교회의 머리이신 그리스도는(엡 5 : 23) 자기의 몸된 교회를(엡 1 : 23; 고전

12 : 27) 희생적으로 사랑하신다(엡 5 : 25).

엡 5 : 23	이는 남편이 아내의 머리됨이 그리스도께서 교회의 머리됨과 같음이니 그가 친히 몸의 구주시니라
엡 1 : 23	교회는 그의 몸이니 만물 안에서 만물을 충만케 하시는 자의 충만이니라
고전 12 : 27	너희는 그리스도의 몸이요 지체의 각 부분이라
엡 5 : 25	남편들아 아내 사랑하기를 그리스도께서 교회를 사랑하시고 위하여 자신을 주심같이 하라

(2) 자기 사람들을 사랑하심

그리스도는 자기 사람들을 사랑하시되 자기 몸을 버리시기까지 사랑하신다(갈 2 : 20). 인류를 사랑하시는 그리스도는 우리를 위하여 스스로 그 몸을 바쳐 하나님께 향기로운 속죄 제물이 되셨다(엡 5 : 2). 그리스도는 자기에게 속한 자들과 제자들을 끝까지 사랑하시는 분이시다(요 13 : 1).

갈 2 : 20	내가 그리스도와 함께 십자가에 못 박혔나니 그런즉 이제는 내가 산 것이 아니요 오직 내 안에 그리스도께서 사신 것이라 이제 내가 육체 가운데 사는 것은 나를 사랑하사 나를 위하여 자기 몸을 버리신 하나님의 아들을 믿는 믿음 안에서 사는 것이라
엡 5 : 2	그리스도께서 너희를 사랑하신 것같이 너희도 사랑 가운데서 행하라 그는 우리를 위하여 자신을 버리사 향기로운 제물과 생축으로 하나님께 드리셨느니라
요 13 : 1	유월절 전에 예수께서 자기가 세상을 떠나 아버지께로 돌아가실 때가 이른 줄 아시고 세상에 있는 자기 사람들을 사랑하시되 끝까지 사랑하시니라

(3) 계명 준수자를 사랑하심

그리스도는 "나의 계명을 가지고 지키는 자라야 나를 사랑하는 자니…"(요 14 : 21)라고 하였고, 그러기 때문에 "… 내 계명을 지키면 내 사랑 안에 거하리라"(요

15 : 10)고 하셨다.

> 요 14 : 21 나의 계명을 가지고 지키는 자라야 나를 사랑하는 자니 나를
> 사랑하는 자는 내 아버지께 사랑을 받을 것이요 나도 그를
> 사랑하여 그에게 나를 나타내리라
>
> 요 15 : 10 내가 아버지의 계명을 지켜 그의 사랑 안에 거하는 것같이 너희도
> 내 계명을 지키면 내 사랑 안에 거하리라

(4) 자기를 사랑하는 자들을 사랑하심

그리스도께서는 자기를 사랑하는 자들에 대하여 특별한 사랑을 가지고 대하신
다(요 11 : 3-5).

> 요 11 : 3-5 이에 그 누이들이 예수께 사람을 보내어 가로되 주여 보시옵소서
> 사랑하시는 자가 병들었나이다 하니 예수께서 들으시고 가라사대
> 이 병은 죽을 병이 아니라 하나님의 영광을 위함이요 하나님의
> 아들로 이를 인하여 영광을 얻게 하려 함이라 하시더라 예수께서
> 본래 마르다와 그 동생과 나사로를 사랑하시더니

2) 인류에 대한 사랑의 증거

(1) 자기 육체를 버리심

그리스도께서 인류를 사랑하신 증거는 그분이 인류의 죄 값을 대신 지불하시기
위하여 자기 목숨을 버리신 사실이다(요일 3 : 16; 이하 참조 벧전 2 : 21, 24; 갈
2 : 20; 엡 5 : 2).

성경에 "사람이 친구를 위하여 자기 목숨을 버리면 이에서 더 큰 사랑이 없나니"
(요 15 : 13 참조)라고 하였으니 인류의 죄를 대속하기 위하여 그리스도가 스스로
십자가에 달려 돌아가심은 그분의 최고의 사랑의 표현이다.

> 요일 3 : 16 그가 우리를 위하여 목숨을 버리셨으니 우리가 이로써 사랑을
> 알고 우리도 형제들을 위하여 목숨을 버리는 것이 마땅하니라

(2) 죄인을 용사(容赦)하심

그리스도는 죄인을 용서하시고, 그 죄를 자기 십자가의 피로 씻어 주심으로 사랑을 나타내신다(계 1 : 5; 눅 7 : 48; 롬 8 : 1-2 참조). 그리스도는 의인을 부르시려고 오신 것이 아니라 죄인을 찾아 용서하시고 그 죄를 사하여 주시려고 세상에 오신 분이시다(눅 19 : 10 참조). 그렇기 때문에 그분은 죄인들도 사랑하시는 것이다(눅 15 : 5-7 참조).

> 계 1 : 5 　또 충성된 증인으로 죽은 자들 가운데서 먼저 나시고 땅의 임금들의 머리가 되신 예수 그리스도로 말미암아 은혜와 평강이 너희에게 있기를 원하노라 우리를 사랑하사 그의 피로 우리 죄에서 우리를 해방하시고
>
> 눅 7 : 48 　이에 여자에게 이르시되 네 죄 사함을 얻었느니라 하시니

(3) 병자를 동정하시고 고쳐 주심

그리스도는 병든 자들을 불쌍히 여기사 친히 고쳐 주심으로 그분의 사랑을 나타내셨다(마 14 : 14). 그분은 언제나 병든 자에 대하여 깊은 동정심을 가지고 대하셨으니 이것은 병든 자를 동정하시는 그분의 사랑의 발로였던 것이다(요 11 : 34-35, 43 참조).

그리스도의 동정심은 눈먼 자를 보게 하였고(요 9 : 1-38; 마 20 : 34 참조), 귀신들린 자에게도 동정심을 가지셨고(막 9 : 22, 25, 5 : 1-13; 눅 4 : 41 참조), 가난한 문둥병자에게 동정을 나타내셨다(막 1 : 40; 눅 5 : 12-15). 예수님은 병자에 대하여 동정심을 행동으로 나타내 보이셨으니 이는 그분이 병자를 사랑하신 연고이다.

> 마 14 : 14 　예수께서 나오사 큰 무리를 보시고 불쌍히 여기사 그 중에 있는 병인을 고쳐 주시니라

(4) 주린 자를 먹이심

그리스도는 주린 자에게 먹을 것을 주심으로 그분의 인자하심과 사랑을 나타내셨다(마 15 : 32). 그리스도가 이적으로 굶주린 군중들에게 떡을 먹이신 것은 결

코 이적을 행하는 자신의 신적 능력을 과시하려 함이 아니요. 주린 자에 대한 그분의 동정심과 사랑을 베푸시는 자연스런 행위가 이적으로 나타난 것이다(마 15 : 32, 14 : 19-20).

마 15 : 32   예수께서 제자들을 불러 가라사대 내가 무리를 불쌍히 여기노라 저희가 나와 함께 있은 지 이미 사흘이매 먹을 것이 없도다 길에서 기진할까 하여 굶겨 보내지 못하겠노라

마 14 : 19-20   무리를 명하여 잔디 위에 앉히시고 떡 다섯 개와 물고기 두 마리를 가지사 하늘을 우러러 축사하시고 떡을 떼어 제자들에게 주시매 제자들이 무리에게 주니 다 배불리 먹고 남은 조각을 열 두 바구니에 차게 거두었으며

⑸ 제자들을 돌보심

그리스도는 제자들을 결코 고아와 같이 버려두지 않고 항상 그리고 언제까지나 돌보시겠다고 약속하심으로써 제자들을 돌보시는 극진하신 사랑을 나타내셨다(요 14 : 18; 마 28 : 20).

요 14 : 18   내가 너희를 고아와 같이 버려두지 아니하고 너희에게로 오리라

마 28 : 20   내가 너희에게 분부한 모든 것을 가르쳐 지키게 하라 볼지어다 내가 세상 끝날까지 너희와 항상 함께 있으리라 하시니라

⑹ 제자들을 위로하심

주님과의 이별을 예상하고, 낙심하며 근심하는 제자들에게 확고한 재회(再會)의 약속을 하시면서 위로하심으로써 그들에 대한 사랑을 나타내셨다(요 14 : 1-3).

요 14 : 1-3   너희는 마음에 근심하지 말라 하나님을 믿으니 또 나를 믿으라 내 아버지 집에 거할 곳이 많도다 그렇지 않으면 너희에게 일렀으리라 내가 너희를 위하여 처소를 예비하러 가노니 가서 너희를 위하여 처소를 예비하면 내가 다시 와서 너희를 내게로 영접하여 나 있는 곳에 너희도 있게 하리라

(7) 슬픔을 동정하심

그리스도는 나사로의 죽음에 대하여 슬퍼하는 사람들과 더불어 눈물을 흘리심
으로써 인간의 슬픔을 동정하셨으니 이는 곧 그분의 사랑의 발로였던 것이다(요
11 : 33-36).

요 11 : 33-36   예수께서 그의 우는 것과 또 함께 온 유대인들의 우는 것을 보시고
심령에 통분히 여기시고 민망히 여기사 가라사대 그를 어디
두었느냐 가로되 주여 와서 보옵소서 하니 예수께서 눈물을
흘리시더라 이에 유대인들이 말하되 보라 그를 어떻게
사랑하였는가 하며

(8) 영혼을 불쌍히 여기심

그리스도는 "또 이 우리에 들지 아니한 다른 양들이 내게 있어 내가 인도하여야
할 터이니…"(요 10 : 16)라고 하셨으니 이는 그리스도가 유대인이나 이방인을 막
론하고 잃어버린 양을 찾는 선한 목자로 오신 것을 의미한다. 예수님은 우리에
있는 아흔 아홉 마리의 양보다 우리 밖에 한 마리의 잃어버린 양을 찾기에 애쓰
시는 분이셨다(눅 15 : 4).

예수님은 회개할 줄 모르는 예루살렘 도성을 향하여 우셨는데(눅 19 : 41-42),
이는 그 도성 안에 멸망을 당할 영혼들을 불쌍히 여기셨기 때문이었다. 인류에
대한 주님의 사랑은 영혼을 불쌍히 여기심으로써 표현되었다(눅 15 : 5-7,24).

눅 15 : 4   너희 중에 어느 사람이 양 일백 마리가 있는데 그 중에 하나를
잃으면 아흔 아홉 마리를 들에 두고 그 잃은 것을 찾도록 찾아다니지
아니하느냐
눅 19 : 41-42   가까이 오사 성을 보시고 우시며 가라사대 너도 오늘날 평화에
관한 일을 알았더면 좋을 뻔하였거니와 지금 네 눈에 숨기웠도다
눅 15 : 5-7   또 찾은즉 즐거워 어깨에 메고 집에 와서 그 벗과 이웃을 불러모으고
말하되 나와 함께 즐기자 나의 잃은 양을 찾았노라 하리라 내가
너희에게 이르노니 이와 같이 죄인 하나가 회개하면 하늘에서는
회개할 것 없는 의인 아흔 아홉을 인하여 기뻐하는 것보다

더하리라

눅 15 : 24   이 내 아들은 죽었다가 다시 살아났으며 내가 잃었다가 다시
                얻었노라 하니 저희가 즐거워하더라

그리스도의 신분과 생애

Ⅰ. 그리스도의 두 신분 단계

신분(身分, State)이란 사람의 생애에서 그 처지와 지위와 형편을 가리킨다. 그리고 특수적으로는 법률에 대한 재판 관계를 의미하는데, 즉 법정에서 유죄 판결된 자는 정죄된 신분을 가지는 것이며, 그 신분에는 통상적으로 옥고(獄苦)의 비참한 상태가 따라오게 되는 것이다. 성경은 그리스도가 비하(卑下)와 승귀(昇貴)의 두 가지 신분의 단계를 밟으셨다고 가르치고 있다(빌 2 : 6-9). 그리스도는 두 가지 신분, 즉 비하와 승귀의 단계를 거치시면서 비하의 신분에서는 율법 아래(율법의 정죄 아래) 계셨다. 그러나 승귀의 신분에서는 율법에서 자유하시고 영광의 자리에까지 참예하신 것이다. 사람은 신분 여하에 따라서 그 생애의 처지와 형편이 다르게 된다. 그러므로 그리스도의 두 가지 신분 단계는 그분의 생애와 사역에 있어서 중요한 관계를 이루고 있는 것이다.

빌 2 : 6-9   그는 근본 하나님의 본체시나 하나님과 동등됨을 취할 것으로
여기지 아니하시고 오히려 자기를 비어 종의 형체를 가져 사람들과
같이 되었고 사람의 모양으로 나타나셨으매 자기를 낮추시고
죽기까지 복종하셨으니 곧 십자가에 죽으심이라 이러므로 하나님이
그를 지극히 높여 모든 이름 위에 뛰어난 이름을 주사

Ⅱ. 그리스도의 신분의 구분

하나님과 인간들 사이에서 우리들의 중보자이신 그리스도의 신분에 대하여 엄격히 따진다면 세 가지 신분으로 구분할 수가 있다. 즉 "영원한 신적 존재로서의 선재적 신분"과, "시간적 인적 존재로서의 지상적 신분" 및 "승귀 영화한 신인적 위

(位)의 천상 신분"이 그것이다. 그러나 여기서는 신인(神人)으로서의 중보(仲保)
와 관련하여 오직 그리스도의 "비하"와 "승귀" 두 신분에 대하여서만 논하기로 한
다. 그리스도가 성육신(成肉身) 전에 누리신 것은 승귀의 신분이요(요 17 : 5) 우
리의 구원을 위하여 공로를 세우시고, 그 사역을 담당하시려고 자원하여 육체를
취하신 것은 비하의 신분이다(고후 8 : 9; 빌 2 : 6-11; 히 2 : 9).

요 17 : 5   아버지여 창세 전에 내가 아버지와 함께 가졌던 영화로써 지금도
아버지와 함께 나를 영화롭게 하옵소서

고후 8 : 9   우리 주 예수 그리스도의 은혜를 너희가 알거니와 부요하신
자로서 너희를 위하여 가난하게 되심은 그의 가난함을 인하여
너희로 부요케 하려 하심이니라

빌 2 : 6-11 그는 근본 하나님의 본체시나 하나님과 동등됨을 취할 것으로
여기지 아니하시고 오히려 자기를 비어 종의 형체를 가져 사람들과
같이 되었고 사람의 모양으로 나타나셨으매 자기를 낮추시고
죽기까지 복종하셨으니 곧 십자가에 죽으심이라 이러므로 하나님이
그를 지극히 높여 모든 이름 위에 뛰어난 이름을 주사 하늘에 있는
자들과 땅에 있는 자들과 땅 아래 있는 자들로 모든 무릎을 예수의
이름에 꿇게 하시고 모든 입으로 예수 그리스도를 주라 시인하여
하나님 아버지께 영광을 돌리게 하셨느니라

히 2 : 9   오직 우리가 천사들보다 잠깐 동안 못하게 하심을 입은 자 곧 죽음의
고난받으심을 인하여 영광과 존귀로 관 쓰신 예수를 보니 이를
행하심은 하나님의 은혜로 말미암아 모든 사람을 위하여 죽음을
맛보려 하심이라

III. 그리스도의 두 신분 단계의 성경 근거

성경은 그리스도의 두 가지 신분(비하와 승귀)의 단계에 관하여 여러 곳에서
밝히 증거하고 있다.

1. 스스로 비하의 신분을 취하심

성경에 "그는 근본 하나님의 본체시나 하나님과 동등됨을 취할 것으로 여기지 아

니하시고 오히려 자기를 비어 종의 형체를 가져 사람들과 같이 되었고 사람의 모양으로 나타나셨으매 자기를 낮추시고 죽기까지 복종하셨으니 곧 십자가에 죽으심이라"(빌 2 : 6-8)고 하였다. 이는 그리스도의 극도의 자기 비하의 단계를 보여 주는 것이다. 그리스도는 스스로 자기 신분의 비하의 단계를 밟으셨으니 이를 도식(圖式)하면 다음과 같이 되는 것이다.

> 하나님의 본체 → 자기를 비우심 → 종의 형체를
> 취하심 → 자기를 낮추심 → 죽으심(십자가에 죽으심)

2. 비하의 신분을 지극히 높여 주심

성경에 "이러므로 하나님이 그를 지극히 높여 모든 이름 위에 뛰어난 이름을 주사 하늘에 있는 자들과 땅에 있는 자들과 땅 아래 있는 자들로 모든 무릎을 예수의 이름에 꿇게 하시고 모든 입으로 예수 그리스도를 주라 시인하여 하나님 아버지께 영광을 돌리게 하셨느니라"(빌 2 : 9-11)고 하였으니 이는 스스로 비하하신 예수님의 비천한 신분을 하나님께서 지극히 높이 끌어 올리셔서 모든 이름 위에 존귀하고 뛰어나게 하셨음을 보여 주는 것이다. 또한 이 말씀은 그리스도의 부활과 승천과 재림을 통하여 승귀의 신분을 누리게 됨을 의미하고 있다. 이상과 같이 인류를 구원하기 위하여 공로를 세우시고 중보의 사역을 담당하기 위하여 최고의 자리에서 최저의 자리에까지 비하되셨던 예수님은, 고난을 받고 나서 다시 최고의 영광의 자리에까지 올리우심을 받은 것이다(눅 24 : 26; 히 2 : 9). 그리스도의 비하와 승귀의 교리에 대한 성경 근거는 구약에서도 찾아볼 수 있다(사 53 : 11-12).

눅 24 : 26   그리스도가 이런 고난을 받고 자기의 영광에 들어가야 할 것이
               아니냐 하시고
히 2 : 9   오직 우리가 천사들보다 잠깐 동안 못하게 하심을 입은 자 곧
               죽음의 고난받으심을 인하여 영광과 존귀로 관 쓰신 예수를 보니
               이를 행하심은 하나님의 은혜로 말미암아 모든 사람을 위하여
               죽음을 맛보려 하심이라
사 53 : 11-12   가라사대 그가 자기 영혼의 수고한 것을 보고 만족히 여길 것이라

나의 의로운 종이 자기 지식으로 많은 사람을 의롭게 하며 또
그들의 죄악을 친히 담당하리라 이러므로 내가 그로 존귀한 자와
함께 분깃을 얻게 하며 강한 자와 함께 탈취한 것을 나누게 하리니
이는 그가 자기 영혼을 버려 사망에 이르게 하며 범죄자 중 하나로
헤아림을 입었음이라 그러나 실상은 그가 많은 사람의 죄를 지며
범죄자를 위하여 기도하였느니라 하시니라

Ⅳ. 그리스도의 두 신분 단계와 그 형편

그리스도가 밟으신 두 신분(비하와 승귀)의 단계에 있어서의 그 처지와 형편에
관하여 알아보고자 한다.

1. 비하의 신분 단계와 그 형편

그리스도의 "비하의 신분"이란 우주의 대주재(大主宰)로서 우주의 주권적 통치
자이신 그리스도가 그 신적 위엄을 포기하시고 종의 형체인 인성을 취하신 것(허
기, 虛己)과 최고의 율법 수여자(律法授與者, 율법의 입법 선포자)인 그리스도가
율법의 요구와 저주 아래 굴복하게 되었다는 것(비기, 卑己)을 의미한다. 그리스
도의 비하의 신분 교리에 대하여 소요리문답(제27문)에는 "그리스도의 낮아지심은
곧 그의 강생하심인데, 또한 비천한 지위에 나서서 율법 아래 복종하시고, 금생에 여
러 가지 비참함과 하나님의 진노하심과 십자가에서 저주의 죽음을 받으시고, 묻히셔
서 얼마 동안 죽음의 권세 아래 거하신 것이다"라고 하였다. 그리스도의 비하의 교
리에 대한 성경적 근거는 성경 여러 곳에 나타나 있다(갈 3 : 13; 마 3 : 13-15 참
조; 갈 4 : 4; 빌 2 : 6-8). 그리스도의 비하의 단계를 루터파 신학에서는 8단계로
구분하고 있으나, 개혁파 신학에서는 일반적으로 "성육신, 수난, 죽음, 장사, 음부
에 내려가심" 등 5단계로 분류한다.

갈 3 : 13   그리스도께서 우리를 위하여 저주를 받은 바 되사 율법의 저주에서
            우리를 속량하셨으니 기록된 바 나무에 달린 자마다 저주 아래
            있는 자라 하였음이라

갈 4 : 4   때가 차매 하나님이 그 아들을 보내사 여자에게서 나게 하시고

빌 2 : 6-8

율법 아래 나게 하신 것은

그는 근본 하나님의 본체시나 하나님과 동등됨을 취할 것으로
여기지 아니하시고 오히려 자기를 비어 종의 형체를 가져 사람들과
같이 되었고 사람의 모양으로 나타나셨으매 자기를 낮추시고
죽기까지 복종하셨으니 곧 십자가에 죽으심이라

1) 그리스도의 성육신과 탄생

그리스도의 비하의 첫 단계는 그분의 "성육신과 탄생"이다. 성경에 "그는 근본
하나님의 본체시나 하나님과 동등 됨을 취할 것으로 여기지 아니하시고 오히려 자기
를 비어 종의 형체를 가져 사람들과 같이 되었고"(빌 2 : 6-7)라고 하였다. 그리고
"때가 차매 하나님이 그 아들을 보내사 여자에게서 나게 하시고 율법 아래서 나게 하
신 것"(갈 4 : 4)이라 하였고, 또 "마리아가 잉태되어 해산할 날이 차서 맏아들을 낳
아 강보로 싸서 구유에 뉘었다"(눅 2 : 5-7)라고 하였다.

이상의 말씀들은 존귀하신 하나님의 아들 그리스도가 화육(化育)을 통하여(요
1 : 14) 마리아의 신체 안에서 인성을 취하시고 탄생하시므로, 실지로 인류의 일
원(一員)이 되시므로 그 신분이 비하된 사실을 밝히고 있다. 어떤 이들은 그리스
도의 성육신이 그분의 신분의 비하가 아니라고 보고, 그리스도가 인성을 갖고는
있으나 비하의 신분에는 처해 있지 않았다고 주장한다. 그러나 단순히 하나님의
아들이 육신을 취하신 것을 놓고 이것은 그분의 위대한 겸허의 행동이요, 신분의
비하는 아니었다고 말할 수도 있겠으나 성자(聖子) 하나님이신 그리스도가 범죄
타락한 후 허약해져서 고난과 죽음에 예속된 사람과 꼭 같은 인성을 취하시고(비
록 죄의 오염에서 놓여있기는 하였지만) 멸시와 천대와 고난과 죽음에 복종하신
것은 틀림없이 스스로 자기 신분을 비하하는 행위였던 것이다(빌 2 : 6-7 참조;
롬 8 : 3; 고후 8 : 9; 사 53 : 2-3).

그리스도의 성육신과 탄생에 대하여는 구약에 예언되어 있다(사 7 : 14, 9 : 6;
렘 23 : 5-6; 마 2 : 2). 그리스도가 신(神)이시면서 성육신하시어 육체로 오심,
즉 수육(受肉) 탄생과 완전한 인성을 취하심과 신분의 비하에 관한 교리를 이해
하고 믿는다는 것은 매우 중요한 일이다(요일 4 : 2-3).

요 1 : 14 말씀이 육신이 되어 우리 가운데 거하시매 우리가 그 영광을 보니 아버지의 독생자의 영광이요 은혜와 진리가 충만하더라

롬 8 : 3 율법이 육신으로 말미암아 연약하여 할 수 없는 그것을 하나님은 하시나니 곧 죄를 인하여 자기 아들을 죄 있는 육신의 모양으로 보내어 육신에 죄를 정하사

고후 8 : 9 우리 주 예수 그리스도의 은혜를 너희가 알거니와 부요하신 자로서 너희를 위하여 가난하게 되심은 그의 가난함을 인하여 너희로 부요케 하려 하심이니라

사 53 : 2-3 그는 주 앞에서 자라나기를 연한 순 같고 마른 땅에서 나온 줄기 같아서 고운 모양도 없고 풍채도 없은즉 우리의 보기에 흠모할 만한 아름다운 것이 없도다 그는 멸시를 받아서 사람에게 싫어 버린 바 되었으며 간고를 많이 겪었으며 질고를 아는 자라 마치 사람들에게 얼굴을 가리우고 보지 않음을 받는 자 같아서 멸시를 당하였고 우리도 그를 귀히 여기지 아니하였도다

사 7 : 14 그러므로 주께서 친히 징조로 너희에게 주실 것이라 보라 처녀가 잉태하여 아들을 낳을 것이요 그 이름을 임마누엘이라 하리라

요일 4 : 2-3 하나님의 영은 이것으로 알지니 곧 예수 그리스도께서 육체로 오신 것을 시인하는 영마다 하나님께 속한 것이요 예수를 시인하지 아니하는 영마다 하나님께 속한 것이 아니니 이것이 곧 적그리스도의 영이니라 오리라 한 말을 너희가 들었거니와 이제 벌써 세상에 있느니라

2) 그리스도의 성육신과 수난

그리스도의 비하(卑下)의 둘째 단계는 그분의 수난(受難)이었다. 그리스도의 수난에 대하여 흔히들 그분의 생애의 마지막에 있는 최종 고초(最終苦楚)가 그분의 수난의 전부인 것으로 생각하기 쉬우나 실은 그분의 전생애가 수난의 연속이었다. 그러나 그리스도의 고난은 신성한 것이었으며, 그분의 성육신에서 시작된 고난은 생의 마지막이 가까와질수록 더욱더 가혹해졌다. 그분의 고난은 생애의 종점에 있었던 대고난(大苦難)에서 가장 가혹한 절정을 이루었으니 그것은 그때에 인류의 죄에 대한 하나님의 모든 진노가 그분에게 지워졌던 것이다.

이에 대하여 하이델베르크(Heidelberg) 요리 문답(37조)은 "그가 지상에 사셨을 때, 특히 그의 생애의 마지막에 그는 전 인류의 죄에 대한 하나님의 진노를 신체와 영혼으로 받으셨다"라고 분명히 밝히고 있다.

(1) 전생애의 수난

그리스도의 전생애가 수난의 연속이었다. 즉 베들레헴 말구유에서 탄생하시고(눅 2 : 7, 11-12 참조) 헤롯의 박해와 애굽에로의 피난(마 2 : 13-14, 16), 그리고 나사렛에서 목공으로 일하시고(마 13 : 55; 막 6 : 3 참조), 본디오 빌라도에게 고난을 받으시기까지(마 27 : 24-27 참조) 그의 전생애는 고난의 연속이었다.

더구나 그분의 수난은 만유의 주로서 종의 비천한 생활, 무죄한 자로서 죄인들과의 밀접한 관계의 생활, 거룩한 자로서 죄로 저주받은 세계에서의 생활이었기 때문에 그 고초는 더욱 가혹한 것이었다. 그분은 끊임없는 생활의 궁핍과, 사단의 공격과, 자기 백성들의 불신(不信)과, 거절과 증오(憎惡), 그리고 원수들의 치명적인 핍박과 박해로 인하여 고난을 당하셨다. 그분은 윤리적인 완전성과 의(義), 성(聖), 진리에 대한 정열(情熱) 때문에 수난의 원인들이 보통 사람보다 훨씬 더 많았다.

눅 2 : 7	맏아들을 낳아 강보로 싸서 구유에 뉘었으니 이는 사관에 있을 곳이 없음이러라
마 2 : 13-14	저희가 떠난 후에 주의 사자가 요셉에게 현몽하여 가로되 헤롯이 아기를 찾아 죽이려 하니 일어나 아기와 그의 모친을 데리고 애굽으로 피하여 내가 네게 이르기까지 거기 있으라 하시니 요셉이 일어나서 밤에 아기와 그의 모친을 데리고 애굽으로 떠나가
마 2 : 16	이에 헤롯이 박사들에게 속은 줄을 알고 심히 노하여 사람을 보내어 베들레헴과 그 모든 지경 안에 있는 사내 아이를 박사들에게 자세히 알아본 그 때를 표준하여 두 살부터 그 아래로 다 죽이니
마 13 : 55	이는 그 목수의 아들이 아니냐 그 모친은 마리아 그 형제들은 야고보 요셉 시몬 유다라 하지 않느냐

(2) 전인적(全人的)인 수난

화육(化肉)으로 인성을 취하신 그리스도는 그 육체와 영혼이 아울러 전인적으로 고난을 당하셨다. 그분이 말구유에 나시고, 애굽으로 피난하시고, 목수로 노동하시고, 주리시고, 목마르시고, 피곤하시고, 십자가에 죽으심은 분명한 육체의 수난이었으며(눅 2 : 7; 마 2 : 14, 13 : 55, 21 : 18; 막 6 : 3; 요 4 : 6-7), 또한 그분이 인류의 죄를 대신 짊어지시고(고후 5 : 21), 하나님의 진노와 저주 앞에 서게 되었을 때에 극도로 고민하시며 슬퍼하시고(마 26 : 38; 요 12 : 27 참조), 심한 통곡과 눈물을 금치 못하시고(히 5 : 7), 십자가 위에서 소리 질러 "… 나의 하나님 나의 하나님 어찌하여 나를 버리셨나이까"(마 27 : 46 참조)하고 부르짖으신 것 등은 곧 영혼의 수난이었던 것이다. 그리스도의 수난에 있어서 그분의 인성만이 수난을 당하셨을 뿐, 신성은 아니었으니 그것은 인성만이 수난이 가능한 때문이었다.

눅 2 : 7	맏아들을 낳아 강보로 싸서 구유에 뉘었으니 이는 사관에 있을 곳이 없음이러라
마 2 : 14	요셉이 일어나서 밤에 아기와 그의 모친을 데리고 애굽으로 떠나가
마 13 : 55	이는 그 목수의 아들이 아니냐 그 모친은 마리아 그 형제들은 야고보 요셉 시몬 유다라 하지 않느냐
마 21 : 18	이른 아침에 성으로 들어오실 때에 시장하신지라
막 6 : 3	이 사람이 마리아의 아들 목수가 아니냐 야고보와 요셉과 유다와 시몬의 형제가 아니냐 그 누이들이 우리와 함께 여기 있지 아니하냐 하고 예수를 배척한지라
요 4 : 6-7	거기 또 야곱의 우물이 있더라 예수께서 행로에 곤하여 우물 곁에 그대로 앉으시니 때가 제 육 시쯤 되었더라 사마리아 여자 하나가 물을 길러 왔으매 예수께서 물을 좀 달라 하시니
고후 5 : 21	하나님이 죄를 알지도 못하신 자로 우리를 대신하여 죄를 삼으신 것은 우리로 하여금 저의 안에서 하나님의 의가 되게 하려 하심이니라
마 26 : 38	이에 말씀하시되 내 마음이 심히 고민하여 죽게 되었으니 너희는

여기 머물러 나와 함께 깨어 있으라 하시고

히5 : 7   그는 육체에 계실 때에 자기를 죽음에서 능히 구원하실 이에게
심한 통곡과 눈물로 간구와 소원을 올렸고 그의 경외하심을
인하여 들으심을 얻었느니라

3) 그리스도의 자기 비하의 죽음

그리스도의 비하(卑下)의 셋째 단계는 그분의 죽음이었다. 성경은 그리스도의
죽음에 대하여 "자기를 낮추시고 죽기까지 복종하셨으니 곧 십자가에 죽으심이라"
(빌 2 : 8)고 하였다. 이 말씀은 그분의 죽음이 곧 자기 비하(自己卑下)이었음을
밝히고 있다.

(1) 그리스도의 형벌의 죽음

그리스도의 죽음은 자연사나 불의의 사고에 의한 돌발사도 아니며, 혹은 암살
자의 손에 의하여 죽으신 것도 아니다. 그분은 다만 법정(法廷)의 선고를 받아 사
형이 집행되어 죽으신 것이다. 이는 그분이 사형에 해당하는 범법자로 간주되셨
기 때문에 그렇게 되어진 것이다.

그리스도가 법률과 재판에 천재(天才)성을 가지고 세계 최고의 재판권을 대표
하는 로마의 재판관에게 심문과 선고를 받으신 것은 하나님의 섭리적 조치에 의
한 결과였다. 그것은 로마 재판관의 심문은 예수님의 무죄를 분명히 밝혀낼 수
있을 것이며 따라서 그분이 범한 어떤 죄 때문에 정죄되지 않았다는 사실이 명백
하게 될 것이니 이로써 "··· 그가 산 자의 땅에서 끊어짐은 마땅히 형벌받을 내 백성
의 허물을 인함이라"(사 53 : 8)는 말씀이 응하게 하신 것이다.

그리고 로마 재판관이 무죄자 예수님을 인류의 대표자로 정죄한 것은 곧 자기
자신과 인간의 재판(裁判)을 정죄한 것이며, 동시에 로마의 재판관이 예수님에게
선고를 내린 것은 세계 최고 재판권을 대표하는 자로서 하나님의 정명(定命)에
의한 판결을 행한 것이었다. 그러기에 빌라도의 선고는 비록 사람의 권세에 의한
재량으로 내려진 것이라 할지라도 그것은 하나님의 선고였던 것이다. 더욱이 그
리스도가 교수형이나, 참수형이나, 돌에 맞아 죽지 않으시고 십자가에 못박혀 죽

으셨다는 사실은 특별한 의의가 있다. 로마의 형법에 십자가에 못박는 형벌은 매우 불명예스럽고 치욕적인 형벌로 간주되었으며, 그렇기 때문에 로마 시민에게는 적용되지 않고, 다만 인간의 찌꺼기 즉 가장 비열한 죄수나 혹은 노예들에게만 적용되었던 것이다. 그런데 그리스도가 그런 추악하고 비열한 죄인으로 간주되어 저주와 치욕의 십자가 형벌을 받으셨으니, 이는 그분이 우리를 대신하여 율법의 극단의 요구와 명령을 만족시키는 동시에 추악하고 패역 무도한 죄인된 우리가 받을 형벌과 저주를 대신 받으신 것이다(신 21 : 23; 갈 3 : 13).

> 신 21 : 23　　그 시체를 나무 위에 밤새도록 두지 말고 당일에 장사하여 네
> 　　　　　　 하나님 여호와께서 네게 기업으로 주시는 땅을 더럽히지 말라
> 　　　　　　 나무에 달린 자는 하나님께 저주를 받았음이니라
>
> 갈 3 : 13　　그리스도께서 우리를 위하여 저주를 받은 바 되사 율법의
> 　　　　　　 저주에서 우리를 속량하셨으니 기록된 바 나무에 달린 자마다
> 　　　　　　 저주 아래 있는 자라 하였음이라

(2) 그리스도의 죽으심의 중대성

❖ 예언된 중대 사건임

그리스도의 죽으심은 갑자기 된 것이 아니라 선지자들을 통하여 성경에 예언된 중대한 사건이다. 그리스도의 죽으심은 인류 구속과 직결된 중대한 사건으로 이는 하나님의 영원한 인류 구원 계획에 따라 예언된 사건이다(사 53 : 4-6; 벧전 1 : 10-12 참조). 그리스도의 죽음과 인류 구원에 관한 것은 선지자뿐만 아니라 천사들도 알기 원하는 것이었다(눅 15 : 10; 고전 4 : 19; 벧전 1 : 12 참조). 그러나 천사들은 하나님의 가장 측근자이나 그리스도에 관해서는 알지 못하였고 이것이 성도에게만 예언되고 계시되었음은 곧 성도의 놀라운 특권이다.

❖ 변화산 회의 의제였음

그리스도의 죽으심은 율법의 대표 모세와 선지자의 대표 엘리야, 즉 구약의 대표(마 5 : 17)와 신약의 대표 예수님이 변화 산상에서 회동하여 논의한 의제였다(눅 9 : 31).

마 5 : 17　　　내가 율법이나 선지자나 폐하려 온 줄로 생각지 말라 폐하려 온
　　　　　　　것이 아니요 완전케 하려 함이로라

눅 9 : 31　　　영광 중에 나타나서 장차 예수께서 예루살렘에서 별세하실 것을
　　　　　　　말씀할새

❖ 천상 교회의 새노래 제목임

그리스도의 죽으심은 천상 교회의 구원얻은 성도들의 새노래 제목이다. 사도 요한의 묵시에 의하면 어린양이 심판의 책을 받으시고, 땅 위에 심판이 베풀어지기 전 하늘의 교회(이십사 장로)가 그리스도가 십자가에 죽으심으로써 자신의 피를 대가로 지불하셨고, 성도들을 사서 하나님께 드리고, 저희로 하나님 앞에서 나라와 제사장을 삼으셨으니 저희가 땅에서 왕 노릇하리라고 노래를 하였다(계 5 : 9-10).

계 5 : 9-10　　　새 노래를 노래하여 가로되 책을 가지시고 그 인봉을 떼기에
　　　　　　　　합당하시도다 일찍 죽임을 당하사 각 족속과 방언과 백성과 나라
　　　　　　　　가운데서 사람들을 피로 사서 하나님께 드리시고 저희로 우리
　　　　　　　　하나님 앞에서 나라와 제사장을 삼으셨으니 저희가 땅에서 왕노릇
　　　　　　　　하리로다

❖ 복음 진리의 핵심이다

성경은 그리스도의 죽으심은 인류 구원을 위한 대속의 죽음으로써 복음의 핵심이 된다는 것을 증거한다(고전 15 : 3-4, 11 : 26-27). 본래 유대인의 메시야 관은 죽지 않고(요 12 : 34) 왕으로 지배한다고 생각하였다. 그러므로 십자가는 그들에게 거리끼는 것이었다(고전 1 : 23).

고전 15 : 3-4　　　내가 받은 것을 먼저 너희에게 전하였노니 이는 성경대로
　　　　　　　　　그리스도께서 우리 죄를 위하여 죽으시고 장사 지낸 바 되었다가
　　　　　　　　　성경대로 사흘만에 다시 살아나사

고전 11 : 26-27　　너희가 이 떡을 먹으며 이 잔을 마실 때마다 주의 죽으심을 오실
　　　　　　　　　때까지 전하는 것이니라 그러므로 누구든지 주의 떡이나 잔을
　　　　　　　　　합당치 않게 먹고 마시는 자는 주의 몸과 피를 범하는 죄가 있느니라

| 요 12 : 34 | 이에 무리가 대답하되 우리는 율법에서 그리스도가 영원히 계신다 함을 들었거늘 너는 어찌하여 인자가 들려야 하리라 하느냐 이 인자는 누구냐 |
| 고전 1 : 23 | 우리는 십자가에 못 박힌 그리스도를 전하니 유대인에게는 거리끼는 것이요 이방인에게는 미련한 것이로되 |

(3) 그리스도의 죽으심의 필요성

❖ 인류의 죄를 속량하시기 위해

그리스도가 십자가에 달려 죽으신 것은 우리(인류)의 "허물과 죄"를 속량하기 위해 필요했던 것이다(사 53 : 12; 롬 5 : 12). 여기서 "허물"이란 원죄(유전죄, 엡 2 : 1; 히 12 : 1 참조), 혹은 모르고 지은 죄(수 2 : 17 참조)를 가리키며, "죄"란 본죄(자범죄, 롬 1 : 28-31 참조)를 의미한다. 세상 죄를 지고 가신 하나님 어린 양 예수 그리스도는 실로 우리의 허물과 죄를 속량하시기 위하여 속죄 제물의 어린양(레 4 : 32 참조)이 되신 것이다(요 1 : 29 참조). 사도 바울도 예수 그리스도의 죽음을 "우리 범죄함을 위하여 내어 줌이 된 것"이라고 설명하였다(롬 4 : 25 참조). 즉 하나님은 세상에(요 3 : 16 참조), 가룟 유다는 제사장들에게(마 26 : 15 참조), 제사장들은 총독 빌라도에게(마 27 : 2), 총독 빌라도는 무리에게(눅 23 : 25), 그리고 무리(제사장)는 십자가에(마 27 : 26 참조) 각각 예수님을 내어줌으로써 결국 예수님은 십자가에 내어짐이 되셨다. 예수님의 일생은 탄생으로부터 십자가에로 향하셨고, 십자가의 죽음은 인류의 죄를 위한 대속의 죽음이었던 것이다.

| 사 53 : 12 | 이러므로 내가 그로 존귀한 자와 함께 분깃을 얻게 하며 강한 자와 함께 탈취한 것을 나누게 하리니 이는 그가 자기 영혼을 버려 사망에 이르게 하며 범죄자 중 하나로 헤아림을 입었음이라 그러나 실상은 그가 많은 사람의 죄를 지며 범죄자를 위하여 기도하였느니라 하시니라 |
| 롬 5 : 12 | 이러므로 한 사람으로 말미암아 죄가 세상에 들어오고 죄로 말미암아 사망이 왔나니 이와 같이 모든 사람이 죄를 지었으므로 사망이 모든 사람에게 이르렀느니라 |

❖ 인류의 사죄와 칭의를 위해

그리스도가 십자가에서 피흘려 죽으심은 인류의 사죄와 칭의(稱義)를 위하여
필요하였다(롬 3 : 25-26). 그것은 "··· 피흘림이 없은즉 사함이 없느니라"(히 9 :
22)고 하셨기 때문이다.

롬 3 : 25-26   이 예수를 하나님이 그의 피로 인하여 믿음으로 말미암는 화목
　　　　　　　 제물로 세우셨으니 이는 하나님께서 길이 참으시는 중에 전에
　　　　　　　 지은 죄를 간과하심으로 자기의 의로우심을 나타내려 하심이니
　　　　　　　 곧 이 때에 자기의 의로우심을 나타내사 자기도 의로우시며 또한
　　　　　　　 예수 믿는 자를 의롭다 하려 하심이니라
히 9 : 22 　　　율법을 좇아 거의 모든 물건이 피로써 정결케 되나니 피 흘림이
　　　　　　　 없은즉 사함이 없느니라

❖ 신인간(神人間)의 화목을 위해

그리스도의 죽으심에 대하여 "하나님이 우리를 사랑하사 우리 죄를 위하여 화목
제물로 그 아들을 보내셨음"이라고 하였다(요일 4 : 10). 이는 구약에서 범죄한 사
람이 화목 제물을 바침으로써 하나님의 노여움을 면한 것같이, 그리스도가 하나
님 앞에 범죄한 인간을 위하여 화목 제물이 되사 십자가에 못박혀 죽으심으로써
하나님의 진노를 면하게 되었다는 뜻이다(요일 2 : 2; 롬 3 : 25; 이하 참조 히
7 : 27; 롬 5 : 10-11).

요일 4 : 10 　　사랑은 여기 있으니 우리가 하나님을 사랑한 것이 아니요 오직
　　　　　　　 하나님이 우리를 사랑하사 우리 죄를 위하여 화목제로 그 아들을
　　　　　　　 보내셨음이니라
요일 2 : 2 　　 저는 우리 죄를 위한 화목 제물이니 우리만 위할 뿐 아니요 온
　　　　　　　 세상의 죄를 위하심이라
롬 3 : 25 　　　이 예수를 하나님이 그의 피로 인하여 믿음으로 말미암는 화목
　　　　　　　 제물로 세우셨으니 이는 하나님께서 길이 참으시는 중에 전에
　　　　　　　 지은 죄를 간과하심으로 자기의 의로우심을 나타내려 하심이니

❖ 믿는 자를 성결케 하기 위해

성경에 "그러므로 예수도 자기 피로써 백성을 거룩케 하려고 성문 밖에서 고난을 받으셨느니라"(히 13:12)고 하였다. 예수님께서 예루살렘 성문 밖 골고다 언덕 위 십자가에 달려 피 흘려 죽으심은 만백성의 죄를 깨끗이 씻어 성결케 하기 위함이었다.

❖ 성결한 봉사자가 되게 하기 위해

그리스도의 죽음은 우리로 하여금 하나님께 대하여 성결한 봉사자가 되어 신령한 교제를 가지게 하는데 목적이 있었다. 구약 시대의 동물의 피나 재료로는 시체로 부정하게 된 사람의 몸을 정결하게 하였을 뿐, 양심상의 더러운 문제는 어떻게 하지 못하였다. 그러나 그리스도의 피의 제사(십자가의 죽음)는 능히 죄로 인하여 더러워진 사람의 양심(막 7:21-23)을 정결케 하고, 죽은 심령(엡 2:1)을 다시 살려 살아 계신 하나님과 영교하며 섬기게 하는 것이다(히 9:14; 롬 12:1 참조).

막 7:21-23	속에서 곧 사람의 마음에서 나오는 것은 악한 생각 곧 음란과 도적질과 살인과 간음과 탐욕과 악독과 속임과 음탕과 흘기는 눈과 훼방과 교만과 광패니 이 모든 악한 것이 다 속에서 나와서 사람을 더럽게 하느니라
엡 2:1	너희의 허물과 죄로 죽었던 너희를 살리셨도다
히 9:14	하물며 영원하신 성령으로 말미암아 흠 없는 자기를 하나님께 드린 그리스도의 피가 어찌 너희 양심으로 죽은 행실에서 깨끗하게 하고 살아 계신 하나님을 섬기게 못하겠느뇨

❖ 영생을 얻게 하기 위해

예수님께서 이르시되 "모세가 광야에서 뱀을 든 것같이 인자도 들려야 하리니 이는 저를 믿는 자마다 영생을 얻게 하려 하심이니라"(요 3:14-15)고 하였다. 이 말씀은 예수님께서 이스라엘의 고사(古事, 민 21:4-9 참조)를 들어 자기의 죽음을 통한 죄인의 구속을 설명하신 것이다. 이스라엘 백성이 광야에서 하나님을 원망하다 불뱀에 물려 죽게 되었을 때 모세가 구리뱀을 만들어 장대 끝에 달아 놓고 그것을 "바라보면 살게 되리라"는 말을 믿고 바라본 사람은 나음을 얻었다. 이것은 그리스도의 십자가 구속의 모형으로써 누구든지 골고다 언덕 높이 십자가에 달리신 예수님을 구주로 믿고 영접하는 사람은 죄사함을 받고 영생할 것을 보여준 것이다.

4) 그리스도의 장사(매장)

그리스도의 비하의 넷째 단계는 그분의 장사(葬事)이다. 흔히 그리스도의 죽음을 그분의 비하의 마지막 단계로 보기가 쉬우나 그것은 그리스도께서 십자가상에서 "다 이루었다"고 하신 마지막 말씀이 있기 때문이다. 그러나 "다 이루었다"고 하신 말씀은 그분의 능동적 수난, 즉 그분 자신이 능동적으로 임하는 수난의 사역이 종결되었다는 것을 의미한다고 보는 것이 타당하다. 그분의 능동적 수난의 과정은 사실상 그분의 죽으심과 함께 완수되었던 것이다. 그러나 그리스도의 장사(매장)도 역시 그분의 비하의 한 단계였음이 분명하니 그 이유는 아래와 같다.

(1) 사람이 자기가 유래된 흙으로 돌아가는 것(매장)은 죄의 형벌의 일부가 되기 때문이다(창 3 : 19).

(2) 성경의 여러 곳에 구주 예수님께서 무덤 속에 머물러 계신 일을 그분의 비하(Humiliation, 창피 당함)라고 암시하고 있다(시 16 : 10; 행 2 : 27, 31, 13 : 34-35).

(3) 매장은 비천한 데로 내려가는 것이니 일종의 비하이다. 그리고 죽은 몸의 장사는 죄인의 비하를 상징하기 위하여 하나님이 정명(定命)하신 것이다(창 3 : 19).

(4) 성경은 그리스도의 장사(葬事)가 죄인과 더불어 매장되어진 것이라고 표현하고 있다(롬 6 : 1-6 참조). 그러나 한편 그리스도의 장사는 그리스도가 실제로 죽으셨다는 것을 입증하고 구속받을 자를 위하여 무덤의 공포들을 제거하고 또한 그 무덤을 성결케 하였다는데 의의가 있다.

창 3 : 19	네가 얼굴에 땀이 흘러야 식물을 먹고 필경은 흙으로 돌아가리니 그 속에서 네가 취함을 입었음이라 너는 흙이니 흙으로 돌아갈 것이니라 하시니라
시 16 : 10	이는 내 영혼을 음부에 버리지 아니하시며 주의 거룩한 자로 썩지 않게 하실 것임이니이다
행 2 : 27	이는 내 영혼을 음부에 버리지 아니하시며 주의 거룩한 자로 썩음을 당치 않게 하실 것임이로다
행 2 : 31	미리 보는 고로 그리스도의 부활하심을 말하되 저가 음부에 버림이 되지 않고 육신이 썩음을 당하지 아니하시리라 하더니
행 13 : 34-35	또 하나님께서 죽은 자 가운데서 저를 일으키사 다시 썩음을 당하지 않게 하실 것을 가르쳐 가라사대 내가 다윗의 거룩하고 미쁜 은사를 너희에게 주리라 하셨으니 그러므로 또 다른 편에 일렀으되 주의 거룩한 자로 썩음을 당하지 않게 하시리라 하셨느니라

5) 그리스도의 음부에 내려가심

그리스도의 비하의 한 단계로 "그리스도의 음부에 내려가심"을 제시하는 것은 개혁파 교회의 일반적 견해는 아니다. 그러나 개혁파의 학자들 중에 더러는 그리스도의 비하의 한 단계로 "음부에 내려가심"을 들고 있다(엡 4 : 9).

| 엡 4 : 9 | 올라가셨다 하였은즉 땅 아랫 곳으로 내리셨던 것이 아니면 무엇이냐 |

(1) 그리스도의 지옥 강하 교리(地獄降下敎理)

그리스도의 지옥에 내려가심의 교리는 서양 교회에서 사용하는 사도신경에 표현되어 있다. 즉 서양 교회의 사도신경은 그리스도의 수난, 죽음, 장사를 말하고 나서 "그분이 지옥(hades)에 내려 가셨다"라는 말을 첨가하고 있다. 영국 교회의 제3신조에 "그리스도께서는 우리를 위하여 죽으시고 장사되신 것같이 또한 지옥에 내려가셨다고 믿을 것이다"라고 하였으며, 에드워드(Edward) 6세의 제일서에 이 신념이 더욱 뚜렷하게 진술되어 있다. 즉 "그리스도의 신체는 그분의 부활하기까지 무덤 속에 누워 계셨으니 성 베드로서의 구절이 증거하는 바와 같이 그분의 영은 그분에게서 떠나 옥 곧 지옥에 있는 영들과 함께 있어 그들에게 전파하셨다"(벧전 3 : 19 참조)라고 하였다.

사도신경에 "그리스도가 지옥에 내려가셨다"라는 말이 처음부터 보편적으로 들어있는 것은 아니었다. 이것은 최초로 "아퀼레이안(Aquileian)"형(型)의 "사도신경(Aquileian Form of Creed, 390 A.D.)"에 사용되었으며 이 신경 중에 "그분이 지옥에 내려가셨다"라는 표현에 대하여 여러 가지로 해석하고 있다.

❖ 고대 신경에 의한 해석

고대 신경(古代信經)에 의한 해석자들은 "지옥"이란 말을 "무덤"이란 말과 동일시하여 "그분이 지옥에 내려가셨다"라고 함은 단순한 매장을 의미하는 것이라 한다. 그것은 교회 전체 회의에서 채택된 신경들 가운데 니케아신경은 "장사되셨고"만 말하였고, 또 아타나시우스신경은 "지옥에 내려가셨다"라고만 말한 고로 둘은 다 무덤에 내려가심을 그렇게 표현한 것으로 보는 것이다.

❖ 로마 카톨릭의 해석

그리스도가 "지옥에 내려가셨다"라고 함은 그분이 죽은 후에 악령들의 처소인 지옥에 내려가셨다는 것이 아니라 구약의 신자들이 갇혀 있는 선조 림보(Limbus Patrum)에 내려가셔서 그들에게 복음을 전파하고 그들을 해방하여 천국으로 들여보내셨다고 하는 것이다.

❖ 루터파의 해석

루터파의 해석은 그리스도의 지옥 강하(降下)를 그분의 승귀(昇貴)의 첫 단계로 보고, 죽음과 부활 사이에 흑암의 권세에 대한 승리를 선포하기 위하여 지옥에 내려가셔서 개선(凱旋)의 시위(示威)를 하신 것으로 본다(벧전 3 : 19). 그러나 그리스도가 부활하기 전에 지옥에서 승리적 행진을 하셨다는 논리는 적당치 않으며 또 부활 후에 지옥에 내려가셨다고 하면 신체와 영혼이 합하여 가셨을 것이니 영으로 가셨다는 성경 말씀에 부합하지 않는다.

벧전 3 : 19   저가 또한 영으로 옥에 있는 영들에게 전파하시니라

❖ 영국 교회의 해석

영국 교회의 해석은 그리스도의 신체가 무덤에 머물고 있는 동안, 그분의 영혼은 음부(특히 의인의 영혼이 머물고 있는 낙원)에 가셔서 그들에게 진리를 보다 더 충분히 강해하셨다고 한다.

❖ 개혁파 교회의 해석

개혁파 교회에서는 "그분이 지옥에 내려가셨다"라는 말은 그리스도께서 겟세마네와 십자가상에서 지옥의 고통을 방불하는 고초를 당하셨다는 관념의 표현이라 한다. 개혁파의 통상적인 입장은 "그리스도가 지옥에 내려가셨다"라고 함은 그리스도가 겟세마네와 십자가상에서 지옥의 고통을 당하셨다는 관념과 그분이 죽음의 가장 심각한 비하(卑下)의 상태에 들어가 그 권세 아래 거하셨다는 것을 표현하는 것이라고 보는 것이다.

(2) 지옥 강하 교리의 성경적 근거

그리스도께서 십자가에 죽으시고 부활하시기 전에 지옥에 내려가셨다는 교리를 지지하는 이들이 제시하는 성경의 근거는 다음과 같다.

❖ 에베소서 4장 9절에 "올라가셨다 하였은즉 땅 아랫 곳으로 내리셨던 것이 아니면 무엇이냐"라고 하였는데 지옥 강하 교리를 지지하는 자들은 이 귀절의 "땅 아랫 곳"을 지옥(음부)과 동일한 표현으로 보는 것이다. 그러나 여기 "땅 아랫 곳"은 이시야 44장 23절의 "땅이 깊은 곳"과 같은 뜻으로 "땅 곧 아랫 곳"이라는 표현임이 분명하다. 따라서 이 말씀은 그리스도가 성육신으로 하늘에서 낮고 천한 땅으로 비하하신 후에 승귀하심을 강조하는 말씀이다(시 139 : 15).

엡 4 : 9   올라가셨다 하였은즉 땅 아랫 곳으로 내리셨던 것이 아니면
무엇이냐

사 44 : 23	여호와께서 이 일을 행하셨으니 하늘아 노래할지어다 땅의
	깊은 곳들아 높이 부를지어다 산들아 삼림과 그 가운데 모든
	나무들아 소리내어 노래할지어다 여호와께서 야곱을 구속하셨으니
	이스라엘로 자기를 영화롭게 하실 것임이로다
시 139 : 15	내가 은밀한 데서 지음을 받고 땅의 깊은 곳에서 기이하게 지음을
	받은 때에 나의 형체가 주의 앞에 숨기우지 못하였나이다

❖ 베드로전서 3장 18-19절에 그리스도가 "··· 육체로는 죽임을 당하시고 영으로
는 살리심을 받으셨으니 저가 또한 영으로 옥에 있는 영들에게 전파하시니라"고 하였
다. 이 말씀을 놓고 그리스도의 지옥 강하 교리를 지지하는 이들은 그리스도가
지옥에 내려가심과 그 내려가심의 목적을 말한 것이라고 주장한다. 그러나 이 귀
절에 대한 개신교의 일반적 견해는 "··· 육체로는 죽임을 당하시고 영으로는 살리심
을 받으셨으니"(벧전 3 : 18)라고 한 것은 그리스도가 한정된 육체로써는 죽으셨으
나 영원한 영성으로써는 죽지 않으시고(그분의 영성은 십자가의 형벌로 죽으실
수도 없었기에, 마 10 : 28) 종래의 육체와 더불어 부활하신 것을 말하는 동시에,
그러므로 주를 믿는 성도들도 그렇게 될 것을 교훈한 것이라고 보는 것이다.

그리고 "저가 또한 영으로 옥에 있는 영들에게 전파하시니라"(벧전 3 : 19)고 한
것은 얼핏 보면 그리스도의 영혼이 지옥에 내려가서서 거기에 있는 영들에게 복
음을 전파하셨다는 의미의 표현으로 보기 쉬우나 베드로전서 4장 6절에 설명된
말씀, 즉 "이를 위하여 죽은 자들에게도 복음이 전파되었으니 이는 육체로는 사람처
럼 심판을 받으나 영으로는 하나님처럼 살게 하려 함이니라"고 한 것을 보면 복음
전파를 받은 "죽은 자"(옥에 있는 영들)들은 복음을 받을 때에는 죽지 아니한 자
들임이 분명하다.

그 증거는 성경 본문에 나타난 복음 전파의 목적이 "그들이 육체로는 사람처럼
심판을 받게 해도 영으로는 하나님처럼 살게 하려 함"이었다는 것이다. 그러므로
"저가 또한 영으로 옥에 있는 영들에게 전파하니라"고 한 것은 그리스도께서 홍수
전에 살았던 불순종자들(즉 베드로가 서신을 기록하던 때에는 옥에 있는 영들)에
게 성령으로 노아를 통하여(옛날에 그리스도의 영이 선지자의 마음에 계셔서 예
언하게 하심과 같이) 이미 홍수 전에 복음을 전하셨다고 보는 것이 개신교의 보

편적 견해이다.

마 10 : 28   몸은 죽여도 영혼은 능히 죽이지 못하는 자들을 두려워하지 말고
오직 몸과 영혼을 능히 지옥에 멸하시는 자를 두려워하라

❖ 시편 16편 8-10절의 말씀 중 특히 10절에 "이는 내 영혼을 음부에 버리지 아니하시며 주의 거룩한 자로 썩지 않게 하실 것임이니이다"라는 말씀을 놓고 피어슨 (Pearson)같은 사람은 그리스도의 영혼이 부활 전에 지옥(음부)에 있었으니 "그 영혼이 음부에 버려지지(남겨지지) 아니하겠다"고 예언한 말씀이(시 16 : 10) 그 증 거라고 하였다.

그러나 히브리어에서 종종 영혼(네페쉬)이라는 단어는 인칭대명사로 사용되며 (시 3 : 2, 7 : 3, 11 : 1, 30 : 3, 35 : 7) 또한 음부(스올)라는 단어는 죽음의 상태를 가리키는 말로 사용된다. 그러기에 "영혼을 음부에 버리지 아니하시며 주의 거룩한 자로 썩지 않게 하실 것임이니이다"라는 말씀이 표현하는 개념은 예수님이 죽음의 권세에 내버려둠을 받지 않으신다는 뜻이다.

이는 사도행전 2장 30-31절의 베드로의 해석과, 사도행전 13장 34-35절의 바울의 해석과도 완전히 조화가 된다. 위 두 경우에 모두 예수님의 부활을 증명하기 위하여 이 시편을 인용한 것이다.

시 16 : 8-10   내가 여호와를 항상 내 앞에 모심이여 그가 내 우편에 계시므로
내가 요동치 아니하리로다 이러므로 내 마음이 기쁘고 내 영광도
즐거워하며 내 육체도 안전히 거하리니 이는 내 영혼을 음부에
버리지 아니하시며 주의 거룩한 자로 썩지 않게 하실 것임이니이다
시 3 : 2   많은 사람이 있어 나를 가리켜 말하기를 저는 하나님께 도움을
얻지 못한다 하나이다(셀라)
시 7 : 3   여호와 내 하나님이여 내가 이것을 행하였거나 내 손에 죄악이
있거나
시 11 : 1   내가 여호와께 피하였거늘 너희가 내 영혼더러 새같이 네 산으로
도망하라 함은 어찜인고
시 30 : 3   여호와여 주께서 내 영혼을 음부에서 끌어내어 나를 살리사

　　　　　　　　무덤으로 내려가지 않게 하셨나이다

시 35 : 7　　　저희가 무고히 나를 잡으려고 그 그물을 웅덩이에 숨기며 무고히
　　　　　　　　내 생명을 해하려고 함정을 팠사오니

행 2 : 30-31　 그는 선지자라 하나님이 이미 맹세하사 그 자손 중에서 한 사람을
　　　　　　　　그 위에 앉게 하리라 하심을 알고 미리 보는 고로 그리스도의
　　　　　　　　부활하심을 말하되 저가 음부에 버림이 되지 않고 육신이 썩음을
　　　　　　　　당하지 아니하시리라 하더니

행 13 : 34-35　또 하나님께서 죽은 자 가운데서 저를 일으키사 다시 썩음을
　　　　　　　　당하지 않게 하실 것을 가르쳐 가라사대 내가 다윗의 거룩하고
　　　　　　　　미쁜 은사를 너희에게 주리라 하셨으니 그러므로 또 다른 편에
　　　　　　　　일렀으되 주의 거룩한 자로 썩음을 당하지 않게 하시리라
　　　　　　　　하셨느니라

❖ 디모데전서 3장 16절에 "천사들에게 보이시고"라는 말씀이 그리스도가 지옥에 있는 사단과 그의 사자들에게 나타나셨던 것을 표현한 말이라고 주장하는 이들이 있다. 그러나 성경에 "천사들"이란 말이 수식어 없이 사용된 경우에 타락한 천사를 가리킨 예는 없다. 그러므로 이 귀절의 의미는 하나님이 사람으로 나타나신 사실(성육신)에 천사들도 증인이 되었다는 뜻이다.

딤전 3 : 16　　크도다 경건의 비밀이여 그렇지 않다 하는 이 없도다 그는
　　　　　　　　육신으로 나타난 바 되시고 영으로 의롭다 하심을 입으시고
　　　　　　　　천사들에게 보이시고 만국에서 전파되시고 세상에서 믿은 바
　　　　　　　　되시고 영광 가운데서 올리우셨음이니라

2. 승귀(昇貴)의 신분 단계와 그 형편

히브리 기자는 그리스도의 신분이 비하에서 승귀되어졌음을 증거하고 있다(히 12 : 2). 성육신과 십자가의 고난을 당하시므로 그 신분이 비하되신 그리스도가 다시 신분이 승귀되심으로써 하나님의 완전한 기쁨과 사랑에 참여하고 이에 합당한 존귀와 영광의 자리에 오르신 것이다(빌 2 : 9-11). 그리스도의 승귀에 관한 언급은 성경의 여러 곳에서 찾아볼 수 있다(막 16 : 9; 눅 24 : 26; 요 7 : 39; 행

2 : 33, 5 : 31; 롬 8 : 17, 34; 엡 1 : 20, 4 : 10; 딤전 3 : 16; 히 1 : 3 참조, 2 : 9, 10 : 12, 12 : 2; 빌 2 : 9-11). 그리스도의 승귀는 그분의 부활과 함께 시작되는데 이 승귀의 신분을 다음의 4단계로 구분해서 생각해 보고자 한다.

히 12 : 2	믿음의 주요 또 온전케 하시는 이인 예수를 바라보자 저는 그 앞에 있는 즐거움을 위하여 십자가를 참으사 부끄러움을 개의치 아니하시더니 하나님 보좌 우편에 앉으셨느니라
빌 2 : 9-11	이러므로 하나님이 그를 지극히 높여 모든 이름 위에 뛰어난 이름을 주사 하늘에 있는 자들과 땅에 있는 자들과 땅 아래 있는 자들로 모든 무릎을 예수의 이름에 꿇게 하시고 모든 입으로 예수 그리스도를 주라 시인하여 하나님 아버지께 영광을 돌리게 하셨느니라
막 16 : 9	예수께서 안식 후 첫날 이른 아침에 살아나신 후 전에 일곱 귀신을 쫓아내어 주신 막달라 마리아에게 먼저 보이시니
히 2 : 9	오직 우리가 천사들보다 잠깐 동안 못하게 하심을 입은 자 곧 죽음의 고난받으심을 인하여 영광과 존귀로 관 쓰신 예수를 보니 이를 행하심은 하나님의 은혜로 말미암아 모든 사람을 위하여 죽음을 맛보려 하심이라
히 10 : 12	오직 그리스도는 죄를 위하여 한 영원한 제사를 드리시고 하나님 우편에 앉으사

1) 그리스도의 부활

그리스도의 승귀의 첫 단계는 그분의 부활이다. 부활은 그리스도의 비하(卑下)와 승귀(昇貴)에 있어서 위대한 전환점이다.

(1) 부활하신 사실의 증거
❖ 구약의 예언

구약에 "이는 내 영혼을 음부에 버리지 아니하시며 주의 거룩한 자로 썩지 않게 하실 것임이니라"(시 16 : 10)는 말씀은 곧 그리스도의 부활을 예언한 것이다. 신약의 사도들은 이 예언이 그리스도께서 부활하심으로 성취되었다고 증언하였다(행

2 : 24-31 참조, 13 : 35).

> 행 13 : 35   그러므로 또 다른 편에 일렀으되 주의 거룩한 자로 썩음을 당하지
> 않게 하시리라 하셨느니라

❖ 신약의 예언

신약에서는 그리스도가 직접 자신의 부활을 예언하셨다. 즉 그리스도가 제자들에게 자신이 예루살렘에서 유대인 지도자들과 이방인의 손에 고난을 당하여 죽으셨다가 제 삼일에 부활하실 것이라고 예고하신 것이다(마 16 : 21, 20 : 19; 막 8 : 31-32; 요 12 : 33, 18 : 32).

> 마 16 : 21   이 때로부터 예수 그리스도께서 자기가 예루살렘에 올라가
> 장로들과 대제사장들과 서기관들에게 많은 고난을 받고 죽임을
> 당하고 제 삼일에 살아나야 할 것을 제자들에게 비로소 가르치시니
> 마 20 : 19   이방인들에게 넘겨주어 그를 능욕하며 채찍질하며 십자가에 못
> 박게 하리니 제 삼일에 살아나리라
> 요 12 : 33   이렇게 말씀하심은 자기가 어떠한 죽음으로 죽을 것을 보이심이러라
> 막 8 : 31-32   인자가 많은 고난을 받고 장로들과 대제사장들과 서기관들에게
> 버린 바 되어 죽임을 당하고 사흘만에 살아나야 할 것을 비로소
> 저희에게 가르치시되 드러내 놓고 이 말씀을 하시니 베드로가
> 예수를 붙들고 간하매
> 요 18 : 32   이는 예수께서 자기가 어떠한 죽음으로 죽을 것을 가리켜 하신
> 말씀을 응하게 하려 함이러라

❖ 빈 무덤의 증언

십자가에 못박혀 죽으시고 무덤에 장사되신 그리스도가 부활하신 사실은 그분의 빈 무덤이 밝히 증거하고 있다(마 28 : 6; 눅 24 : 3). 그리스도의 빈 무덤은 기독교만이 부활이 있다는 확실한 증표로서 이는 모든 타종교에 대한 기독교의 자랑이요 영광이다.

마 28 : 6	그가 여기 계시지 않고 그의 말씀하시던 대로 살아나셨느니라
	와서 그의 누우셨던 곳을 보라
눅 24 : 3	들어가니 주 예수의 시체가 뵈지 아니하더라

❖ 천사들의 증언

그리스도의 탄생을 선포했던 천사들(눅 2 : 11-12)은 또한 그리스도의 부활하신 사실도 증거하였다(마 28 : 6; 눅 24 : 5-7; 막 16 : 6).

눅 2 : 11-12	오늘날 다윗의 동네에 너희를 위하여 구주가 나셨으니 곧 그리스도
	주시니라 너희가 가서 강보에 싸여 구유에 누인 아기를 보리니
	이것이 너희에게 표적이니라 하더니
마 28 : 6	그가 여기 계시지 않고 그의 말씀하시던 대로 살아나셨느니라
	와서 그의 누우셨던 곳을 보라
눅 24 : 5-7	여자들이 두려워 얼굴을 땅에 대니 두 사람이 이르되 어찌하여
	산 자를 죽은 자 가운데서 찾느냐 여기 계시지 않고 살아나셨느니라
	갈릴리에 계실 때에 너희에게 어떻게 말씀하신 것을 기억하라
	이르시기를 인자가 죄인의 손에 넘기워 십자가에 못박히고 제
	삼일에 다시 살아나야 하리라 하셨느니라 한대
막 16 : 6	청년이 이르되 놀라지 말라 너희가 십자가에 못박히신 나사렛
	예수를 찾는구나 그가 살아나셨고 여기 계시지 아니하니라
	보라 그를 두었던 곳이니라

❖ 사도들의 증언

예수님의 열한 사도들은 그리스도가 부활하신 후 40일 동안 나타나셔서 부활을 입증하셨음을 많은 증거를 가지고 증인하였다(행 1 : 3). 사도 바울은 자기가 비록 만삭되지 못하여 출생한 자로되 영화(부활)하신 주를 친히 뵈옵고 그로부터 모든 계시와 사명을 받았노라고 하였다(고전 15 : 8; 갈 1 : 12; 행 9 : 3-8). 베드로도 예수님이 죽으시기 전 유월절에 예루살렘에서 예수님을 십자가에 못박으라고 소리 지른 자들이 섞여 있는 무리들 앞에서 "이 예수를 하나님이 살리신지라 우리가 다 이 일에 증인이로다"라고 외쳤다(행 2 : 32).

행 1 : 3	해 받으신 후에 또한 저희에게 확실한 많은 증거로 친히 사심을 나타내사 사심 일 동안 저희에게 보이시며 하나님 나라의 일을 말씀하시니라
고전 15 : 8	맨 나중에 만삭되지 못하여 난 자 같은 내게도 보이셨느니라
갈 1 : 12	이는 내가 사람에게서 받은 것도 아니요 배운 것도 아니요 오직 예수 그리스도의 계시로 말미암은 것이라
행 9 : 3-8	사울이 행하여 다메섹에 가까이 가더니 홀연히 하늘로서 빛이 저를 둘러 비추는지라 땅에 엎드러져 들으매 소리 있어 가라사대 사울아 사울아 네가 어찌하여 나를 핍박하느냐 하시거늘 대답하되 주여 뉘시오니이까 가라사대 나는 네가 핍박하는 예수라 네가 일어나 성으로 들어가라 행할 것을 네게 이를 자가 있느니라 하시니 같이 가던 사람들은 소리만 듣고 아무도 보지 못하여 말을 못하고 섰더라 사울이 땅에서 일어나 눈은 떴으나 아무것도 보지 못하고 사람의 손에 끌려 다메섹으로 들어가서
행 2 : 32	이 예수를 하나님이 살리신지라 우리가 다 이 일에 증인이로다

❖ 사람들에게 보이심

그리스도가 부활하신 사실에 대한 또 다른 확실한 증거는 부활하신 예수님이 많은 사람들에게 친히 나타나 보이신 것이다(마 28 : 1, 7, 9, 10, 16-17, 26 : 32; 요 20 : 15-18 참조; 행 1 : 3, 7 : 56, 9 : 5; 눅 24 : 13 참조; 고전 15 : 5-8 참조).

마 28 : 1	안식일이 다하여 가고 안식 후 첫 날이 되려는 미명에 막달라 마리아와 다른 마리아가 무덤을 보려고 왔더니
마 28 : 7	또 빨리 가서 그의 제자들에게 이르되 그가 죽은 자 가운데서 살아 나셨고 너희보다 먼저 갈릴리로 가시나니 거기서 너희가 뵈오리라 하라 보라 내가 너희에게 일렀느니라 하거늘
마 28 : 9	예수께서 저희를 만나 가라사대 평안하뇨 하시거늘 여자들이 나아가 그 발을 붙잡고 경배하니
마 28 : 10	이에 예수께서 가라사대 무서워 말라 가서 내 형제들에게 갈릴리로 가라 하라 거기서 나를 보리라 하시니라
행 1 : 3	해 받으신 후에 또한 저희에게 확실한 많은 증거로 친히 사심을

나타내사 사십 일 동안 저희에게 보이시며 하나님 나라의 일을
말씀하시니라

행 7 : 56 　말하되 보라 하늘이 열리고 인자가 하나님 우편에 서신 것을
보노라 한 대

행 9 : 5 　대답하되 주여 뉘시오니이까 가라사대 나는 네가 핍박하는 예수라

(2) 부활하신 성질과 상태

그리스도의 부활은 그 성질상 단지 그분이 무덤에서 다시 살아나셔서 육체와
영혼이 재연합되었다는 것만을 뜻하는 것이 아니다. 그리스도의 부활은 그보다
더 많은 의미를 내포하고 있다. 그리스도의 부활 상태는 그분의 신체와 영혼이
생적(生的)인 유기체(有機體)로 재연합되고 그분 안에 그의 인성(人性)이 신혼(神
魂)과 아울러 본래의 완전한 상태로 회복될 뿐만 아니라 보다 더 높은 수준으로
향상된 것이다. 성경이 증거하는 그리스도의 부활의 성질과 상태는 다음과 같다.
그리고 부활의 첫 열매(견본)되시는(고전 15 : 20; 골 1 : 18; 계 1 : 5) 그리스도
의 부활의 성질과 상태는 장차 부활하는 성도들의 상태가 될 것이다.

고전 15 : 20 　그러나 이제 그리스도께서 죽은 자 가운데서 다시 살아 잠자는
자들의 첫 열매가 되셨도다

골 1 : 18 　그는 몸인 교회의 머리라 그가 근본이요 죽은 자들 가운데서
먼저 나신 자니 이는 친히 만물의 으뜸이 되려 하심이요

계 1 : 5 　또 충성된 증인으로 죽은 자들 가운데서 먼저 나시고 땅의 임금들의
머리가 되신 예수 그리스도로 말미암아 은혜와 평강이 너희에게
있기를 원하노라 우리를 사랑하사 그의 피로 우리 죄에서 우리를
해방하시고

❖ 썩지 않을 몸

그리스도의 부활하신 몸은 썩지 않고 쇠퇴함이 없이 영원히 살고 죽지 않는 몸
이다(고전 15 : 42; 롬 6 : 9).

고전 15 : 42 　죽은 자의 부활도 이와 같으니 썩을 것으로 심고 썩지 아니할

것으로 다시 살며

롬 6 : 9   이는 그리스도께서 죽은 자 가운데서 사셨으매 다시 죽지
              아니하시고 사망이 다시 그를 주장하지 못할 줄을 앎이로라

❖ 영광스런 몸

부활하신 그리스도의 몸은 스스로 병들고 노쇠하고 신음하다 결국 죽고 마는
약하고 욕된 몸(롬 8 : 11, 23)이 아니라 하나님의 보좌 앞에 설 영광스런 몸이다
(고전 15 : 43). 그리스도의 부활하신 몸은 하늘의 영광의 광채로 빛나는 몸이며,
능력 있고 힘과 새로운 기능으로 충만하여 완전히 강건한 몸이기 때문에 어떤 침
해도 받지 않는 영광스런 몸이다.

롬 8 : 11   예수를 죽은 자 가운데서 살리신 이의 영이 너희 안에 거하시면
               그리스도 예수를 죽은 자 가운데서 살리신 이가 너희 안에
               거하시는 그의 영으로 말미암아 너희 죽을 몸도 살리시리라
롬 8 : 23   이뿐 아니라 또한 우리 곧 성령의 처음 익은 열매를 받은 우리까지도
               속으로 탄식하여 양자 될 것 곧 우리 몸의 구속을 기다리느니라
고전 15 : 43   욕된 것으로 심고 영광스러운 것으로 다시 살며 약한 것으로 심고
               강한 것으로 다시 살며

❖ 신령한 몸

부활하신 그리스도의 몸은 신령한 몸으로서 성령이 내재(內在)하셔서 영생에
이르게 역사하시는 몸이다. 이 몸에는 하나님의 성령이 혼을 대신하여 계시므로
이 부활의 몸은 하나님의 내재와 역사에 적합한 것이다. 그러기에 지상의 몸을
흔히 활동에 적합한 혼의 기구로 조직된 몸이라 한다면 부활한 몸은 영의 활동에
적합한 영의 기구로 조직된 몸이라 할 수 있는 신령한 몸인 것이다(고전 15 :
44). 그러므로 그리스도는 인간의 신체적 모든 제약과 정신적 고락을 초월할 수
있는 영화로운 몸으로 부활하셨으니 그것은 현세의 몸과 같이 썩을 몸, 약한 몸,
욕된 몸은 하나님의 나라를 유업으로 얻지 못하기 때문이다(고전 15 : 50).

그리스도는 천계(天界)의 환경에 완전히 적용될 성질의 영화로운 몸으로 부활

하신 것이다. 그러나 부활하신 그분의 영광이 승천 때까지 은폐되어 있었던 것은 40일 동안 사도들과의 교제를 가능케 하기 위함이었다(행 1 : 3). 만약 그때 예수 님이 하늘의 영광 그대로 나타나셨더라면 사도들은 그 발 아래 엎드려 죽은 자같 이 되었을 것이다(계 1 : 17). 성경은 이토록 신령한 몸으로 부활하신 그리스도가 잠자는 자들의 첫 열매라고 하였으니(고전 15 : 20) 장차 예수님의 부활에 참여할 성도들도 그분과 같이 될 것이 분명하다. 그리고 결국 첫 사람 아담은 육의 몸의 (고전 15 : 44 참조) 시조가 되었으나, 마지막 아담되시는 그리스도는 신령한 몸 의(고전 15 : 45) 시조가 되신 것이다(고전 15 : 20).

고전 15 : 44	육의 몸으로 심고 신령한 몸으로 다시 사나니 육의 몸이 있은즉 또 신령한 몸이 있느니라
고전 15 : 50	형제들아 내가 이것을 말하노니 혈과 육은 하나님 나라를 유업으로 받을 수 없고 또한 썩은 것은 썩지 아니한 것을 유업으로 받지 못하느니라
행 1 : 3	해 받으신 후에 또한 저희에게 확실한 많은 증거로 친히 사심을 나타내사 사십 일 동안 저희에게 보이시며 하나님 나라의 일을 말씀하시니라
계 1 : 17	내가 볼 때에 그 발 앞에 엎드러져 죽은 자 같이 되매 그가 오른손을 내게 얹고 가라사대 두려워 말라 나는 처음이요 나중이니
고전 15 : 20	그러나 이제 그리스도께서 죽은 자 가운데서 다시 살아 잠자는 자들의 첫 열매가 되셨도다
고전 15 : 45	기록된 바 첫 사람 아담은 산 영이 되었다 함과 같이 마지막 아담은 살려주는 영이 되었나니

❖ 음식을 먹을 수 있는 몸

부활하신 그리스도가 제자들과 함께 잡수신 것을 보면 부활하신 예수님의 몸은 음식을 잡수실 수 있는 몸임이 확실하다(눅 24 : 30, 42-43; 요 21 : 13).

눅 24 : 30	저희와 함께 음식 잡수실 때에 떡을 가지사 축사하시고 떼어 저희에게 주시매

| 눅 24 : 42-43 | 이에 구운 생선 한 토막을 드리매 받으사 그 앞에서 잡수시더라 |
| 요 21 : 13 | 예수께서 가셔서 떡을 가져다가 저희에게 주시고 생선도 그와 같이 하시니라 |

❖ 육체의 몸

예수님은 부활하신 후에도 수족(手足)과 골육(骨肉)이 완비되어 있는 인간의 온전한 형체를 그대로 가지셨다(눅 24 : 37-40).

| 눅 24 : 37-40 | 저희가 놀라고 무서워하여 그 보는 것을 영으로 생각하는지라 예수께서 가라사대 어찌하여 두려워하며 어찌하여 마음에 의심이 일어나느냐 내 손과 발을 보고 나인 줄 알라 또 나를 만져 보라 영은 살과 뼈가 없으되 너희 보는 바와 같이 나는 있느니라 이 말씀을 하시고 손과 발을 보이시나 |

❖ 영체의 몸

부활하신 그리스도의 몸은 영체(靈體)의 몸으로서 사람에게 쉽게 인식되지 아니하였으며 시간과 공간의 제약을 받지 않으시고 돌연 출몰(突然出沒)을 하셨다고 성경이 증거한다(눅 24 : 31, 36; 요 20 : 13, 19, 21 : 7). 그러나 그분의 몸은 역시 진정한 신체였던 것이 분명하다(눅 24 : 39; 빌 3 : 21).

눅 24 : 31	저희 눈이 밝아져 그인 줄 알아보더니 예수는 저희에게 보이지 아니하시는지라
눅 24 : 36	이 말을 할 때에 예수께서 친히 그 가운데 서서 가라사대 너희에게 평강이 있을지어다 하시니
요 20 : 13	천사들이 가로되 여자여 어찌하여 우느냐 가로되 사람이 내 주를 가져다가 어디 두었는지 내가 알지 못함이니이다
요 20 : 19	이날 곧 안식 후 첫 날 저녁때에 제자들이 유대인들을 두려워하여 모인 곳에 문들을 닫았더니 예수께서 오사 가운데 서서 가라사대 너희에게 평강이 있을지어다
요 21 : 7	예수의 사랑하시는 그 제자가 베드로에게 이르되 주시라 하니

시몬 베드로가 벗고 있다가 주라 하는 말을 듣고 겉옷을 두른 후에
바다로 뛰어 내리더라

눅 24 : 39   내 손과 발을 보고 나인 줄 알라 또 나를 만져 보라 영은 살과 뼈가
없으되 너희 보는 바와 같이 나는 있느니라

빌 3 : 21   그가 만물을 자기에게 복종케 하실 수 있는 자의 역사로 우리의
낮은 몸을 자기 영광의 몸의 형체와 같이 변케 하시리라

(3) 부활 사실을 부정하는 주장들

그리스도의 부활 사실을 부정하는 주장들은 다음과 같다.

❖ 그리스도의 빈 무덤을 부정하는 주장

그리스도 예수께서 죽으시고 장사된 지 사흘만에 영광스럽게 부활하시어 무덤
에서 나오심으로 그분의 무덤은 빈 무덤이 되었다(마 28 : 6; 눅 24 : 3). 또 주의
무덤을 찾아간 여자들에게 천사가 이르기를 "어찌하여 산 자를 죽은 자 가운데서
찾느냐"(눅 24 : 5)라고 하였다. 그러나 그리스도의 부활을 반대하는 자들은 예수
님의 무덤이 비워진 것이 부활 때문이 아니라고 주장한다.

마 28 : 6   그가 여기 계시지 않고 그의 말씀하신 대로 살아나셨느니라 와서
그의 누우셨던 곳을 보라

눅 24 : 3   들어가니 주 예수의 시체가 뵈지 아니하더라

눅 24 : 5   여자들이 두려워 얼굴을 땅에 대니 두 사람이 이르되 어찌하여
산 자를 죽은 자 가운데서 찾느냐

① 기절설(氣絶說)

기절설(Swoon Theory)은 예수님이 십자가상에서 완전히 운명하시지 않
고 일시적으로 기절한 상태에 있는 것을 사람들이 모르고 운명한 것으로 오인하
여 무덤에 장사하였으나 예수님은 얼마 후에 회생(回生)하여 무덤 밖으로 나오신
것이라 한다.

② 도적설(盜賊設)

이는 제자들이 예수님의 시체를 밤중에 몰래 도적질해 갔다는 설이다(마 27 : 64). 이것이 사실이라면 믿음이 신실하고 도덕적 수양이 풍부한 예수님의 제자들이 어떻게 허위 사실을 가지고 복음의 기초로 하였으며, 이를 또 그 자신들이 믿고 전파하며, 여기에다 생명을 걸 수 있었단 말인가? 도적설은 터무니없는 망설이다.

> 마 27 : 64　　그러므로 분부하여 그 무덤을 사흘까지 굳게 지키게 하소서 그의
> 제자들이 와서 시체를 도적질하여 가고 백성에게 말하되 그가
> 죽은 자 가운데서 살아났다 하면 후의 유혹이 전보다 더 될까
> 하나이다 하니

③ 이전설(移轉設)

이전설은 홀즈만(O. Holtzman)이 주장하였다. 이는 예수님의 시체를 아리마대 요셉이 옮겨 갔다는 주장이다. 즉 존귀한 공회의 의원으로서 부자인 아리마대 요셉이 처음에는 예수님을 자기 집안의 새 무덤에 안장할 생각이 있어 이를 허락하였으나 뒤에 십자가에 달려 죽은 자의 시체를 애지중지하던 자기 집안의 새 무덤에 두는 것이 마땅치 않은 일이라 생각되어서 안식일이 지나자 곧 그 시체를 비밀리에 다른 장소로 옮겨갔다는 것이다.

④ 빈굴설

빈굴설은 "다른 무덤설"이라고도 한다. 이 설에 의하면 무덤을 찾아갔던 여자들이 새벽 미명에 시각(視覺)이 불명(不明)한 관계로 예수님의 무덤이 아닌 다른 무덤을 찾아갔는데 마침 그 무덤은 빈 무덤이었다는 것이다. 그런데 그때 그 빈 무덤 가까이 서 있던 한 청년이(이 청년은 그후 천사 혹은 부활한 예수님이라고 와전된 장본인이라고 함) 예수님의 무덤을 바로 가리켜 주려고 하는데 그 여자들은 자기들이 무엇을 잘못한 줄 알고 달아나 버렸다는 것이다.

❖ 부활하신 예수님의 나타나심을 부정하는 주장

이는 예수님이 십자가에서 돌아가신 후 장사된 지 사흘만에 부활하여 나타나신 사실을 부인하지는 않으나, 그 나타나심이 다음과 같이 육체적 부활의 결과는 아니었다고 주장하는 것이다.

① 환상설(幻像說)

환상설(Vision Theory)은 예수님이 죽으신 후 제자들이 매우 흥분된 정신 상태에 있었으며 예수님을 보고 싶어하는 마음이 너무도 간절하여 그분이 살아나셨을 것이라는 깊은 상상을 하던 중에 마침내 예수님의 환상을 보게 되었다는 것이다.

② 유령설(幽靈說)

유령설은 제자들이 본 것은 예수님의 실체가 아닌 유령을 보았다는 주장이다. 그러나 성경은 부활하신 예수님을 보고 그분의 유령을 본 줄로 의혹을 갖는 제자들에게 예수님 자신이 직접 자기는 유령이 아니라는 것을 밝히 증명해 주셨다(눅 24 : 39-43).

> 눅 24 : 39-43 　내 손과 발을 보고 나인 줄 알라 또 나를 만져 보라 영은 살과 뼈가 없으되 너희 보는 바와 같이 나는 있느니라 이 말씀을 하시고 손과 발을 보이시나 이르시되 여기 무슨 먹을 것이 있느냐 하시니 이에 구운 생선 한 토막을 드리매 받으사 그 앞에서 잡수시더라

❖ 일반적 부활 부정론

그리스도의 역사적, 육체적 부활 사실을 부정하는 일반적인 부활 부정론들은 다음과 같다.

① 사기설(詐欺說)

사기설은 그리스도가 부활했다는 것은 예수님의 제자들과 그분을 추종하고 흠모하는 자들, 즉 여인들과 500여 신도들이 사실이 아닌 예수님의 부활을 사

실화하기 위하여 속임수로 꾸며낸 사기극이라는 것이다.

② 신화설(神話說)

신화설이란, 당시에 떠돌아다니던 비슷한 신화를 그리스도의 부활에 원용(援用)하여 와전(訛傳)시킨 것이라는 주장이다.

(4) 부활하신 결과
❖ 신앙의 근거가 되었음

그리스도의 십자가와 그분의 부활은 하나님께 대한 우리의 참된 신앙의 근거가 되었다(벧전 3 : 21; 행 2 : 23-24, 32, 36; 고전 15 : 12-22 참조).

벧전 3 : 21	물은 예수 그리스도의 부활하심으로 말미암아 이제 너희를 구원하는 표니 곧 세례라 육체의 더러운 것을 제하여 버림이 아니요 오직 선한 양심이 하나님을 향하여 찾아가는 것이라
행 2 : 23-24	그가 하나님의 정하신 뜻과 미리 아신 대로 내어준 바 되었거늘 너희가 법 없는 자들의 손을 빌어 못박아 죽였으나 하나님께서 사망의 고통을 풀어 살리셨으니 이는 그가 사망에서 매여 있을 수 없었음이라
행 2 : 32	이 예수를 하나님이 살리신지라 우리가 다 이 일에 증인이로다
행 2 : 36	그런즉 이스라엘 온 집이 정녕 알지니 너희가 십자가에 못박은 이 예수를 하나님이 주와 그리스도가 되게 하셨느니라 하니라

❖ 하나님의 아들로 확인됨

성경이 말하는 "하나님의 아들"이란 "인자"와 더불어(마 20 : 28, 9 : 6; 막 10 : 45) "메시야"의 별칭이다(마 26 : 63; 요 1 : 34, 49). 그런데 예수님은 부활을 통하여 "하나님의 아들"이심이 분명히 확인되었다(롬 1 : 4). 예수님의 지상 생애의 최후의 두 가지 사건(십자가와 부활)은 그분의 신인 양성(神人兩性)과 밀접한 관계가 있다. 즉 십자가는 그분의 인성(人性)을 나타냈고, 부활은 그분의 신성(神性)을 나타낸 것이다.

마 20 : 28   인자가 온 것은 섬김을 받으려 함이 아니라 도리어 섬기려 하고
             자기 목숨을 많은 사람의 대속물로 주려 함이니라

마 9 : 6   그러나 인자가 세상에서 죄를 사하는 권세가 있는 줄을 너희로
             알게 하려 하노라 하시고 중풍병자에게 말씀하시되 일어나 네
             침상을 가지고 집으로 가라 하시니

막 10 : 45   인자의 온 것은 섬김을 받으려 함이 아니라 도리어 섬기려 하고
             자기 목숨을 많은 사람의 대속물로 주려 함이니라

마 26 : 63   예수께서 잠잠하시거늘 대제사장이 가로되 내가 너로 살아 계신
             하나님께 맹세하게 하노니 네가 하나님의 아들 그리스도인지
             우리에게 말하라

요 1 : 34   내가 보고 그가 하나님의 아들이심을 증거하였노라 하니라

요 1 : 49   나다니엘이 대답하되 랍비여 당신은 하나님의 아들이시요 당신은
             이스라엘의 임금이로소이다

롬 1 : 4   성결의 영으로는 죽은 가운데서 부활하여 능력으로 하나님의
             아들로 인정되셨으니 곧 우리 주 예수 그리스도시니라

❖ 칭의(稱義)의 증거가 됨

예수님의 죽으심은 우리의 사죄(赦罪)를 위함이요, 그분의 부활은 우리의 칭의
(稱義)를 위함이었다. 우리의 죄를 대속하기 위하여 십자가에 달려 죽으신 예수
님이 부활하신 사실은 곧 하나님이 그분을 믿는 신자를 의롭다고 인정하시는 증
거가 된 것이다(롬 4 : 25).

롬 4 : 25   예수는 우리 범죄함을 위하여 내어 줌이 되고 또한 우리를 의롭다
             하심을 위하여 살아나셨느니라

❖ 구원이 완성됨

그리스도의 죽으심은 우리의 구원의 시작(하나님과의 화목)이요, 그분의 부활
은 우리의 구원의 완성이다(롬 5 : 10). 우리는 그리스도의 십자가의 죽으심에서
죄인으로 그분과 같이 죽고, 또 그분의 부활에서 하나님의 아들로 그분과 같이
다시 살게 된 것이다(롬 6 : 8; 갈 2 : 20). 그러기에 신자는 그리스도와 연합한

자로서 그리스도의 십자가에서 같이 죽고(옛사람), 그분의 부활에서 같이 살아난 자(새사람)이다(엡 2 : 5; 골 3 : 1).

롬 5 : 10	곧 우리가 원수 되었을 때에 그 아들의 죽으심으로 말미암아 하나님으로 더불어 화목되었은즉 화목된 자로서는 더욱 그의 살으심을 인하여 구원을 얻을 것이니라
롬 6 : 8	만일 우리가 그리스도와 함께 죽었으면 또한 그와 함께 살 줄을 믿노니
갈 2 : 20	내가 그리스도와 함께 십자가에 못박혔나니 그런즉 이제는 내가 산 것 아니요 오직 내 안에 그리스도께서 사신 것이라 이제 내가 육체 가운데 사는 것은 나를 사랑하사 나를 위하여 자기 몸을 버리신 하나님의 아들을 믿는 믿음 안에서 사는 것이라
엡 2 : 5	허물로 죽은 우리를 그리스도와 함께 살리셨고 너희가 은혜로 구원을 얻은 것이라
골 3 : 1	그러므로 너희가 그리스도와 함께 다시 살리심을 받았으면 위엣 것을 찾으라 거기는 그리스도께서 하나님 우편에 앉아 계시느니라

❖ 부활의 보증이 됨

성경에 "그리스도를 살리신 하나님이 또한 우리도 살리실 것이라"(롬 8 : 11)고 하였다. 부활하신 예수님은 곧 우리의 부활의 첫 열매이다(고전 15 : 20). 그러므로 예수님이 부활하신 사실은 곧 신자들의 장래 부활의 견본(見本)이요 보증이 되는 것이다.

| 롬 8 : 11 | 예수를 죽은 자 가운데서 살리신 이의 영이 너희 안에 거하시면 그리스도 예수를 죽은 자 가운데서 살리신 이가 너희 안에 거하시는 그의 영으로 말미암아 너희 죽을 몸도 살리시리라 |
| 고전 15 : 20 | 그러나 이제 그리스도께서 죽은 자 가운데서 다시 살아 잠자는 자들의 첫 열매가 되셨도다 |

4) 그리스도의 승천(昇天)

그리스도의 승귀(昇貴)의 제2단계는 그분의 승천이다. 사도신경에도 "죽은 자 가운데서 다시 살아나시고" 다음에 "하늘에 오르사"라고 함으로써 "승천"이 그리스도의 승귀의 제2단계임을 밝히고 있다. 그리스도의 승천은 보다 높은 영광의 생애로 옮겨진 것으로써 이는 그분의 분명한 승귀인 것이다. 성경은 그리스도가 승천하신 사실을 명확히 증거하고 있으며(행 1 : 9-11; 눅 24 : 50-53 참조), 예수님 자신도 죽으시기 전에 자주 자신의 승천을 예고하셨다(요 6 : 62, 14 : 2, 12, 16 : 5, 10, 17, 28, 17 : 5, 20 : 17 참조). 사도들도 예수님의 승천을 증거하였다. 누가는 이 일에 대하여 두 번이나 거듭 설명하였고(눅 24 : 50-53; 행 1 : 6-11 참조), 바울은 예수님의 승천을 반복적으로 언급하였으며(엡 1 : 20, 4 : 8-10; 딤전 3 : 16 참조), 히브리서 기자는 그리스도의 승천의 의의와 그 중요성에 대하여 관심을 촉구하였다(히 1 : 3, 4 : 14, 9 : 24 참조).

> 행 1 : 9-11　　이 말씀을 마치시고 저희 보는 데서 올리워 가시니 구름이 저를 가리워 보이지 않게 하더라 올라가실 때에 제자들이 자세히 하늘을 쳐다보고 있는데 흰 옷 입은 두 사람이 저희 곁에 서서 가로되 갈릴리 사람들아 어찌하여 서서 하늘을 쳐다보느냐 너희 가운데서 하늘로 올리우신 이 예수는 하늘로 가심을 본 그대로 오시리라 하였느니라

(1) 승천의 성질

❖ 유형적 장소적 이전

그리스도의 승천이란 중보자이신 예수 그리스도의 인격이 그분의 인성을 지닌 채 유형적(有形的)으로 땅에서부터 하늘로 옮거가신 것을 의미한다(행 1 : 9-11 참조, 행 3 : 21). 그리스도의 승천은 한 장소에서 다른 장소로(땅에서 천국으로) 옮겨가는 경역적(境域的) 옮김이었다. 이것은 물론 하늘(천국)도 땅과 마찬가지로 하나의 장소임을 의미하는 것이다. 그러나 오늘날 성경 학자들 중에는 천국이 한 장소라기 보다는 오히려 한 상태(狀態) 혹은 정황(情況)으로 보고 그리스도의 승천을 장소적 이전(境域的 移轉)으로 생각하지 않는 이들이 있다. 그러나 성경은 분명히

천국을 장소로 묘사하였으며, 예수님의 승천은 장소적이고 유형적인 옮김이었던 것을 밝히고 있다. 그리스도는 성육신으로 무한자(無限者)가 유한(有限)에 들어오셨으나 승천으로 유한(有限)에서 다시 무한(無限)으로 되돌아가신 것이다. 성경이 천국을 경역적(境域的) 혹은 장소적 개념으로 표현하는 근거는 다음과 같다.

> 행 3 : 21   하나님이 영원 전부터 거룩한 선지자의 입을 의탁하여 말씀하신
> 바 만유를 회복하실 때까지는 하늘이 마땅히 그를 받아두리라

❖ 유형적 장소적 이전의 근거

① 천국을 천사나 성도들과 같은 피조물들이 거처하는 처소로 표현하였다 (마 18 : 10; 고후 5 : 1 참조).

② 성경에 하늘을 한 장소인 땅과 나란히 하여 병렬적으로 언급하였다(대상 16 : 31; 전 5 : 2; 사 66 : 1 참조)는 점에서 그 하나가 장소라면 다른 것도 역시 장소이어야만 한다. 그 이유는 한 장소와 한 상태를 언급함에 있어서 그와 같이 병렬적으로 문구를 배치한다는 것은 무리이기 때문이다.

③ 성경은 하늘을 윗쪽에 지옥은 아래쪽에 있는 것으로 말하며, 우리에게 천국을 하나의 처소로 생각하도록 가르치고 있다(신 30 : 12; 수 2 : 11; 시 139 : 8; 롬 10 : 6-7 참조).

④ 성경은 그리스도가 천국으로 들어가신 것이 곧 승천으로 묘사되어 있다 (히 4 : 14). 제자들은 예수님이 구름 위로 통과하심으로 구름이 그분을 가리워 보이지 않게 할 때까지 그분의 승천하시는 것을 바라보았다고 한다(행 1 : 9).

> 마 18 : 10   삼가 이 소자 중에 하나도 업신여기지 말라 너희에게 말하노니
> 저희 천사들이 하늘에서 하늘에 계신 내 아버지의 얼굴을 항상
> 뵈옵느니라
>
> 히 4 : 14   그러므로 우리에게 큰 대제사장이 있으니 승천하신 자 곧 하나님
> 아들 예수시라 우리가 믿는 도리를 굳게 잡을지어다
>
> 행 1 : 9   이 말씀을 마치시고 저희 보는 데서 올리워 가시니 구름이 저를
> 가리워 보이지 않게 하더라

❖ 루터파의 승천관(昇天觀)

루터파에서 주장하는 그리스도의 승천관은 개혁파의 그것과 다르다. 그들은 그리스도의 승천을 하나의 장소적 경역적(境域的) 옮김으로 간주하지 않고 한 상태의 변화로만 간주하는 것이다. 즉 그리스도의 인성이 성육신(成肉身)하실 때 부여받은 신적(神的) 완전성을 충분히 향유하고 행사하시게 됨으로써 이제는 그것(인성)이 신성(神性)과 함께 영원히 편재하게 되었다는 것이다.

그들은 그리스도의 승천이 결코 땅으로부터 떠나가심이 아니었으며 그것은 그분의 신성만 아니라 인성도 땅위에 남아 있음이 필요하였기 때문이었다고 한다. 그렇지 않으면 성찬의 떡과 포도즙에 그분의 신체적 편재가 있을 수 없다는 것이다. 그리고 그들은 "… 내가 세상 끝날까지 너희와 항상 함께 있으리라"(마 28 : 20)고 하신 말씀이 곧 그리스도의 인성(人性)의 편재의 약속이라고 한다. 그들은 그리스도가 승천하신 후에 하나님의 우편에 앉아 계시기 시작했다는 개념과 연관하여 이 우편(단지 권세의 상징에 불과한 것)은 도처에 있다고 주장한다.

⑵ 승천의 의의와 필요성

❖ 지성소에 들어가심

그리스도의 승천은 그분이 우리의 대제사장으로서 자기의 피를 가지고 성부에게 완전한 제사를 드리시기 위하여 천국 내밀(內密)의 지성소(至聖所)에 들어가신 것이라는데 의의가 있다(히 4 : 14-15, 5 : 1, 3 : 1).

히 4 : 14-15　　그러므로 우리에게 큰 대제사장이 있으니 승천하신 자 곧 하나님 아들 예수시라 우리가 믿는 도리를 굳게 잡을지어다 우리에게 있는 대제사장은 우리 연약함을 체휼하지 아니하는 자가 아니요 모든 일에 우리와 한결같이 시험을 받은 자로되 죄는 없으시니라

히 5 : 1　　대제사장마다 사람 가운데서 취한 자이므로 하나님께 속한 일에 사람을 위하여 예물과 속죄하는 제사를 드리게 하나니

히 3 : 1　　그러므로 함께 하늘의 부르심을 입은 거룩한 형제들아 우리의 믿는 도리의 사도시며 대제사장이신 예수를 깊이 생각하라

❖ 신자의 승천과 영장권(靈長權) 회복

그리스도의 승천은 이미 그리스도와 함께 천국에 앉은 신자들과(엡 2 : 6), 영
원히 그분과 함께 살도록 예정된 신자들(요 17 : 24)의 승천을 예시한 것이다. 그
리고 그리스도의 승천은 그분이 죽은 자 가운데서 다시 살아나심으로써 잠자는
자들의 부활의 대표(첫열매)가 되신 것같이(고전 15 : 20 참조), 또한 그리스도는
승천하시어 하나님 권능의 보좌 우편에 좌정하심으로써 우주의 대주재권(大主宰
權)을 다시 취하셨다(마 26 : 64; 행 2 : 33-36 참조). 이는 곧 장래에 신자들이
승천하여 본래적 만물의 영장권(靈長權)을 회복할 것에 대한 예표인 것이다(히
2 : 7-9, 11 참조).

엡 2 : 6   또 함께 일으키사 그리스도 예수 안에서 함께 하늘에 앉히시니
요 17 : 24   아버지여 내게 주신 자도 나 있는 곳에 나와 함께 있어 아버지께서
              창세 전부터 나를 사랑하시므로 내게 주신 나의 영광을 저희로
              보게 하시기를 원하옵나이다

❖ 신자의 처소 준비

그리스도의 승천은 그리스도 안에 있는 신자들을 위하여 하늘에 처소를 준비하
시는 일에 있어서의 한 방도였던 것이다. 예수님은 자신이 제자들을 위해 처소를
예비하기 위하여 아버지께로 돌아가야 할 필요성을 지적하신 바 있으며 또 처소
를 예비하면 다시 오셔서 그리로 데려가시겠다고 약속하셨다(요 14 : 2-3; 고후
5 : 1).

요 14 : 2-3   내 아버지 집에 거할 곳이 많도다 그렇지 않으면 너희에게
              일렀으리라 내가 너희를 위하여 처소를 예비하러 가노니 가서
              너희를 위하여 처소를 예비하면 내가 다시 와서 너희를 내게로
              영접하여 나 있는 곳에 너희도 있게 하리라
고후 5 : 1   만일 땅에 있는 우리의 장막 집이 무너지면 하나님께서 지으신
              집 곧 손으로 지은 것이 아니요 하늘에 있는 영원한 집이 우리에게
              있는 줄 아나니

❖ 구속 사역을 인정받음

십자가에 죽으시고 부활하심으로 인류 구속의 대사역을 성취하신 중보자 그리스도는 하늘의 성부의 보좌 앞에 나아가 마치 개선 장군이 왕의 영접과 인정을 받음같이 성부 하나님의 기뻐하심의 인정을 받아야 했던 것이다. 이런 점에서 볼 때 그리스도의 승천은 성부께서 인류 구속을 위한 성자의 중보적 사역 완수를 매우 흡족해 하시고 인정하심으로써, 그분을 하늘 영광 중에 맞아 들이셨다는데 의의가 있다(히 12 : 2).

히 12 : 2	믿음의 주요 또 온전케 하시는 이인 예수를 바라보자 저는 그 앞에 있는 즐거움을 위하여 십자가를 참으사 부끄러움을 개의치 아니하시더니 하나님 보좌 우편에 앉으셨느니라

❖ 구속의 실시

그리스도가 세상에서 떠나가신 것(승천하심)은 구속에 있어서 유익한 것이었다. 그것은 전에 그리스도가 친히 말씀하시기를 "… 내가 떠나가지 아니하면 보혜사가 너희에게로 오시지 아니할 것이요 가면 내가 그를 너희에게로 보내리니"(요 16 : 7)라고 하셨던 말씀이 설명해 주고 있다. 성육신하신 그리스도가 십자가의 죽으심과 부활하심으로 인류의 구속은 조성(造成)되었으나 이제는 성령의 역사로써 활발히 구속을 실시함이 필요했던 것이다. 그러므로 그리스도는 성령의 역사를 통하여 회개와 사죄 운동을 일으키고, 만국 만민(萬國萬民)으로부터 자기 백성을 불러모으게 하기 위하여 승천하셨던 것이다(요 16 : 7-14 참조, 14 : 16, 15 : 26). 보혜사 성령은 예수님과 교대로 오시게 되었으므로 예수님의 승천이 있기 전에는 성령 강림은 있을 수 없었다(요 16 : 7).

요 14 : 16	내가 아버지께 구하겠으니 그가 또 다른 보혜사를 너희에게 주사 영원토록 너희와 함께 있게 하시리니
요 15 : 26	내가 아버지께로서 너희에게 보낼 보혜사 곧 아버지께로서 나오시는 진리의 성령이 오실 때에 그가 나를 증거하실 것이요

❖ 하늘 본향으로 가심

그리스도는 본래 하늘로부터 오셨기에(요 3 : 13) 하늘은 그분의 본향인 것이다. 따라서 하늘은 그분의 존재에 있어서 적당한 처소이다. 그러나 이 땅은 모든 악으로부터 완전 정화되고 신천지(新天地)로 바꾸어지기 전에는 그분의 승귀기(昇貴期)의 거처가 되기에는 부적당하였다. 그래서 그분은 그분의 존재에 적당한 처소인 하늘 본향을 찾아가셨던 것이다(행 7 : 56).

> 요 3 : 13   하늘에서 내려온 자 곧 인자 외에는 하늘에 올라간 자가 없느니라
> 행 7 : 56   말하되 보라 하늘이 열리고 인자가 하나님 우편에 서신 것을
>   보노라 한대

❖ 하늘 나라 선구자(先驅者)

그리스도가 승천하심은 우리의 선구자로서 천국에 입국하심이었으니 그분은 곧 멜기세덱의 반차를 좇아 영원히 대제사장이 되어 우리를 위하여 천국 지성소에 들어가신 것이다(히 6 : 20).

> 히 6 : 20   그리로 앞서 가신 예수께서 멜기세덱의 반차를 좇아 영원히
>   대제사장이 되어 우리를 위하여 들어가셨느니라

❖ 영광에 참여함

그리스도는 그 본체의 형상인 하나님의 영광에 참여하기 위하여 승천하셨던 것이다(히 12 : 2).

> 히 12 : 2   믿음의 주요 또 온전케 하시는 이인 예수를 바라보자 저는 그 앞에
>   있는 즐거움을 위하여 십자가를 참으사 부끄러움을 개의치
>   아니하시더니 하나님 보좌 우편에 앉으셨느니라

3) 하나님 우편에 앉으심

그리스도의 승귀(昇貴)의 셋째 단계는 하나님 우편에 앉으심이다(히 12 : 2).

성경은 그리스도가 승천하신 후 성부의 우편에 앉으셨다고 가르치고 있다(히 10 : 12, 12 : 2, 1 : 3; 벧전 3 : 22 참조). 그리스도 자신이 장차 하나님 보좌 우편에 앉게 되리라는 것을 예고하신 바 있다(마 26 : 64 참조). 베드로는 그분의 설교에서 그리스도의 하나님 우편에 앉으심에 대하여 언급하였다(행 2 : 33-36, 5 : 31 참조).

이 밖에도 성경 여러 곳에 이에 대한 언급이 있다(엡 1 : 20-22; 히 10 : 12; 벧전 3 : 22; 계 3 : 21, 22 : 1 참조). 그리스도가 하나님 우편에 앉으심에 대하여 "하나님 우편"이라는 표현은 문자적으로만 해석할 것이 아니라 권능과 영광의 자리를 의미하는 상징적인 표현으로 이해되어야 할 것이다. 그리스도가 성부의 우편에 앉으셨다는 것은 교회와 우주에 대한 통치권이 그분에게 주어졌다는 것과 이에 합당한 영광에 참여하게 되었다는 것을 의미한다.

하나님께로부터 교회와 우주의 정권(政權)을 받은 그리스도는 하나님 우편에 앉아 계시는 동안 교회를 통치하시고 보호하시며 자기 백성의 복리(福利)를 위하여 우주에 대하여 권위를 행사하신다. 따라서 그분은 그분의 완전한 제사를 성부에게 드리며 모든 신자들을 위하여 끊임없이 간구함으로써 교회의 이익을 충분히 실현하시며 안전케 하신다. 그리고 성령과 그분의 종들을 통하여 그것을 관리하시며, 자기 백성을 계속 교훈하신다.

> 히 12 : 2 믿음의 주요 또 온전케 하시는 이인 예수를 바라보자 저는 그 앞에 있는 즐거움을 위하여 십자가를 참으사 부끄러움을 개의치 아니하시더니 하나님 보좌 우편에 앉으셨느니라
>
> 히 10 : 12 오직 그리스도는 죄를 위하여 한 영원한 제사를 드리시고 하나님 우편에 앉으사
>
> 히 1 : 3 이는 하나님의 영광의 광채시요 그 본체의 형상이시라 그의 능력의 말씀으로 만물을 붙드시며 죄를 정결케 하는 일을 하시고 높은 곳에 계신 위엄의 우편에 앉으셨느니라

4) 그리스도의 유형적 귀환

그리스도의 승귀의 최고 단계는 그분이 유형적(有形的), 육체적 귀환(歸還)이

다. 그리스도의 귀환이란 그리스도가 영광 중에 심판주의 자격으로 유형적으로 다시 이 세상에 돌아오심을 의미한다(행 1 : 11 참조). 그리스도가 재림하실 때에는 그분의 제자들 뿐만 아니라 세계 만민이 보는 가운데 오실 것이며, 초림의 그리스도는 베들레헴 마굿간에서 태어나심으로써 사적으로 초라한 모습으로 오셨으나, 재림의 그리스도는 공개적으로 "호령과 천사장의 소리와 하나님의 나팔로 친히 하늘로 좇아…"(살전 4 : 16) 영광의 모양과 심판주로 오실 것이다(벧후 1 : 16-18; 마 25 : 31-34 참조).

(I) 귀환에 대한 성경의 가르침

성경은 그리스도께서 큰 권세와 영광으로 재림하시어 만대(萬代), 만국(萬國), 만민(萬民)을 그 앞에 모으시고 최종 심판(最終審判)을 단행하시게 된다. 그때에는 진정 그분의 승귀(昇貴)의 실상(實狀)이 나타나게 될 것이다(마 24 : 30; 계 1 : 13-16). 그리스도는 이것을 가리켜 성부로부터 부여된 특별 대권(特別大權)이라고 하셨다(요 5 : 22, 27).

사도들도 그리스도의 귀환과 심판 대권을 언급하였으며(행 10 : 42, 17 : 31 참조), 성경 여러 곳에 하나님이 그리스도를 심판장(審判長)으로 임명하신 것과(행 10 : 42) 그분의 심판적 활동에 대하여 언급되어 있다(마 19 : 28, 25 : 31-34; 눅 3 : 17; 롬2 : 16, 14 : 9; 고후 5 : 10; 딤후 4 : 1; 약 5 : 9 참조).

마 24 : 30	그 때에 인자의 징조가 하늘에서 보이겠고 그 때에 땅의 모든 족속들이 통곡하며 그들이 인자가 구름을 타고 능력과 큰 영광으로 오는 것을 보리라
계 1 : 13-16	촛대 사이에 인자 같은 이가 발에 끌리는 옷을 입고 가슴에 금띠를 띠고 그 머리와 털의 희기가 흰 양털 같고 눈 같으며 그의 눈은 불꽃 같고 그의 발은 풀무에 단련한 빛난 주석 같고 그의 음성은 많은 물소리와 같으며 그 오른손에 일곱 별이 있고 그 입에서 좌우에 날선 검이 나오고 그 얼굴은 해가 힘있게 비취는 것 같더라
요 5 : 22	아버지께서 아무도 심판하지 아니하시고 심판을 다 아들에게 맡기셨으니

요 5 : 27   또 인자됨을 인하여 심판하는 권세를 주셨느니라

행 10 : 42   우리를 명하사 백성에게 전도하되 하나님이 산 자와 죽은 자의
            재판장으로 정하신 자가 곧 이 사람인 것을 증거하게 하셨고

(2) 귀환 교리에 대한 오해

어떤 이들은 그리스도의 귀환을 과거지사(過去之事)로 본다. 그 이유는 그리스도
가 오순절 때에 성령으로 강림하심으로써 그분의 귀환의 약속이 이미 실현되었다는
것이다. 그리고 그들은 그 증거로 요한복음 14장 1-6절의 예수님의 약속의 말씀을
제시한다. 어떤 의미에서 그리스도는 성령으로 귀환하셨으며 지금 교회 안에 내재
(內在)하신다고 말할 수 있다. 그러나 그것은 어디까지나 영적이며 무형적(無形的)
인 강림이었을 뿐 유형적 귀환(有形的 歸還)은 아니었다. 성경은 분명히 우리에게
그리스도가 신체적(身體的), 유형적(有形的)으로 귀환하시는 것을 기다리라고 가르
치고 있다(행 1 : 11). 그리고 오순절이 지나간 후에도 성경은 우리에게 그리스도의
다시 돌아오심을 대망하라고 권면하고 있는 것이다(고전 1 : 7, 4 : 5, 11 : 26; 빌
3 : 20; 골 3 : 4; 살전 4 : 15-17; 살후 1 : 7-10; 딛 2 : 13; 계 1 : 7).

행 1 : 11   가로되 갈릴리 사람들아 어찌하여 서서 하늘을 쳐다보느냐 너희
            가운데서 하늘로 올리우신 이 예수는 하늘로 가심을 본 그대로
            오시리라 하였느니라

고전 1 : 7   너희가 모든 은사에 부족함이 없이 우리 주 예수 그리스도의
            나타나심을 기다림이라

계 1 : 7   볼지어다 구름을 타고 오시리라 각인의 눈이 그를 보겠고 그를
            찌른 자들도 볼 터이요 땅에 있는 모든 족속이 그를 인하여
            애곡하리니 그러하리라 아멘

(3) 귀환의 목적

승천하신 그리스도는 세계를 심판하시고 자기 백성의 구원을 완성하실 목적으
로 다시 귀환(재림)하시게 된다. 그때에 사람들과 천사들이 그 앞에 나타나 그들
의 행한 바의 기록에 의하여 심판을 받게 된다. 그러므로 그리스도의 귀환은 악

한 자들에게는 무서운 정죄를, 성도들에게는 영원한 영광의 행복을 가져올 것이다(마 25 : 34-46 참조). 그것은 귀환하신 그리스도가 악한 자들에게는 영원한 형벌을 선고하시지만 자기 백성들에게는 공공연하게 의롭다 하시고 그들을 자신의 영원한 왕국의 완전한 기쁨으로 인도하실 것이기 때문이다.

그리스도의 직임과 사역

Ⅰ. 그리스도의 직임

인류 구원의 위대한 성업을 수행하시기 위하여 이 땅에 오신 그리스도께서는 중보의 사역과 관련하여 세 가지 직임을 가지셨다고 보는 것이 일반적 견해이다. 즉 중보자이신 그리스도는 선지자, 제사장, 왕 3중의 직임을 가지신다는 것이다. 그러나 그리스도의 직분의 상호 중요성이나 상호 관계에 대하여는 의견이 일치하지 않으니 합리주의자들은 선지자 직분만을, 신비주의자들은 제사장 직분만을, 천년 왕국설에서는 그리스도의 미래적 왕직만을 편견적으로 강조하는 것이다. 그리고 또 직분의 취합하는 순서나 그 생애와 사역과의 관련에 있어서도 예언자로서의 직임은 그분의 지상 생활에, 제사장으로서의 직임은 그분의 십자가에, 왕으로서의 직임은 그분의 승천하신 후의 직능과 연결시키는 것이다. 그러나 이와 같은 구분은 그리스도의 직능을 너무 기계적으로 구분하기 때문에 그 직임의 참 뜻을 오해하기 쉽다.

1. 그리스도의 3직에 대한 성경 근거

1) 구약의 증거

구약은 그리스도의 3직에 대하여 예인하였다. 즉 메시야이신 그리스도가 우리의 선지자와 제사장과 왕으로서 기름 부음을 받은 자라고 하였다(신 18 : 18 이하 참조; 시 45 : 7-8, 110 : 4, 2 : 6; 슥 6 : 13; 사 61 : 1).

> 신 18 : 18　　　내가 그들의 형제 중에 너와 같은 선지자 하나를 그들을 위하여 일으키고 내 말을 그 입에 두리니 내가 그에게 명하는 것을 그가

무리에게 다 고하리라

2) 신약의 증거

(1) 그리스도의 자증(自證)

신약에는 그리스도 자신이 그분의 3직을 언급하셨다. 즉 그리스도는 모세가 자신를 선지자로 예언한 일(요 5 : 46; 신 18 : 18), 다윗이 자신를 제사장(祭司長)로 예언한 일(마 22 : 44; 시 110 : 1,4 참조), 다니엘이 자신의 왕국을 예언한 일(마 16 : 27, 26 : 64; 단 7 : 13 참조)에 대하여 언급하심으로써 자신의 3중직을 자증하셨다.

요 5 : 46   모세를 믿었더면 또 나를 믿었으리니 이는 그가 내게 대하여 기록하였음이라

신 18 : 18   내가 그들의 형제 중에 너와 같은 선지자 하나를 그들을 위하여 일으키고 내 말을 그 입에 두리니 내가 그에게 명하는 것을 그가 무리에게 다 고하리라

(2) 사도들의 증언

베드로는 모세가 그리스도를 선지자로 예언한 사실을 증거하였고(행 3 : 22), 히브리서 기자는 제사장이라는 명칭을 그리스도에게 반복적으로 사용하였다(히 3 : 1, 이하 참조 히 4 : 14, 5 : 5, 6 : 20, 7 : 26, 8 : 1). 그리고 누가는 그리스도가 "영원히 야곱의 집에 왕노릇 하실 것이며 그 나라가 무궁하리라"고 한 천사의 예언을 기록하였다(눅 1 : 32-33 참조).

행 3 : 22   모세가 말하되 주 하나님이 너희를 위하여 너희 형제 가운데서 나 같은 선지자 하나를 세울 것이니 너희가 무엇이든지 그 모든 말씀을 들을 것이라

히 3 : 1   그러므로 함께 하늘의 부르심을 입은 거룩한 형제들아 우리의 믿는 도리의 사도시며 대제사장이신 예수를 깊이 생각하라

II. 그리스도의 3직의 내용

1. 선지자직(先知者職)

본래 선지자(예언자)란 하나님의 뜻을 받아서 그 말씀을 대중에게 선포하는 임무를 맡은 사람을 가리키는 것이다. 선지자의 직무는 하나님의 의지(뜻)를 백성에게 계시하는 것으로, 이는 교훈과 징계와 권면, 영광스러운 약속, 엄한 책망의 형식으로 시행되어졌다. 성경에는 그리스도가 선지자로서 강림하실 것을 예언하였고(신 18 : 15; 행 3 : 22-23; 사 61 : 1), 그리스도 자신이 자기를 가리켜 선지자라고 말씀하셨으며(눅 13 : 33), 또 자기가 성부로부터 사신(使信)을 가져왔다고 언급하셨다(요 8 : 26-28, 12 : 49-50, 14 : 10, 24, 15 : 15, 17 : 8, 14).

그리고 그리스도는 미래의 사건들을 예언하셨다(마 24 : 33-35; 눅 19 : 41-44). 그러기에 사람들이 그리스도를 선지자로 인정한 것은 당연한 일이었다(마 21 : 11, 46; 눅 7 : 16, 24 : 19; 요 3 : 2, 4 : 19, 6 : 14, 7 : 40, 9 : 17). 그리스도의 예언자로서의 직능을 그분의 지상 생활에 연결시켜 생각하는 이들이 있으나 그분은 성육신하여 지상 생활을 하시는 동안에만 예언자로서의 활동을 하신 것이 아니라, 구약 시대에도 다른 모양으로 예언자적 활동을 하셨으니, 즉 예언자들 안에서 계시의 영으로서 활동하신 것이다.

신 18 : 15　　네 하나님 여호와께서 너의 중 네 형제 중에서 나와 같은 선지자 하나를 너를 위하여 일으키시리니 너희는 그를 들을지니라

행 3 : 22-23　　모세가 말하되 주 하나님이 너희를 위하여 너희 형제 가운데서 나 같은 선지자 하나를 세울 것이니 너희가 무엇이든지 그 모든 말씀을 들을 것이라 누구든지 그 선지자의 말을 듣지 아니하는 자는 백성 중에서 멸망받으리라 하였고

2. 제사장직(祭司長職)

1) 제사장의 직무와 특성

구약의 제사장은 하나님과 백성들 사이에 중보적 역할을 하는 종교적인 직책을 맡은 사람이었다. 제사장들은 백성들의 죄를 위해 백성들을 대신하여 제단에서 일하고 제사를 드렸다. 제사상들은 특별히 하나님 앞에 나갈 수 있으며 하나님으

로부터 받은 내용을 백성들에게 전해 주기도 했다. 그러기에 선지자는 백성에게 나아가는 하나님의 대표자로 임명된 종교적 교사이며, 제사장은 하나님께 나아가는 백성의 대표자로서 그는 하나님께 나아가 백성들을 위하여 대신 말하며 행동하는 특권을 소유하고 있었다. 물론 구약의 제사장들도 역시 교사였지만 그들의 교훈은 선지자들의 교훈과 달랐다. 선지자들은 도덕적, 영적 의무, 책임 또는 특권을 강조했으나, 제사장들은 의식 준수를 강조하여 백성들로 하여금 하나님께 바로 경배하도록 가르쳤던 것이다. 제사장들은 특별한 계급을 구성하고 있었다 (창 47 : 22; 출 2 : 16; 삼상 6 : 2; 행 14 : 13 참조). 족장 시대에는 가족과 부족을 대표하여 제사장의 직무를 담당하였다(창 8 : 20; 욥 1 : 5 참조). 성경에는 제사장의 특징에 대하여 기록되어 있다.

(1) 제사장은 백성의 대표자로서 백성들 가운데서 선택되었다(히 5 : 1; 출 28 : 1, 12, 29).

(2) 제사장은 사실상 하나님에 의해서 부르심을 받고 하나님의 임명을 받았다 (신 18 : 18; 히 5 : 4 참조).

(3) 제사장은 백성을 위하여 하나님께 속한 자로서(민 16 : 5; 레 21 : 6, 8 참조) 백성을 위하여 하나님께 속한 일, 즉 종교적인 일에만 관심을 가지고 활동했다 (히 5 : 1, 4 참조).

(4) 제사장의 특별한 임무는 제단을 봉사하는 백성들의 제물과 희생물을 받아 하나님께 바치는 일, 즉 백성들의 죄를 위하여 제물과 제사를 드리는 일을 했다 (히 8 : 3 참조).

(5) 제사장은 백성들을 위하여 하나님께 간구하고 하나님의 이름으로 그들을 축복하였다(히 7 : 1, 25; 민 6 : 22-26 참조).

(6) 여호와의 율법을 백성들에게 가르치는 일을 하였다(대하 15 : 3; 렘 18 : 18; 겔 7 : 26; 미 3 : 11).

히 5 : 1 　　대제사장마다 사람 가운데서 취한 자이므로 하나님께 속한 일에 사람을 위하여 예물과 속죄하는 제사를 드리게 하나니

출 28 : 1   너는 이스라엘 자손 중 네 형 아론과 그 아들들 곧 나답과 아비후와
             엘르아살과 이다말을 그와 함께 네게로 나아오게 하여 나를
             섬기는 제사장 직분을 행하게 하되
대하 15 : 3   이스라엘에는 참신이 없고 가르치는 제사장도 없고 율법도 없은
             지가 이제 오래였으나
렘 18 : 18   그들이 말하기를 오라 우리가 꾀를 내어 예레미야를 치자
             제사장에게서 율법이, 지혜로운 자에게서 모략이, 선지자에게서
             말씀이 끊어지지 아니할 것이니 오라 우리가 혀로 그를 치고 그의
             아무 말에도 주의치 말자 하나이다
겔 7 : 26   환난에 환난이 더하고 소문에 소문이 더할 때에 그들이 선지자에게
             묵시를 구하나 헛될 것이며 제사장에게는 율법이 없어질 것이요
             장로에게는 모략이 없어질 것이며
미 3 : 11   그 두령은 뇌물을 위하여 재판하며 그 제사장은 삯을 위하여
             교훈하며 그 선지자는 돈을 위하여 점 치면서 오히려 여호와를
             의뢰하여 이르기를 여호와께서 우리 중에 계시지 아니하냐 재앙이
             우리에게 임하지 아니하리라 하는도다

2) 그리스도의 제사장직

성경에 그리스도가 제사장으로 강림하실 것이라고 예언되었다(시 110 : 4; 슥
6 : 13). 히브리서 기자는 그리스도가 우리의 대제사장이시라는 사실을 반복적으
로 언급하였다(히 3 : 1, 4 : 14, 이하 참조 히 5 : 5, 6 : 20, 7 : 26, 8 : 1). 신약의 다
른 곳에도 그리스도의 제사장적 사역에 대하여 언급하였다(막 10 : 45; 요 1 : 29;
롬 3 : 24-25; 고전 5 : 7; 엡 5 : 2; 요일 2 : 2, 4 : 10; 벧전 2 : 24, 3 : 18 참조).

시 110 . 4   여호와는 맹세하고 변치 아니하시리라 이르시기를 너는 멜기세덱의
             반차를 좇아 영원한 제사장이라 하셨도다
슥 6 : 13   그가 여호와의 전을 건축하고 영광도 얻고 그 위에 앉아서 다스릴
             것이요 또 제사장이 자기 위에 있으리니 이 두 사이에 평화의
             의논이 있으리라 하셨다 하고
히 3 : 1   그러므로 함께 하늘의 부르심을 입은 거룩한 형제들아 우리의
             믿는 도리의 사도시며 대제사장이신 예수를 깊이 생각하라

히 4 : 14 　　　 그러므로 우리에게 큰 대제사장이 있으니 승천하신 자 곧 하나님
　　　　　　　 아들 예수시라 우리가 믿는 도리를 굳게 잡을지어다

3) 그리스도의 제사장직 사역의 특징

그리스도의 제사장직 사역의 특징은 제사장 자신이 제물이 되었다는 것이다. 즉 우리의 제사장이신 그리스도의 제사는 자기 몸을 희생의 제물로 드리시는 것이었다. 그리스도가 세상에 오신 목적은 세상 죄를 없이하고 인류를 죄에서 완전히 해방시키는 것이었다. 그러나 이 엄청난 일을 하는데는 다른 어떤 제물로써는 불가능한 것이었다. 이것을 알고 계시는 그리스도는 자기 스스로가 희생의 제물이 되셔서 십자가에 달려 돌아가셨던 것이다. 그러기에 그리스도는 단지 제사장으로서의 직능을 가지고 계셨을 뿐만 아니라 스스로 희생의 제물이 되시는 독특한 제사장이셨다(히 9 : 14).

그리고 그리스도는 인자(사람의 아들)로 세상에 오셔서 우리를 위하여 제사장이 되셨다. 그러나 그리스도는 이스라엘 레위 족속의 반차(班次)가 아닌 더 높은 대제사장 멜기세덱의 반차를 좇아(히 7 : 1-3) 대제사장이 되셨다(히 7 : 16-17). 그리스도 예수는 하나님의 맹세로 멜기세덱의 반차를 좇아 대제사장이 되신 것이다(시 110 : 4). 즉 그리스도의 제사장직은 영적이고, 신적이고, 영원한 생명의 능력을 좇아 된 것이다(히 7 : 16-17).

히 9 : 14 　　　 하물며 영원하신 성령으로 말미암아 흠 없는 자기를 하나님께
　　　　　　　 드린 그리스도의 피가 어찌 너희 양심으로 죽은 행실에서 깨끗하게
　　　　　　　 하고 살아 계신 하나님을 섬기게 못하겠느뇨
히 7 : 1-3 　　　 이 멜기세덱은 살렘 왕이요 지극히 높으신 하나님의 제사장이라
　　　　　　　 여러 임금을 쳐서 죽이고 돌아오는 아브라함을 만나 복을 빈 자라
　　　　　　　 아브라함이 일체 십분의 일을 그에게 나눠주니라 그 이름을 번역
　　　　　　　 한즉 첫째 의의 왕이요 또 살렘 왕이니 곧 평강의 왕이요 아비도
　　　　　　　 없고 어미도 없고 족보도 없고 시작한 날도 없고 생명의 끝도 없어
　　　　　　　 하나님 아들과 방불하여 항상 제사장으로 있느니라
히 7 : 16-17 　　 그는 육체에 상관된 계명의 법을 좇지 아니하고 오직 무궁한 생명의
　　　　　　　 능력을 좇아 된 것이니 증거하기를 네가 영원히 멜기세덱의

반차를 좇는 제사장이라 하였도다

시 110 : 4 　여호와는 맹세하고 변치 아니하시리라 이르시기를 너는 멜기세덱의
반차를 좇아 영원한 제사장이라 하셨도다

3. 왕직(王職)

그리스도의 왕권은 그분의 신성(성자)에 기초를 두고 있으며 그분의 왕권은 그
교회와 백성을 다스리는 영적 왕권(골 1 : 18 참조)과 우주와 일반 세계를 다스리
는 왕권(골 1 : 15-17; 마 28 : 18; 고전 8 : 6 참조)으로 구분할 수 있다.

1) 그리스도의 영적 왕권

성경은 그리스도의 영적 왕권에 대하여 여러 곳에서 언급하고 있다(시 2 :
6, 45 : 6-7; 히 1 : 8-9; 이하 참조 시 132 : 11; 사 9 : 6-7; 미 5 : 2; 슥 6 : 13;
눅 1 : 33, 19 : 27, 38; 요 18 : 36-37; 행 2 : 30-36). 그리스도의 영적 왕권이란
그분의 백성과 교회에 대한 통치를 의미한다. 이 왕권이 영적이라고 불리워지는
것은 그것이 영적 영역에 관련되어 있기 때문이며, 신자의 마음과 생활에 미치기
때문이며, 죄인의 구원에 직접적인 관계가 있기 때문이다.

그리고 그리스도는 지상의 왕들처럼 어떤 권력이나 무력으로써 그들을 지배하
지 않고 말씀과 성령을 통하여 영적 방법에 의해서 지배하시기 때문이다. 이 왕권
은 교회를 모으심과 통치하심과 보호하심과 완성하심에서 행사되는 것이다. 그리
스도를 가리켜 교회의 머리라 함은 교회의 왕되시는 그리스도가 교회를 유기적인
영적 방법에 의하여 통치하심을 의미한다(고전 11 : 3; 엡 1 : 20-22, 5 : 23 참조).

시 2 : 6 　내가 나의 왕을 내 거룩한 산 시온에 세웠다 하시리로다
시 45 : 6-7 　하나님이여 주의 보좌가 영영하며 주의 나라의 홀은 공평한
홀이니이다 왕이 정의를 사랑하고 악을 미워하시니 그러므로
하나님 곧 왕의 하나님이 즐거움의 기름으로 왕에게 부어 왕의
동류보다 승하게 하셨나이다
히 1 : 8-9 　아들에 관하여는 하나님이여 주의 보좌가 영영하며 주의 나라의
홀은 공평한 홀이니이다 네가 의를 사랑하고 불법을 미워하였으니

> 그러므로 하나님 곧 너의 하나님이 즐거움의 기름을 네게 부어
> 네 동류들보다 승하게 하셨도다 하였고

2) 우주에 대한 그리스도의 왕권

성경은 그리스도가 우주와 일반 세계를 다스리는 왕권을 가지셨음을 가르쳐 주고 있다(마 28 : 18; 엡 1 : 20-22; 이하 참조 빌 2 : 9-11; 고전 15 : 27; 시 2 : 8-9). 그리스도는 성령을 통하여 그분의 백성들과 세상 안에 있는 그분의 교회를 다스리는 동시에 개인과 사회와 민족의 운명을 지도하시며 이 세상 세력들을 다스리시는 것이다. 그리고 그 다스리는 방법은 대개 간접적인 방법을 사용하신다. 그리스도가 현재는 승천하셔서 하나님 우편에 앉아 계시기 때문에 그분이 재림하실 때까지는 우리에게 직접 나타나시지 않으신다. 또한 현재도 온 우주와 지상 권세를 다스리실 권능을 가지고 계시지만 우리의 눈으로 볼 수 있는 방법으로 다스리시지 않으신다. 그런 의미에서 그분은 간접적으로 세상 권세를 다스리신다고 하는 것이다. 그리스도의 왕권은 그분이 재림하시어 왕국의 원수들에 대한 승리가 완성되고 사망이 폐지될 때까지 지속될 것이며(고전 15 : 24-28), 그 목적이 성취되면 그것은 성부께 반환될 것이다.

마 28 : 18   예수께서 나아와 일러 가라사대 하늘과 땅의 모든 권세를 내게
             주셨으니
엡 1 : 20-22   그 능력이 그리스도 안에서 역사하사 죽은 자들 가운데서 다시
             살리시고 하늘에서 자기의 오른편에 앉히사 모든 정사와 권세와
             능력과 주관하는 자와 이 세상 뿐 아니라 오는 세상에 일컫는 모든
             이름 위에 뛰어나게 하시고 또 만물을 그 발 아래 복종하게 하시고
             그를 만물 위에 교회의 머리로 주셨느니라

Ⅲ. 그리스도의 속죄 사역

1. 속죄 제물되신 그리스도

인류를 구원하기 위하여 성육신하신 그리스도는 예언자로서, 대제사장으로서, 왕의 자격으로서 일하셨다. 그러나 이러한 사역 중에서 그분의 제사장직의 수행

은 독특한 것이었다. 즉 당시 유대 제사장들은 이스라엘 백성들이 제물을 가지고 와서 자기들의 죄를 위하여 제사를 드려 달라고 부탁을 받았을 때 그 제물을 가지고 온 그 사람을 대신하여 제사를 드리는 것이었다. 그러나 그리스도는 자기가 제사장이 되셨을 뿐만 아니라 자신이 스스로 제물이 되셔서 십자가에 죽으심으로 하나님께 제사를 드리신 것이다. 이것을 가리켜서 그리스도의 "희생의 죽음" 혹은 "속죄의 죽음"이라 하는데, 이 말은 그리스도가 죄인을 위하여 스스로 속죄의 제물이 되사 죽으셨고, 그 대가로써 인류는 죄에서 속함을 받았다는 의미를 함유하고 있는 것이다.

2. 대신 속죄(代身贖罪)의 이유

그리스도가 십자가를 지시고 죄인을 대신하여 속죄의 죽음을 죽으셔야 했던 근본적인 이유는 무엇인가?

1) 하나님의 기쁘신 뜻

그리스도의 대신 속죄의 죽음의 근본적인 이유는 독생자의 대신 속죄를 통하여 죄인을 구원하시려는 성부 하나님의 기쁘신 뜻을 따르려는데 있었다. 그러기에 성경은 속죄의 제물이 되기 위해 그리스도가 세상에 오신 것은 하나님의 기쁘신 뜻을 수행하기 위함이라 하였고(사 53 : 10) 구속주이신 그리스도가 탄생하셨을 때 천사들은 증거하기를 "지극히 높은 곳에서는 하나님께 영광이요 땅에서는 기뻐하심을 입은 사람들 중에 평화로다"(눅 2 : 14)라고 하였던 것이다.

사 53 : 10   여호와께서 그로 상함을 받게 하시기를 원하사 질고를 당케 하셨은즉 그 영혼을 속건 제물로 드리기에 이르면 그가 그 씨를 보게 되며 그 날은 길 것이요 또 그의 손으로 여호와의 뜻을 성취하리로다

눅 2 : 14   지극히 높은 곳에서는 하나님께 영광이요 땅에서는 기뻐하심을 입은 사람들 중에 평화로다 하니라

2) 하나님의 사랑

그리스도의 대신 속죄의 또 하나의 이유는 하나님의 사랑에 있었던 것이다. 성경은 "하나님이 세상을 이처럼 사랑하사 독생자를 주셨으니…"(요 3 : 16)라고 하였고 "그리스도의 사랑이 우리를 강권하시는도다…"(고후 5 : 14)고 하였으니 그리스도의 대신 속죄의 이유는 인류에 대한 하나님의 사랑이었던 것이 분명하다.

그리스도의 속죄의 죽음은 죄인에 대하여 피할 길(살 길)을 열어 주시고자 하시는 하나님의 사랑을 우리에게 나타내 보여 주신 것이다(요 3 : 16; 요일 4 : 10).

요 3 : 16   하나님이 세상을 이처럼 사랑하사 독생자를 주셨으니 이는 저를
        믿는 자마다 멸망치 않고 영생을 얻게 하려 하심이니라
요일 4 : 10   사랑은 여기 있으니 우리가 하나님을 사랑한 것이 아니요 오직
        하나님이 우리를 사랑하사 우리 죄를 위하여 화목제로 그 아들을
        보내셨음이니라

3) 하나님의 공의

죄인을 위한 그리스도의 대신 속죄의 이유는 그리스도의 대신 속죄로 죄인을 구원하시려는 하나님의 사랑과 죄인을 심판하시는 하나님의 공의에 기초하였다는 것이 성경의 가르침이다(골 1 : 19-20; 롬 3 : 24-26). 인류의 죄를 대속하기 위한 그리스도의 속죄의 죽음은 인간의 범죄로 인하여 무너진 하나님의 공의를 세우고(고후 5 : 14-15; 이하 참조 롬 5 : 8, 6 : 3) 또한 그리스도의 속죄를 믿는 자들을 용서하시고 의롭다 하심으로 하나님의 사랑을 실현하려는데 목적이 있었던 것이다(롬 3 : 25-26).

골 1 : 19-20   아버지께서는 모든 충만으로 예수 안에 거하게 하시고 그의
        십자가의 피로 화평을 이루사 만물 곧 땅에 있는 것들이나 하늘에
        있는 것들을 그로 말미암아 자기와 화목케 되기를 기뻐하심이라
롬 3 : 24-26   그리스도 예수 안에 있는 구속으로 말미암아 하나님의 은혜로
        값 없이 의롭다 하심을 얻은 자 되었느니라 이 예수를 하나님이
        그의 피로 인하여 믿음으로 말미암는 화목 제물로 세우셨으니

이는 하나님께서 길이 참으시는 중에 전에 지은 죄를 간과하심으로
자기의 의로우심을 나타내려 하심이니 곧 이때에 자기의 의로우심을
나타내사 자기도 의로우시며 또한 예수 믿는 자를 의롭다 하려
하심이니라

고후 5 : 14-15 그리스도의 사랑이 우리를 강권하시는도다 우리가 생각건대 한
사람이 모든 사람을 대신하여 죽었은즉 모든 사람이 죽은 것이라
저가 모든 사람을 대신하여 죽으심은 산 자들로 하여금 다시는
저희 자신을 위하여 살지 않고 오직 저희를 대신하여 죽었다가
다시 사신 자를 위하여 살게 하려 함이니라

3. 대신 속죄(代身贖罪)의 필요성

하나님은 죄를 미워하시고 죄에 대하여 진노를 발하신다(시 5 : 4-6; 나 1 : 2;
롬 1 : 18). 그리고 거룩하시고 의로우신 하나님은 죄에 대하여 참지 못하시고 반
드시 죄의 형벌(죽음, 롬 6 : 23)을 요구하시는 것이다. 그러기에 인간의 죄를 위
한 그리스도의 대신 속죄가 필요했던 것이다(겔 18 : 4; 롬 6 : 23; 나 1 : 2-8).
죄인을 위한 그리스도의 대신 속죄의 죽음은 하나님의 율법의 요구 외에(신 27 :
26 참조) 죄책(罪責)의 수요를 충족하고(요일 3 : 4-5; 롬 2 : 25, 27, 6 : 23), 행위
언약을 이행하기 위하여(창 2 : 17; 롬 3 : 24) 필요했던 것이다.

시 5 : 4-6 주는 죄악을 기뻐하는 신이 아니시니 악이 주와 함께 유하지
못하며 오만한 자가 주의 목전에 서지 못하리이다 주는 모든 행악
자를 미워하시며

롬 1 : 18 하나님의 진노가 불의로 진리를 막는 사람들의 모든 경건치
않음과 불의에 대하여 하늘로 좇아 나타나나니

겔 18 : 4 모든 영혼이 다 내게 속한지라 아비의 영혼이 내게 속함 같이 아
들의 영혼도 내게 속하였나니 범죄하는 그 영혼이 죽으리라

요일 3 : 4-5 죄를 짓는 자마다 불법을 행하나니 죄는 불법이라 그가 우리 죄를
없이 하려고 나타내신 바 된 것을 너희가 아나니 그에게는 죄가
없느니라

롬 2 : 25 네가 율법을 행한즉 할례가 유익하나 만일 율법을 범한즉 네

할례가 무할례가 되었느니라

롬 2 : 27   또한 본래 무할례자가 율법을 온전히 지키면 의문과 할례를
             가지고 율법을 범하는 너를 판단치 아니하겠느냐

롬 6 : 23   죄의 삯은 사망이요 하나님의 은사는 그리스도 예수 우리 주 안에
             있는 영생이니라

창 2 : 17   선악을 알게 하는 나무의 실과는 먹지 말라 네가 먹는 날에는 정녕
             죽으리라 하시니라

롬 3 : 24   그리스도 예수 안에 있는 구속으로 말미암아 하나님의 은혜로
             값 없이 의롭다 하심을 얻은 자 되었느니라

4. 속죄의 성질
1) 하나님께 만족을 드림

그리스도의 속죄의 성질은 무한히 공의로우신 하나님을 만족케 해 드리고 하나님과 인간 사이에 원수됨의 원인인 죄의 담을 제거하여 화목시킴으로써 범죄하고 하나님을 멀리 떠나 있던 죄인이 회개하고 하나님께 돌아와 의롭다 함을 받고 하나님의 사랑을 받는 자녀가 되게 하는 것이다(롬 5 : 10; 고후 5 : 19-20).

롬 5 : 10   곧 우리가 원수 되었을 때에 그 아들의 죽으심으로 말미암아
               하나님으로 더불어 화목되었은즉 화목된 자로서는 더욱 그의
               살으심을 인하여 구원을 얻을 것이니라

고후 5 : 19-20 이는 하나님께서 그리스도 안에 계시사 세상을 자기와 화목하게
               하시며 저희의 죄를 저희에게 돌리지 아니하시고 화목하게 하는
               말씀을 우리에게 부탁하셨느니라 이러므로 우리가 그리스도를
               대신하여 사신이 되어 하나님이 우리로 너희를 권면하시는 것같이
               그리스도를 대신하여 간구하노니 너희는 하나님과 화목하라

2) 대리적 속죄임

그리스도의 대신 속죄는 대리적 속죄라는데 깊은 뜻이 있다. 개인적 속죄와 대리적 속죄는 그 성질이 근본적으로 다르다. 만일 하나님께서 인간에게 개인적으로 속죄를 요구하셨다면 범죄한 인간들은 죄의 형벌을 영원히 받음으로써 자기의

죄를 속할 수 밖에 없었을 것이다. 그러나 긍휼과 자비가 풍성하신 하나님께서는 죄인을 동정하시어 개인 속죄를 강요하지 않으시고 그리스도를 죄인의 대리자로 세워 사람의 죄를 대신케 하셨다. 이는 인류의 죄를 대신 지시고 그리스도가 십자가에 달려 죽으심으로써 인류의 죄가 속량되어 영원한 구속을 얻도록 하신 것이다(사 53 : 6; 요 1 : 29; 이하 참조 고후 5 : 19-21; 갈 3 : 13; 히 9 : 28; 벧전 2 : 24; 막 10 : 45; 롬 8 : 3; 갈 1 : 4; 벧전 3 : 18; 요일 2 : 2). 구약에서 범죄한 인간을 위하여 짐승이 대신 죽어 속죄의 제물이 됨과 같이 범죄한 인류를 위하여 죄 없으신 그리스도가 대신 십자가에 죽으심으로 속죄의 제물이 되시어 하나님께 바쳐진 것이다(레 1 : 4, 4 : 20, 31, 35, 5 : 10, 16, 6 : 7, 17 : 11 참조).

사 53 : 6   우리는 다 양 같아서 그릇 행하여 각기 제 길로 갔거늘 여호와께서는
        우리 무리의 죄악을 그에게 담당시키셨도다
요 1 : 29   이튿날 요한이 예수께서 자기에게 나아오심을 보고 가로되 보라
        세상 죄를 지고 가는 하나님의 어린양이로다

5. 속죄의 범위

그리스도의 대신 속죄의 효력은 모든 사람들을 구원하기에 충분하다. 그러나 그리스도가 모든 사람들을 구원할 목적으로 고난을 당하시고 죽으셨느냐, 아니면 오직 선택자만을 위함이었느냐 하는 문제에 대하여 다음 두 가지 견해가 있다.

1) 보편 속죄설

로마 카톨릭과 루터파 그리고 알미니안파에서는 그리스도의 속죄가 보편적이라고 주장한다. 즉 그리스도의 속죄 사역에 있어서 모든 사람들을 전부 구원하시는 것이 그리스도를 보내신 성부의 뜻이요, 또한 성자의 뜻이었다고 한다. 그러나 계획된 결과가 사실상 달성되지는 않는다는 것이다(요 3 : 16, 1 : 29; 요일 2 : 2, 이하 참조 요일 4 : 14; 롬 5 : 18; 고전 15 : 22; 고후 5 : 14; 딤전 2 : 4, 6; 딛 2 : 11; 히 2 : 9; 벧후 3 : 9). 보편 속죄설에서는 그리스도의 속죄의 죽음은 모든 사람들의 구원을 가능케 하셨으나 사실상의 속죄는 인간들 자신의 자유 선택에 달려 있다고 한다.

요 3 : 16   하나님이 세상을 이처럼 사랑하사 독생자를 주셨으니 이는 저를
                       믿는 자마다 멸망치 않고 영생을 얻게 하려 하심이니라

요 1 : 29   이튿날 요한이 예수께서 자기에게 나아오심을 보고 가로되 보라
                       세상 죄를 지고 가는 하나님의 어린양이로다

요일 2 : 2   저는 우리 죄를 위한 화목 제물이니 우리만 위할 뿐 아니요 온
                       세상의 죄를 위하심이라

2) 제한 속죄설

개혁파 교회 중에서 그리스도의 속죄가 제한 속죄라는 주장(主張)이 있다. 즉 그리스도의 속죄 사역에 있어서 선택자만을 구원하시려는 것이 성부와 성자의 의도였으며 실제적으로 그 목적대로 성취될 것이라고 한다. 제한 속죄설에서는 그리스도가 구원하시기 위하여 자신의 생명을 버리신 그 사람(구속의 대상)들만이 사실상 구원을 얻게 된다는 것이다. 그리고 구속을 위한 대가(代價)가 지불된(속죄된) 사람들은 한 사람도 구원에서 제외되지 않는다고 주장한다(마 1 : 21; 요 10 : 3, 11, 15; 행 20 : 28; 엡 5 : 25-27; 롬 8 : 32-35). 만일 모든 사람을 구원하시는 것이 하나님의 목적이었다고 하면 인간의 자유 선택이 하나님의 그 목적 달성을 좌절시킨다는 결론에 도달하게 되는데, 이는 결코 불가능한 일이라는 것이다.

마 1 : 21   아들을 낳으리니 이름을 예수라 하라 이는 그가 자기 백성을
                       저희 죄에서 구원할 자이심이라 하니라

요 10 : 3   문지기는 그를 위하여 문을 열고 양은 그의 음성을 듣나니 그가
                       자기 양의 이름을 각각 불러 인도하여 내느니라

요 10 : 11   나는 선한 목자라 선한 목자는 양들을 위하여 목숨을 버리거니와

요 10 : 15   아버지께서 나를 아시고 내가 아버지를 아는 것 같으니 나는 양을
                       위하여 목숨을 버리노라

행 20 : 28   너희는 자기를 위하여 또는 온 양떼를 위하여 삼가라 성령이 저들
                       가운데 너희로 감독자를 삼고 하나님이 자기 피로 사신 교회를
                       치게 하셨느니라

주제 색인

자

차

예배와 삶의 일치

복음에는 하나님의 의가 나타나서 믿음으로 믿음에
이르게 하나니 기록된 바 **오직** 의인은 **믿음**으로
말미암아 살리라 함과 같으니라

로마서 1 : 17

비전북은 **줄과춤** 도서출판 와 **하늘사다리** 가 연합하여 설립한 출판사로서
이 땅에 하나님 나라의 확장을 위하여 존재하며
오직 믿음으로 주님 오실 그날까지 주님을 외치며 꿈과 비전을 가지고
모든 삶의 영역 속에서 예배와 삶의 일치를 이루어 갈 것입니다.

쉽게 풀어쓴 기독교 신학

Ⅱ. 천사와 인간과 그리스도

저자 : 박 재 호
발행처 : **비전북출판사**
전화 : (02)3141-9090 / 팩스 : (02)3144-6620
공급처 : 비전북
전화 : (031)907-3927 / 팩스 : (080)403-1004

값 9,000원